불어 의미론 연구

불어 의미론 연구

지은이 이 정
펴낸곳 연세대학교 출판부
주 소 서울특별시 서대문구 연세로 50
http://www.yonsei.ac.kr/press
e-mail: ysup@yonsei.ac.kr
전 화 02) 2123-3380~2
팩 스 02) 2123-8673
등 록 1955년 10월 13일 제9-60호
인 쇄 (주)동화인쇄공사

2012년 1월 30일 1판 1쇄

ISBN 978-89-7141-470-5 (93760)

값 18,000원

불어 의미론 연구

이 정 지음

연세대학교 출판부

머리말

시간의 은밀한 조화로, 정신의 혼미와 육체의 쇠망이 빚어지기 전에, 자긍하지는 않지만 어찌 되었건 자신이 빚어낸 산물이기에 간혹 신경이 쓰이는 글들을 한데 모아 기록으로 남기기로 마음먹었다. 얼마 전에 이미 고인이 된 선학들의 글을 모아 책으로 엮어내는 가운데, 자신의 글은 자신이 생존 시에 정리하는 것이 여러 면에서 옳다는 느낌을 가졌다.

1969년에서 2001년 사이에 발표한 논문 가운데서 의미론에 관계된 것들을 골라 이 책에 실었다. 논문은 소쉬르의 기호론, 시제론, 마르텡의 의미론의 제반 문제와 관련되어 있으며, 2001년 이전에 쓰여졌고, 나머지 것들은 이 시기 이후에 새로 쓰거나 또는 이미 발표한 논문을 개작하였다.

이 글 모음이 햇빛을 보게 된 것은, 연세대학교 불문과 박혜선 박사의 끈덕진 입력 작업, 중앙대학교 불문과 윤우열 교수와 인천대학교 불문과 박정준 교수의 세밀한 편집과 교정, 연세대학교 불문과 홍종화 교수의 충고와 도움이 큰 기여를 하였고, 이분들에 감사를 보내는 바이며, 특히 이 글 모음의 출판을 흔쾌히 승낙하신 연세대학교 출판문화원장 김하수 교수님에게 커다란 고마움을 보낸다.

2012년 1월

저자 씀

차례

1 의미의 의미

1 의미의 의미

I

언어의 여러 기능 가운데 제일 중요한 기능은 언어 외적 세계의 사물과 사실을 전달한다는 것이다. 이 언어는 제한된 수의 음을 결합하여 단어를 빚어내고, 단어들이 뭉쳐서 문장을 형성한다.1) 따라서 단어는 음성적 면과 내용 면과 관계된다. 이 내용적 면이 흔히 말하는 의미가 된다. 언어 외적 세계의 사물과 사실, 의미, 소리가 화자의 두뇌 작용을 거쳐서 단어가 형성되는데, 두뇌 작용에 관한 모든 면이 불행히도 완전하게 밝혀지고 있지 않기 때문에 "의미가 무엇인가"라는 문제에 많은 가설이 존재한다.

본 논문에서는 의미를 새롭게 정의하여 또 하나의 틈이 있게 마련인 가설을 제시하기보다는 주요한 관계 가설을 철학의 입장이 아닌 언어학도의 입장에서 검토하려고 한다.

II

의미를 정의하는 데 제외할 수 없는 사람이 오그덴(Ogden)과 리쳐즈(Richards)이다. 이들은 다음의 도표를 통하여 의미를 설명한다.2)

---

1) 단어가 갖는 여러 정의가 있겠으나, 본 논문에서는 언어 기호의 뜻으로 사용한다.
2) Ogden, C. K. & Richards, I. A., *Meaning of meaning*, Keagan Paul, p. 11.

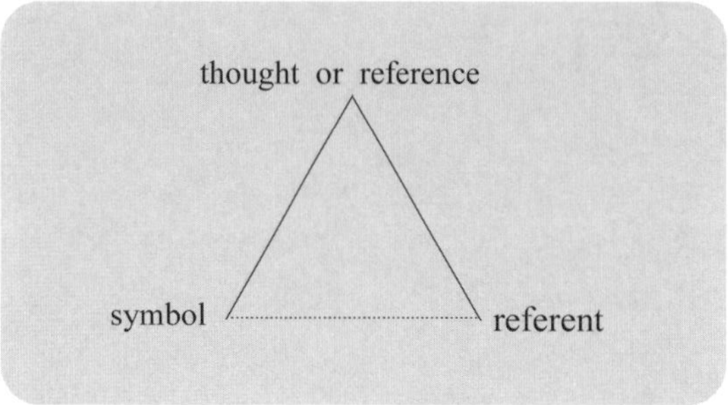

이 의미 삼각형(triangle sémiotique)에서 사고(thought)는 지시물(언어외적 세계의 사물 또는 사실)과 기호(symbol)을 연결시켜 주고 있다. 지시물에 관한 사고란 결국 지시물의 개념이겠는데, 이 개념이 기호의 내용이 되어 의미가 된다는 주장이다.

소쉬르(Saussure)도 이들과 유사한 주장을 『일반 언어학 강론』에서 제시하고 있다.[3] "언어 기호는 청각 영상과 개념의 결합으로 이루어진 양면체이다." 청각 영상(image acoustique)이란 물리적 소리가 아니라 두뇌 속에 기억되어진 소리의 흔적이다. 쉽게 말하여 외국어를 배울 때에 모르는 단어의 음을 외우는 경우에 해당한다. 『의미의 의미』나 『일반 언어학 강론』에서 의미는 개념이라 정의하고 있지만, 개념이 무엇인가라는 문제의 설명은 없다. 대체로 "개념"이란 청각 영상의 경우에서 보는 바와 같이 지시물이 두뇌 속에 만든 "심상(image mentale)" 또는 "공통된 특성을 바탕으로 한 집합"이라고 하겠다.

『의미의 의미』에서 기호는 지시물과 직접 관련이 없고, 지시물을 가리키는 의미인 개념의 표상이다. 위의 도표에 의한다면 의미의 전제는 지시물이다. "용", "이무기"는 지시물이 없기 때문에 기호가 아닌가? "일청 전쟁"의 승자, "이차대전"의 패자는 같은 지시물을 갖고 있기 때문에 동의어인가? "슬기", "영혼" 등의 추상명사는 지시물이 없기 때문에 기호가 아닌가? 중국어에서의 실사와 허사의 구분에서 허사는 어떻게 처리하겠는가? 지시물의 유무에 따라서 모든 실사는 범

3) Saussure, F. de, *Cours de linguistique générale*, Payot, p. 99.

주어(catégorématique)와 공범주어(syncatégorématique)로 나누어진다. “개”와 “고양이”는 범주어이나, “모든”, “아니다”는 공범주어에 속한다. 지시물이 없는 공범주어는 기호가 아닌가? 실제 세계에서 “사람”이라는 지시물은 없다. 그것은 하나의 “개념” 또는 “집합”으로 존재할 뿐이고, “노무현”, “철수”라고 하였을 때 지시물이 구체적으로 존재한다. 지시물이 없는 “사람”의 정체성은 무엇인가?

단어의 의미는 지시물과 동일하다면 “이에나의 승자”와 “워터루의 패자”는 동의어가 된다. “한국의 수도는 서울이다”에서 “한국의 수도”와 “서울”의 지시물은 동일하고, 따라서 “가는 가이다”라는 논리 형식을 갖기 때문에 분석성(analycité)을 갖게 되어 인지적 내용 면에서 가치가 없는 문장이 된다. “저녁별”과 “아침별”은 금성이라는 같은 지시물을 지칭하지만, 어느 누구도 의미가 동일하다고 생각하지 않을 것이다.4)

의미는 지시물이 아니고, 단어, 소쉬르의 입을 빌린다면 기표와의 결합으로 이루어진다.5) 언어 기호로서의 “고양이”는 실세계의 고양이 또는 고양이의 집합이 아니다. 기의가 따르지 않는 기표, 기표를 수반하지 않는 기의는 언어학의 연구 대상이 아니다.

Ⅲ

의미 정의에 관한 또 하나의 시도는 행동주의 심리학(behaviorisme)에 바탕을 둔 브름필드(L. Bloomfield)의 이론이다. 왓슨(J. B. Watson)의 행동주의 심리학의 추종자인 그는 단어를 하나의 행동이지만 일반적 행동과는 다른 특수한 행동이라는 주장에 입각하여 의미를 설명한다.

모든 행동은 자극(stimulus)에 부응하여 생겨나는 반응이다.6) 철이가 시장

---

4) Frege, G., *Écrits logiques et philosophiques*, Seuil, p. 103.
5) Saussure, F. de, *Cours de linguistique générale*, Payot, p. 98.
6) Bloomfield, L., *Language*, George Allen, p. 25.

기를 느껴 사과나무의 사과를 따서 먹었을 때에, 시장기를 느낀 것은 자극이고, 사과를 따먹는 짓은 반응(réaction)이다.

$$S \rightarrow R$$

사과를 직접 따먹지 않고, 앞에 있는 동호에게 말을 하여 사과를 따오게 할 수도 있다. 시장하다는 것은 자극이지만, 이 자극에 대하여 철이는 말을 하였다. 바꿔 말하여 언어적 반응을 보인다. 이 언어적 자극은 동호에게는 자극이 되지만, 언어적 자극이다. 이 언어적 자극과 반응은 일반적 자극과 반응과 다르기 때문에 소문자로 표시하여 도식화한다.[7]

$$S \rightarrow r \text{ --- } s \rightarrow R$$

행동주의 심리학은 직접 관찰이 불가능한 개념(concept)이나 사고(idée)같은 추상적 용어를 배척하고 직접 관찰이 가능한 행동을 바탕으로 모든 것을 설명한다. 단어의 경우도 예외가 될 수 없다. 다양한 갈등적 해석을 빚어내는 추상적 용어를 배척하고, 언어를 관찰이 가능한 행동으로 환원시켜 마치 자연과학자가 물질세계의 속성을 규명하듯 언어 연구에 과학적 바탕을 마련하자는 의도를 브룸필드는 갖고 있었으리라 생각한다.

이러한 언어관이 의미 문제에 그대로 반영된다. "화자가 이용하여 청자로 하여금 반응을 보이게 하는 상황이 의미이다."[8] 라이온스(John Lyons)도 지적한 바이지만, 철이의 사과라는 자극에 동호는 사과를 따올 수도 있겠으나, 본인이 직접 먹을 수도 있다.[9] 달리 말하여 일정한 자극에 일정한 반응이 나온다는 보장이 없다.

자극이 주어지고 반응이 일어나는 상황이란, "비가 온다"의 의미를 안다는

---

7) Bloomfield, L., *Language*, George Allen, p. 25.
8) Bloomfield, L., *Language*, George Allen, p. 88.
9) Lyons, J., *Semantics*, I, Cambridge Univ. Press.

것은 실제로 "비가 온다"에 반응을 보이는 것과 마찬가지의 반응을 "비가 온다"라는 문장에 보이는 것이다. 그러나 일정한 단어 또는 문장에 대한 반응은 사람에 따라 다르다. "사과"라는 단어에 철이는 침을 흘리나, 동호는 혐오감을 느낄 수도 있다. 문제는 사과의 의미를 둘이 알고 있지 않고서는 침을 흘리거나 혐오감을 느낄 수 없다는 사실이다.[10] 같은 차원의 문제이겠으나, 지시물을 대신할 "사과"와 "배"에 대한 반응이 같을 수도 있다. 반응이 같다고 하여 "사과"와 "배"의 의미가 같아지지 않는다.

자극과 반응의 관계가 전혀 성립되지 않을 수도 있다. "그리고", "혹은", "그러나"에서 자극과 반응이 있겠는가? 그렇지만 이 단어가 의미를 갖지 않았다고 주장할 수 없다. "저 배는 크다"라는 서술문에 반응이 대체로는 없으리라 본다. 반응이 결여되었을 경우를 대비하여 반응을 나타낼 수 있는 성향(disposition)이라는 용어를 사용하지만, 성향이란 뇌 속에서의 작용이기에 행동주의 심리학이 배척하려고 노력하는 심리주의(mentalisme)에 빠져드는 모순이 벌어진다.

Ⅳ

소쉬르는 고립된 낱개의 단어는 가치가 없으며, 다른 단어와의 관계에서 가치가 결정된다는 주장을 장기에 비교하여 설명한다. "장기가 중국 또는 다른 어떤 지역에서 발생하였건, 이 문제는 장기 자체와는 상관이 없다. 장기의 기물이 나무, 금속, 상아 어떠한 것으로 만들어졌건 장기 자체와는 상관이 없다. 장기에서 하나 하나의 말은 다른 말과 어떤 관계를 맺고 있느냐에 따라 그 가치가 결정된다. 한 말의 독자적이고 절대적 가치란 존재하지 않는다.[11]

소쉬르의 예를 들자면, "craindre"와 "redouter"는 "두려워하다"라는 의미의 동의어이다. "redouter"라는 단어가 없으면 "craindre"가 "redouter"의 의미

10) Laurier, D., *Introduction à la philosophie du langage*, Mardaga, p. 27.
11) Saussure, F. de, *Cours de linguistique générale*, Payot, p. 43.

내용을 갖게 된다. “늑대”라는 의미의 “loup”가 없으면 개라는 뜻의 “chien”이 “loup”의 의미를 담당한다.

이 단어 사이의 의존 관계에는 연상적 관계(rapports associatifs)와 통합적 관계(rapports syntagmatiques)가 있다.[12] 일정한 문맥(contexte)을 구성하는 단어와 문맥 밖의 단어 사이의 관계는 연상적 관계이다. “책의 생명은 내용”에서 “생명”은 “장점”, “강점”, “흠” 등으로 대치할 수 있다. 문맥 밖의 단어와의 관계이기에 연상적 관계이나 동시에 부재적 관계(rapport in absentia)라 한다. “마음을 먹다”라는 문맥에서 “씹어서 삼키다”가 아닌 “결심을 하다”의 의미가 생기는 것은 문맥 안의 “마음”과의 관계 때문이다.

문맥 안의 단어들 사이에서 빚어진 관계이기에 유재적 관계(rapport in praesentia)라 한다. 라이온스는 이 관계를 선택과 결합의 원칙이라고 한다.[13]

낱개의 단어는 소쉬르의 정의에 따르면 가치가 없다. “하다”만으로는 이 단어의 의미를 파악할 방법이 없다. 달리 말하여 “불어를 좀 한다”, “중매 노릇한다”, “먹게 하다”와 같은 문장 속에서 다른 단어와 결합함으로써 “하다”는 “알다”, “일을 맡아보다”, “사역”의 의미가 결정된다.

벤베니스트(E. Benveniste)는 단어를 하위 차원과 상위 차원에서 분석할 수 있다라고 주장한다.[14] 단어를 분석하면 하위 차원의 음소로 이루어졌으며, 상위 차원의 문장의 구성 성분의 역할도 하고 있다. “언어 단위의 형식이란 하위 단위로 분리되는 능력으로 정의되고, 언어 단위의 의미란 상위 차원 단위의 부분이 될 수 있는 능력으로 정의된다.”라는 벤베니스트의 의미 정의는 상황(contexte)을 떠올리게 한다.

“문맥이란 한 언어 단위의 주변 상황”[15], 달리 말하여 일정한 언어 단위가 실현될 수 있는 맥락, 분포를 말한다. “부리다”와 “피우다”의 분포는 유사한 점이 있다. 재주, 멋, 어리광을 부리다라고 쓰지만, 피우다도 가능하다. 그러나

---

12) Saussure, F. de, *Cours de linguistique générale*, Payot, p. 171.
13) Lyons, J., *Semantics*, I, Cambridge Univ. Press, p. 241.
14) Benveniste, E., *Problèmes de linguistique générale*, I, Gallimard, p. 127.
15) Galisson, R. et Coste, D., *Dictionnaire de didactique des langues*, Hachette, p. 123.

숯불을 피우다에서 부리다는 사용할 수가 없다. 청소를 시키다라는 맥락에서 피우다는 사용이 되지 않는다. 일정한 주변 상황에서 단어는 제약을 갖는다. 상황에는 위의 예에서 보는 바와 같은 문장 안에서의 단어끼리 빚어내는 상황 말고도, 발화행위와 관계된 상황, 그리고 단어 외적인 상황(contexte extralinguistique)이 있다. 발화행위는 화자, 청자, 시・공간적인 틀을 전제로 하고 있다. 이 화자(ego), 시간(nunc), 장소(hic)가 첫 번째의 언어외적 상황이다. 둘째는 언어 행위의 결과로 빚어지는 언술(énoncé)을 해석하는 데 관계되는 지식까지 망라된 상황의 총체이다.[16)]

첫 번째의 내포적인 예에는 대명사 체계가 속한다. 화자와 결합되지 않은 "나"는 누구인지를 모르기 때문에 의미가 없다. "나"의 의미가 애매할 때, "너"의 내용도 성립되지 않는다. 시제 체계도 여기에 들어간다. "현재"는 발화행위와 결합함으로서 의미가 생긴다. 발화행위와 일치하는 "현재"가 없다면 "미래"와 "과거"도 존재하지 않는다.

두 번째의 언어외적 상황은 사회, 문화적 배경이 의미를 결정하는 경우이다. "물"은 자연과학자에게는 "수소와 산소의 화합물질"을 의미하겠으나, 자연과학의 지식이 없는 사람에게는 "생물의 생존에 필수적인 무색, 무취의 액체"일 뿐이다. "달 동네 사람들"에서 한국의 사회 상황에 관한 지식이 없이는 "달 동네"의 의미를 정할 수 없다.

빗겐슈타인(Wittgenstein)의 이론에 따라 "단어는 의미가 아닌 용법만을 갖고 있다"[17)]라는 주장의 배경에는 심적 연상, 개념 등의 관찰이 가능하지 않기 때문에 빚어지는 다양하고 때로는 모순적인 정의를 피하고, 직접 관찰이 가능한 용법을 바탕으로 의미를 정의하려는 시도가 엿보인다.

"생으로 고생을 사서 한다", "환심을 사다", "제 밥 먹고 비웃음을 사다"에서 "사다"는 "자기 잘못으로 고생, 욕 같은 것을 얻는다", "일게하다", "받다"의 의미를 갖지만, "책을 사다"에서 "사다"가 "값을 치러주고 제 것으로 만든다"라는 기본적으로 내재한 의미를 갖지 않는다면 위의 예시한 의미도 성립되지 않는다.

---

16) Martin, R., *Inférence, antonymie et paraphrase*, Klincksieck, pp. 121-123.
17) Wittgenstein, L., *Tractus logico-philosophicus*, Gallimard, p. 47.

V

인간두뇌의 작업이기 때문에 직접 관찰이 불가능하여 실체를 규명하기 어려운 심적 영상 또는 개념을 배제하고 "상황", "용법"을 토대로 의미를 정의하려는 시도의 동기를 이해할 수 있으나, 단어의 의미가 "상황" 또는 문맥에 의하며 좌우되는 "용법"이라는 주장에 쉽게 동의할 수 없다. 언어 기호인 한 단어는 형식과 내용을 갖는다. 내용이 따르지 않는 형식, 형식이 따르지 않는 내용은 단어라 할 수 없다. 오그덴과 리쳐즈의 의미 삼각형에 되돌아온 꼴이나, 문제는 이 내용이 지시물의 실체를 직접 반영하고 있는가에 있다.

중세의 스콜라파의 철학가들은 "Vox significat mediatibus conceptibus" (단어는 개념을 통하여 의미 작용을 한다)라고 주장한다. 개념과 의미를 별개로 설정한 주장이다. 개념을 "어떤 개체들의 불변적 징표, 즉 그것들의 불변적 성질이나 관계들을 기초로 한 그 개체들 (또는 집합들)의 집합을 추상화한 것"[18]이라고 해석할 때에, 개념은 사물과 직접 관계를 갖는다. "유동욱", "홍철수", "윤영수" 등의 개체를 추상화하면, "동물", "이성적 존재", "포유류", "흑색 머리", "엷은 갈색 피부", "장신" 등의 특징이 도출된다. 이 가운데 머리와 피부 색깔, 신장의 장단은 개체에 따라서 다르게 마련인 불안정한 특징이기에 제외하고, 동물, 이성적 존재, 포유류는 안정된 불변적 성질이다. 이 불변적 성질을 소유한 개체의 집합이 개념이다.

소쉬르는 기의(signifié)와 개념을 동일한 것으로 보았고, 브레크레(Brekle)도 "기호의 개념적 특징의 총체가 의미다"라고 말하고 있다.[19] 단어의 의미와 개념은 일치하지 않을 경우가 허다하다. "저 녀석을 가르쳐 사람을 만들어 주시오"에서 "사람"은 "이성적 동물"과 부합하나, "이 사람아, 그 꼴이 무엇인가?"에서 사람은 "이성적 동물" 이외에 화자와 청자가 친근한 사이라는 내용을 전한다. "짖는 개는 여위고 먹는 개는 살찐다"에서 "짖다"는 "개가 멍멍 소리를 크게 내다"가 아니라 "불평이 많다"의 내용을 갖는다.

---

18) 한국 철학 사상 연구회,『철학 대사전』, 동녘, p. 28.
19) Brekle, H. E., *Sémantique*, Armand Colin, p. 43.

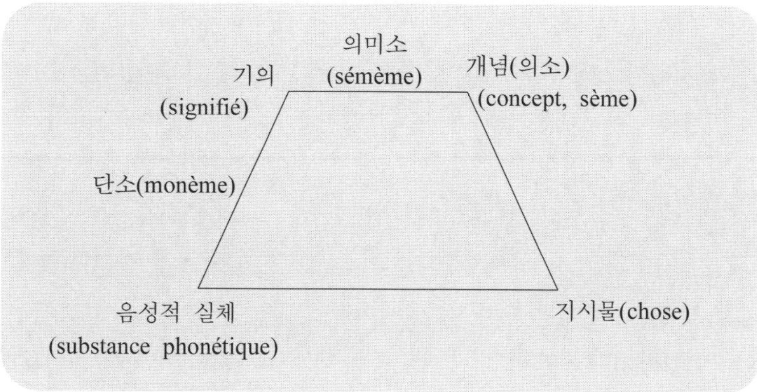

개념과 의미가 부분적으로 일치한다면, 오그덴과 리쳐즈의 의미 삼각형은 재구성되어야 한다. 헤거(Heger)는 다음의 도표를 제시하고 있다.[20]

좀 더 구체적으로 설명한다면, 지시물 "여자"는 "여성인 사람"이라는 속성을 갖고 있다. "여성"과 "사람"은 의소(sème)이고, 이 두 의소의 결합이 의미소(sémème)이다. 도표에서 보는 바이지만, 의소는 개념이고, 이 개념의 결합체가 의미소이다. 이 의미소가 의미와 같다면 오그덴과 리쳐즈의 의미 삼각형과 다를 바가 없다. 언어 기호인 단어는 지시물을 가리키지만, 지시물을 떠난 단어 자체에 따라 붙는 특성이 있다. "죽음"은 목숨이 없어지는 상태이나, 이 단어에는 "공포"라는 감정이 수반되게 마련이다. 지시물 "발바리"는 "몸이 작고 다리가 짧고, 성질이 순하고, 모양이 예쁜 애완견"이나 단어로서의 "발바리"는 "신중하지 못하고 별볼일없이 이리 저리 돌아다니는 사람"의 내용이 따라 붙는다. 테리에 의하면 의미란 의미소와 기호에 수반되는 모든 내용의 총체이다.

거의 동일한 관점에서 크레베르(Kleiber)는 의미와 개념 문제에 접근한다. "대머리가 무엇이지?"와 "대머리가 무엇을 뜻하지?"라는 질문에 대한 대답은, 첫째는 지시물과 둘째는 언어 기호인 단어와 관계된다.[21] 지시물의 내용이 개

---

20) Baldinger, K., *Vers une sémantique moderne*, Klincksieck, p. 132에서 재인용.

21) Kleiber, G., *Problèmes de référence*, Klincksieck, p. 26.

념이고, 단어의 내용은 의미라는 주장이지만, 지시물이 현실세계에 존재하지 않을 경우에 개념이 성립될 수 있는가라는 문제가 제기된다. 추상명사인 "진리", 가상적 실체를 나타내는 "용"은 현실세계에 존재하지 않는다. 마찬가지로 보편적 개념 "개"에 부합하는 지시물은 없고, 오로지 "누렁이", "바둑이", "도구"라는 개체가 있을 뿐이다. 보편적 개념에 해당하는 지시물의 존재를 부정하는 명목론(nominalisme)과 시인하는 보편론(universalisme)의 논쟁을 떠나, 언어학자의 입장에는 "개"라는 단어가 있는 이상, "개"라는 지시물의 존재를 인정하지 않을 수가 없다. "용"이나 "진리" 등의 실제 세계에 지시물이 존재하지 않는 경우에도, 단어의 지시물이 실제로 존재하는가라는 문제를 떠나, 지시물의 존재를 전제로 한다.[22]

언어의 여러 기능 가운데 으뜸가는 기능은 언어 외적 세계를 나타내는 전달의 기능이다. 의미와 개념을 별개의 것으로 설정한다면, 의미는 언어 기호인 단어와만 관계를 맺게되어, 언어는 기능을 잃고, 심지어 단어의 의미도 알 수가 없게 된다. 단어의 의미는 다른 단어를 이용하여 규명한다. "집단"의 의미는 "떼"이고, "떼"의 의미는 "무리"이고, "무리"의 의미는 "패"이고, "패"의 의미는 "동아리"이고, "동아리"의 의미는 "집단"이 된다. "집단"을 규명하기 위하여 다시 "집단"으로 왔다는 사실은 순환론에 빠져 아무 것도 모른다는 것과 같다.

단어가 자신을 벗어나 세계와 관계를 맺기 위하여는 원초적 개념(concept primitif)의 도움이 있어야 한다.[23] 어휘 의미 분석의 최소의 변별 단위(unité minimale de différenciation)가 의소(sème)라는 데에는 이견이 없으리라 보지만, 이 단위는 문자 그대로 "변별적" 최소 단위일 뿐이지, 더 이상 분석이 불가능한 최종의 단위가 아니다. "의자"의 의미 분석에서 "앉다", "이용되다", "것"이라는 의소가 결합하여 "앉는 데 사용되는 것"이라는 정의가 나온다. 이 중에서 "것"을 예로 든다면 "존재"와 "무생물"을 전제하고 있고, "무생물"은 "의지"의 유무에 따라 결정된다. 이 "의지"는 더 이상 분석이 안되는 근원적 개념 또는 개념소(noème)라고 결론에 이를 수도 있다. 또한 "것"에는 "의지"의 결

22) Kleiber, G., *Problèmes de référence*, Klincksieck, p. 27.
23) Kleiber, G., *Problèmes de référence*, Klincksieck, p. 30.

여가 필연적이기 때문에 "필연성"과 "부정"의 개념소가 수반된다. 따라서 "것"에는 "존재", "부정", "필연성", "의지"라는 개념소가 내재한다.[24] 마르탱(Martin)은 다음과 같이 말하고 있다. "한 개의 개념소는 단위를 형성하지 못한다. 두 개의 개념소는 새로운 단위가 형성된다. 세 개의 개념소는 네 개의 단위가 형성된다. (AB, BC, AC, ABC) n개의 개념소는 2^n개의 단위를 형성한다. 따라서 65,000개의 어휘 항목을 수록하고 있는 사전에서 16개의 개념소가 필요하다.[25]

마르탱의 개념소 이론을 바탕으로 크레베르는 의미란 "조합된 개념(concept construit)"라 정의하고 있다.[26] 이 원초적 개념은 언어의 소산물이 아니라 인간의 언어 외적 세계의 인식 속에 자리 잡고 있기 때문에, 언어기호인 단어의 내용은 자신이 아닌 지시물과 관계를 맺는다. 달리 말하면 언어는 자신의 세계에서 벗어나, 지시물을 지시할 수 있게 된다.

Ⅵ

일반적으로 의미는 언어학도의 입장에서, "단어가 갖고 있는 객관적 정보의 총체"[27] 또는 "현실세계의 사물을 지시하기 위해 단어가 갖고 있는 적정 조건"[28]으로 정의된다. 달리 말하여 지시물의 내용과 단어 내용이 일치한다는 주장이나, 지시물과 단어는 일의적 관계에 있지 않다. 프레게(Frege)는 다음의 예를 들어 의미를 설명한다. 망원경으로 달을 관찰할 때, 달은 외연(dénotation)에 비유할 수 있다. "망원경에 나타난 모습과 관찰자의 망막에 빚어진 모습은 달이 없으면 불가능하다. 첫째의 모습을 의미, 둘째의 모습을 재현(représentation) 또는 직감에 비유하겠다. 망원경 렌즈에 비친 달의 모습은

---

24) Martin, R., *Inférence, antonymie et paraphrase*, Klincksieck, p. 146.
25) Martin, R., *Inférence, antonymie et paraphrase*, Klincksieck, p. 143.
26) Kleiber, G., *Problèmes de référence*, Klincksieck, p. 30.
27) Orecchioni, C-K., *La connotation*, Presses universitaires de Lyon, p. 15.
28) Milner, J-C., *Ordre et raisons de langue*, Seuil, p. 10.

달의 부분적인 모습일 뿐이다. 이유는 관찰 시점에 따라 비치는 모습이 영향을 받기 때문이다. 그러나 일정 지점에서 달의 모습은 모든 망원경에 동일한 모습을 보이기 때문에 객관적이다. 그러나 이 객관적인 모습이 망막에 전달되어 빚어진 표상은 사람의 눈 구조가 다르기 때문에 주관성을 띄게 마련이다."[29]

낱개의 단어 차원에서 "객관적 정보의 총체", "적정 조건", "조합된 개념"은 추상적 존재이다. "개"를 "견과의 동물로, 네 발이 있고, 가축임"이라는 사전의 정의는 개의 속성을 추상화한 것이다. 이 추상화란 개념 또는 집합의 개별 개체인 "누렁이", "바둑이", "메리"가 속하게 된다. 이 추상화한 개념이 언어 기호인 단어의 모든 내용이 되지는 않는다. "머리", "꼴통", "대가리"는 동일한 지시물을 갖고 있으며, "사람이나 동물의 뇌가 드러난 부분"이라는 내용을 담고 있으나, 지시물과는 관계가 없는 "속어", "상말"이라는 언어기호인 단어 자체에 관한 정보도 지니고 있다. "호랑이"는 "고양이과에 속한 맹수"이지만, 화자에 따라서는 "공포와 잔인함"이 연상된다. 외연적 의미(sens dénotatif)만으로 단어의 의미를 정의할 때에, 지시물이 아닌 단어 자체에 관한 내용이 배제된다.

퀼리올리(Culioli)는 "의미란 인지적 차원에서의 물리적, 문화적 속성을 구조화한 복합적 표상체계이다"라고 말하고 있다.[30] 돼지는 "포유동물", "잡식성", "사족류", "유제류", "코가 비죽함" 등의 물리적 속성과 "가축", "식물", "더러움", "이기적" 등의 문화적 속성을 갖는다. 돼지의 이 속성은 문화권에 따라 편차를 보인다. 대체로 돼지는 "사족류", "비대함", "식용", "더러움"의 속성을 갖겠으나, "식용"이라는 속성은 회교 문화권에서는 배제돼 있고, "이기적"이라는 속성은 구라파 문화권에서만 인정된다.

의미를 "개념", "상황", "원초적 개념의 조합", "적정 조건", "물리적, 문화적 속성" 또는 달리 어떻게 정의하건, 완벽한 정의가 나오기 어렵다. 프레게의 망원경에 비추어진 달의 모습은 달 전체의 모습이 아니라 부분적인 모습일 뿐이다. 금성(Vénus)이 아침별(étoile du matin) 또는 저녁별(étoile du soir)로 불리는 이유가 여기 있다. 따라서 프레게는 의미를 사물을 제시하는 방법(le

---

29) Frege, G., *Écrits logiques et philosophiques*, Seuil, p. 106.
30) Culioli, A., *Pour une linguistique de l'énonciation*, Ophrys, p. 52.

mode de dénotation)이라 정의하고 있다. 달리 말하여 의미는 언어 기호인 단어의 내용이다. 언어 기호는 단어가 있는 이상 실세계에서의 존재 유무를 떠나 지시물의 존재를 전제로 한다.

의미 정의에 따르는 어려움은, 의미에 관계된 모든 것이 인간의 두뇌 속에서 이루어진다는 사실이다. 신경언어학(neurolinguistique) 분야의 도움이 필요하나 지금 현재로는 기대하기 어려운 상황이다. 원점으로 돌아가는 느낌이 없지 않으나, 한 단어의 내용을 파악하기 위하여 같은 나라 말의 다른 말로 옮기거나, 또는 다른 나라 말로 옮겼을 때에 변화하지 않고 남아있는 인지적 내용이라고 말할 수 있겠다.[31)]

31) Martin, R., *Inférence, antonymie et paraphrase*, Klincksieck, p. 16.

참고문헌

이정, (1973), "의미의 실현",『무악논고』 제2집, 연세대학교.

________, (1976), "언어기호의 성질과 기능", 『고병려, 권명수 환갑 기념 논문집』, 연세대학교 영문과.

________, (1980), "소쉬르 연구 Ⅲ, 언어 기호론", 『한글』 167호, 한글학회.

Baldinger, K. (1984), *Vers une sémantique moderne,* Klincksieck.

Baylon, C. et Mignot, X. (1995), *Sémantique du langage,* Nathan.

Benveniste, E. (1966), *Problèmes de linguistique générale* I, Gallimard.

Bloomfiled, L. (1965), *Language,* George Allen.

Brekle, H. E. (1974/1972), *Sémantique,* Armand Colin.

Culioli, A. (1990), *Pour une linguistique de l'énonciation,* Ophrys.

Frege, G. (1971), *Écrits logiques et philosophiques,* Seuil.

Guiraud, P. (1964), *La sémantique,* P.U.F.

Heger, K. (1965), *Les bases méthodologiques de l'onomasiologie et du classement par concepts,* Strasbourg.

Kleiber, G. (1981), *Problèmes de référence,* Klincksieck.

Laurier, D. (1993), *Introduction à la philosophie du langage,* Mardaga.

Lyons, J. (1977), *Semantics I,* Cambridge Univ. Press.

________ (1978), *Éléménts de sémantique,* Larousse.

Malmberg, B. (1964), *New trends in linguistics,* Stockholm.

Martin, R. (1976), *Inférence, antonymie et paraphrase,* Klincksieck.

________ (2002), *Comprendre la linguistique,* P.U.F.

Milner, J-C. (1982), *Ordre et raisons de langue,* Seuil.

Ogden, C. K. & Richards, I. A. (1931), *Meaning of meaning,* Keagan Paul.

Orecchioni, C-K. (1977), *La connotation,* Presses universitaires de Lyon.

Saussure, F. de. (1964), *Cours de linguistique générale,* Payot.

Ullmann, S. (1964), *Sémantique,* Basil Blackwell.

2 소쉬르 연구 -언어 기호론-

2 소쉬르 연구 - 언어 기호론 -

I

코제리유(Coserieu)는 "가브렌츠와 공시언어학"이라는 논문에서 소쉬르(Saussure)에 관하여 다음과 같이 말하고 있다.[1)]

"아직까지 소쉬르는 비역사적으로 연구되고 있다. 옛 언어학의 마지막 사람으로서가 아니라, 소쉬르는 새 언어학의 창시자로 연구되어 왔다."

코제리유의 주장은, 소쉬르의 연구는 소쉬르 이전의 언어학, 이후의 언어학과 동시에 소쉬르 생존 때의 언어학자와 비교함으로써만이 완벽하게 되리라는 말이다.

소쉬르의 언어 이론은 발명되지는 않았다. 언어 기호에 관한 논의는 이미 고대 희랍 시대부터 있어 왔다. 언어 기호는 나타내는 사물과 필연적인 관계를 갖고 있다는 플라톤의 주장, 사물과 관련이 없는 약속에 의하여 만들어진 것이라는 아리스토텔레스의 주장은, 소쉬르에 이르기까지 계속 쟁점이 되었던 문제이며[2)] 또한 이 문제는 소쉬르 이후의 학자들, 예컨대 벤베니스트(Benveniste), 가디너(Gardiner)를 비롯한 여러 학자들에 의하여 계속 논의되어 왔다.[3)]

---

* 한글 167호 (1980), 한글학회

1) Coserieu, E., "Von der Gablentz et la linguistique synchronique", *Word* 23, pp. 74-100.

2) Parrain, B., *Recherches sur la nature et les fonctions du langage*, Gallimard, pp. 32-44.

3) Benveniste, E., *Problèmes de linguistique générale*, Gallimard, pp. 49-55.
Gardiner, A., *The theory of speech and language*, Clarendon press, pp. 17-61.

소쉬르의 시니피앙(signifiant), 시니피에(signifié)와는 각도가 다르지만 스토아(stoïcs) 학파의 경우, 유사한 sémainon, sémainomenon이라는 이분법이 있었고[4], 소쉬르의 시니피앙과 시니피에의 이분법은 보두왱 드 쿠르트네이(Baudoin de Courtenay)와 쿠르스제브스키(Kurszewski)와 같은 카장(Kazan) 학파의 언어 이론과도 관련이 있다.[5]

소쉬르의 언어 기호론에서 중요한 위치를 차지하는 체계(système)의 개념도 독창적인 발명의 소산은 아니다. 이미 18세기에 체계라는 용어가 수학과 철학에 사용되고 있었고, 그 의미도 오늘날과 비슷하게, 서로 연관을 맺고 있는 개체의 집합이라는 뜻으로 사용되었다. 이 체계라는 개념이 천문학, 의학, 정치 용어로 쓰였으나, 마침내는 언어 연구에 도입되었다. 언어를 하나의 체계라고 한 사람은 "보편적 문법에 관한 연구(Hermes or philosophical inquiry concerning universal grammar)"를 쓴 18세기의 제임스 해리스(James Harris)이다. 해리스가 소쉬르에게 영향을 주지는 않았으나, 비교문법의 창시자이고 또한 "동사 변화 체계(conjugations system)"의 저자이며, 해리스의 영향을 받은 보프(Bopp)의 체계 개념에 소쉬르가 영향을 받지 않았다고는 주장할 수 없으리라.[6]

언어 요소의 가치(valeur) 개념에서도 소쉬르는 발명가의 위치에 있지는 않다.

가치는 경제학 용어이다. 소쉬르가 가치 개념을 언어 연구에 처음 도입하였지만, 그는 이 용어를 로잔느(Lausanne) 학파에 속한 레옹 발라(Léon Walras)의 "순수 경제, 정치 이론(Éléments d'économie politique pure)에서 빌어 왔다는 것이 정설이다.[7]

소쉬르에게 직접, 간접으로 영향을 준 사람은 이 사람들 말고도 많다. 코제리유는 소쉬르 후의 언어 이론에 치중하여 소쉬르를 연구하지 말고, 소쉬르 전의 언어 이론에 강점을 두고 소쉬르를 이해하여야 한다고 주장한다. 그러나 이 소고에서는 소쉬르 이전의 언어학, 이후의 언어학, 소쉬르 생존 때의 언어학과는

---

4) Jakobson, R., "À la recherche de l'essence du langage", *Problèmes du langage*, Gallimard.

5) Koerner, E., *Ferdinand de Saussure*, Vieweg, pp. 138-144.

6) Mounin, G., *Ferdinand de Saussure*, Seghers, p. 60.

7) Koerner, E., *Ferdinand de Saussure*, Vieweg, p. 68.

관련을 맺지 아니하고, 소쉬르 자신의 언어 이론에 연구를 제한시키고자 한다.

이 소고에서 다룰 문제는 언어 기호의 성질과 언어 기호의 체계와의 관계가 되겠다.

Ⅱ

언어 행위가 이루어지기 위하여는 언어 행위 자체와 직접 또는 간접적인 관련이 있는 몇 가지 요소가 있다.

첫째 추상적 또는 구체적 사물이 필요하다. 둘째 이 사물이 머리 속에서 개념화되어야 한다. 셋째로 개념에 일치하는 소리가 머리 속에 기억되어져 있어야만 한다. 넷째로 머리에 기억되어진 소리, 즉 청각영상에 부응하는 발음 행위가 따라야 한다. 소쉬르는 언어 기호를 다음과 같이 정의하고 있다.

"기호란 개념과 청각영상의 결합이다."[8)]

개념과 청각영상이라는 용어가 심리학의 냄새를 풍기기 때문에 소쉬르는 이 용어를 시니피에, 시니피앙으로 바꾸었다. 여기에서 주목할 점은 사물은 언어기호와 직접적인 관련이 없다는 사실이다.

"언어기호는 사물과 이름을 결합하지 않고 개념과 청각영상을 결합한다."[9)]

언어기호는 시니피앙과 시니피에의 결합이지 사물과 관련이 없다는 소쉬르의 주장은 명목론(nominalisme)과 대립된다. 명목론자는 언어는 사물에 명칭을 붙이는 작업이라 주장한다. 이 주장을 달리 설명한다면, 이름이 있으면 이에 부응하는 사물이 있어야 한다. 만약 이러한 주장이 옳다고 가정한다면, 어느 나라 말에서도 마찬가지이겠으나, 불어에서 que(연결사), rien(없음), si(연결사)는 구체적으로 어떠한 대상물을 갖고 있는가? 이 명칭에 부응하는 대상물은 없다. 사물에 명칭을 붙인다는 말은, 사물이 명칭을 결정한다는 말과 같다. 그렇다면 일정한 사물에는 같은 명칭이 붙여져야 한다. 같은 사물을 한국

8) Saussure, F. de, *Cours de linguistique générale*, Payot, p. 99.
9) Saussure, F. de, *Cours de linguistique générale*, Payot, p. 98.

어로 말, 영어로 horse, 불어로 cheval, 독일어로 pferd라 하는 사실은 어떻게 설명되어야 하는가? 언어기호는 사물의 명칭이다라고 할 때 문제는 각 나라 말이 갖고 있는 체계 또한 부정된다는 사실이다. 왜냐하면 각 언어기호의 상호관계로 생겨나는 가치를 이 주장에서는 고려하지 않기 때문이다. 언어기호는 사물의 모방으로 생겨나지 않는다. 소쉬르는 이 점에 대하여 다음과 같이 주장한다.

"심리학적으로 사고는 표현이 되지 않으며 형태가 없는 불투명한 덩어리이다. 언어학자와 철학자들은 기호의 도움이 없이는, 별개로 존재하는 두 개의 사고를 명확하게, 그리고 일관되게 구별할 수 없다는 데 의견을 같이 한다. 사고 그 자체는 명확한 한계가 없는 안개와 같다. 언어에 앞서 사고가 존재하지 않는다. 언어가 있기 전에는 그 어떠한 것도 명확하지 않다."[10]

소쉬르는 언어기호를 시니피앙과 시니피에로 구성된 것으로, 사물과는 무관하다고 보고 있다. 또한 시니피앙이 없는 시니피에만으로 이루어진 언어기호 또는 시니피에가 없이 시니피앙만으로 이루어진 언어기호는 존재하지 않는다. 시니피에가 따르지 않는 시니피앙은 음성학의 연구 대상일 뿐이고, 시니피앙이 따르지 않는 시니피에는 심리학의 연구 대상이다. 이 점에 관하여 소쉬르는 다음과 같은 비유를 들고 있다.

"물을 화학적으로 분해하면 수소와 산소를 얻게 된다. 수소만을 또는 산소만을 따로 떼어 연구하더라도 화학적 차원에서 벗어나지 않는다. 그러나 언어적인 물을 분해하여 수소 또는 산소만을 따로 갈라 놓았을 때 언어기호는 사라진다."[11]

시니피앙이 따르지 않는 시니피에는 경계를 알 수 없는 안개와도 같은 것이지만 마찬가지로 시니피에가 따르지 않는 시니피앙도 정체가 불투명하고 모호한 존재이다. 소쉬르는 시니피앙이 따르지 않는 시니피에, 시니피에가 없는 시

---

10) Saussure, F. de, *Cours de linguistique générale*, Payot, p. 155.
"Psychologiquement, abstraction faite de son expression par les mots, notre pensée n'est qu'une masse amorphe et indistincte."

11) Godel, R., *Les sources manuscrites du cours de linguistique générale de F. de Saussure*, Droz, p. 190.

니피앙을 하나의 실질(substance)이라 보고 있다. 소쉬르의 이론을 확대 해석한다면 전자는 개념적 실체, 후자는 음적 실체이리라. 소쉬르가 실질을 어떻게 이해하고 있느냐는 해결되어야 할 문제이나, 이에 관한 그의 직접적인 정의는 없다. 시니피앙이 따르지 않은 시니피에는 심리학의 연구 대상이고, 시니피에가 따르지 않는 시니피앙은 음성학의 연구 대상이다. 이 두 요소의 결합은 실질이 아닌 형식을 만들어 낸다.

"말이란 이러한 것이기 때문에 어떤 측면에서 말을 다루건 간단하게 그 요소를 찾아낼 수 없다. 어떠한 측면에서이건 언제나 서로 영향을 주는 이 복합적 요소의 균형이 이루어지고 있다. 달리 말하자면 말은 실질이 아니라 형식을 만들어 낸다."[12]

실질이 아니라 형식이라는 주장은 제Ⅲ장에서 다시 언급하겠으나 우선 다음과 같은 뜻으로 해석할 수 있다. 같은 나무를 몇 사람의 화가가 같은 자료를 갖고 그림으로 옮겼을 경우, 이 나무는 다 다른 형식으로 표현된다. 언어기호가 실질이 아니고 형식임을 나타내는 예를 바르트부르그(Wartburg)는 "언어학의 문제와 방법"에서 보여주고 있다.[13]

나전어에서 아버지 쪽의 친척과 어머니 쪽의 친척은 다른 말로 표시되었다. 어머니와 아버지의 남자 동생을 각기 "avunculus", "patrus", 여자 동생을 "matertera", "amita"로 나타냈었다. 그러나 나전어에서 나온 불어는 이런 구별을 하지 않고, 아버지 또는 어머니 쪽을 가리지 않고, "tante", "oncle"이라고 한다. 구분을 하지 않는다는 사실은 어머니 또는 아버지 쪽의 "외삼촌", "삼촌", "이모", "고모"라는 실질이 없어진 것이 아니라 단지 이 실질을 표시하는 형식이 달라진 데 불과하다. 언어기호가 실질이라면 변화가 없어야 한다.

시니피앙과 시니피에로 구성되었으며, 실질이 아니라 형식인 언어 기호는 어떤 성질을 갖는가? 소쉬르는 제2차 "일반 언어학 강의"에서 기호의 성질로서 다음의 네 가지 원칙을 제시하였다.[14]

---

12) Saussure, F. de, *Cours de linguistique générale*, Payot, p. 69.
13) Wartburg, W., *Problèmes et méthodes de la linguistique*, P.U.F., p. 169.
14) Godel, R., *Les sources manuscrites du cours de linguistique générale de F. de Saussure*, Droz, p. 193.

1. 자의성(l'arbitraire)
2. 상이성(le caractère différentiel)
3. 대립성(le caractère oppositif)
4. 언어 기호와 발음 기관과의 무관계성(indifférence totale du moyen de production du signe)

그리고 제3차 "일반 언어학 강의"에서 추가로 기호의 선적 성질(la linéarité)을 제시하였다.[15)]

언어기호의 자의성이라고 할 때, 소쉬르가 강조하려던 점은, 언어기호는 사물과 이름의 결합, 다시 바꾸어 말하면 사물에 이름을 붙이는 작업이 아니라는 사실이다.

"언어기호는 사물과 이름을 결합시키지 않고, 개념과 청각영상을 결합시킨다."[16)]

소쉬르의 자의적이라는 용어는 두 가지 면으로 고찰할 수 있다. 첫째는 사물과 기호와의 관계에서, 둘째는 시니피앙과 시니피에의 관계에서이다.

사물과 언어기호가 자의적이 아닌 필연적 관계를 맺고 있다면, 어떤 일정한 사물에 반드시 일정한 기호가 따라야 하리라. "나무"라는 사물은 "나무" 이외의 "arbre", "baum", "tree" 말고도 여러 다른 기호로 표시되나, 오로지 한 기호로 표시되어야 한다. "누이"라는 사물도 필연적이고 논리적인 관계 때문에 "soeur", "sister", "schwester"가 아닌 하나로 표시되어야 한다. 그러나 이미 예를 든 바이지만, "나무" 또는 "누이"라는 사물에 여러 다른 언어기호가 실제로 따른다는 사실은 사물과 언어기호 사이의 관계가 필연적이거나 논리적이 아니라 자의적임을 증명하여 준다.

시니피앙과 시니피에의 관계도 마찬가지이다. "소"라는 개념은 [bœf](bœuf), [ɔks](ox), [ɔks](ochs) 또는 다른 여러 방법으로 표시된다. 그러나 만약

---

15) Godel, R., *Les sources manuscrites du cours de linguistique générale de F. de Saussure*, Droz, p. 203.
16) Saussure, F. de, *Cours de linguistique générale*, Payot, p. 98.

개념과 청각 영상 사이의 관계가 필연적이고도 논리적이라면 이와 같은 여러 가지의 음의 결합이 용납될 수가 없다.

의성어의 예를 들어 자의성이라는 원칙의 모순성을 지적하는 사람들이 있다. 의성어는 사물과 필연적인 관계를 맺고 있다는 주장이다. 고양이의 울음과 "야옹"은 필연적인 관계를 맺고 있지 않는가? 무엇이 부서지는 소리와 "우지끈"은 필연적인 관계를 갖고 있지 않는가? 이 두 예의 경우, 나타내려는 사물과의, 절대적이 아닌, 약간의 필연적인 관계가 있음을 부인할 수는 없다. 그러나 사물과의 약간의 필연성이 있음에도 불구하고 고양이의 울음소리는 "야옹"이 아닌 "miaou", "mew", "miau"로도 표시된다. 또한 부러지는 소리는 "우지끈"이 아닌 "crac", "snap", "bums"로도 표시된다. 사물과 어느 정도의 필연적 관계를 갖고 있는 이 의성어가 일단 어느 나라 말 체계의 한 부분이 되면, 필연성이라는 이유 때문에 변화하지 않아야 하겠지만, 음성적, 형태적 변화를 하게 된다. 사물과 언어기호의 필연적 관계를 증명하기 위하여는 의성어만으로는 부족하다. 그 이유는 의성어의 수가 한 나라 말을 구성하는 다른 기호와 비교할 때 너무도 적기 때문이다.

시니피앙과 시니피에의 관계도 마찬가지이다. 이조 초기에 "思"라는 시니피에의 시니피앙은 "사랑"이었다. 이 시니피에가 "사랑"이라는 시니피앙을 꼭 가져야 한다는 필연성이 없기 때문에 오늘날 이 시니피에는 "생각"이라는 시니피앙을, "사랑"은 "愛"라는 시니피에를 가지게 된다. 시니피에와 시니피앙이 필연적 관계를 맺고 있다면 말의 변화를 설명할 수가 없다.

"시니피에와 시니피앙을 맺어주는 관계는 자의적이다. 달리 말하자면, 언어기호란 시니피앙과 시니피에의 결합으로 이루어진 것이기 때문에 언어기호 또한 자의적이다라고 말할 수 있다."[17)]

자의적인 성질은 언어기호만의 특징이 아니다. 자의적 성질은 모든 기호 체계에 공통된 현상이다. 빨간색, 노란색, 파란색의 교통 신호도 자의적인 기호이고, 선박 사이의 신호도 자의적인 기호이다. 모든 다른 기호와 언어기호의 공통

---

17) Saussure, F. de, *Cours de linguistique générale*, Payot, p. 100.

점은 자의적이라는 성질에 있지만 언어기호의 자의성과 다른 기호의 자의성 사이에는 차이점이 있다. 무넹(Mounin)은 이 점에 관하여 다음과 같이 말한다.

"언어활동(langage)이란 형이상학적인 본질이 아니라 인간의 자연적 활동으로 빚어진 복합적이고 역사적인 산물이기 때문에, 말(langue)은 순수한 자의적인 기호 체계가 아니라는 점에 유의하여야 된다."[18)]

언어기호란 사물 또는 개념과 무관하게 인위적 약속에 의하여 만들어진 것이다. 인위적인 약속에 의하여 자의적으로 만들어진 기호이나 개인이 마음대로 언어기호를 만들어 낼 수는 없다. 개인은 좋든 싫든 전 세대로부터 수동적으로 언어기호를 물려받았을 뿐이다. 개인은 언어기호 앞에서 무력하다. 언어기호는 사회 안에서의 자의적인 협약이기 때문에 개인이 언어기호를 만들어 낼 경우 의사 전달 행위가 이루어지지 않는다. 언어기호의 자의성이란 다른 기호의 경우와는 달리 전 세대로부터 수동적으로 물려받았다는 점에서 역사적 자의성이라 할 수 있다.

또 하나의 문제는 언어기호의 상이성과 대립성이다. 상이성이라는 문제에 관하여 소쉬르는 다음과 같이 말하고 있다.

"가치라는 것이 기호 서로 사이의 관계와 상이성으로 이루어졌다면, 말의 물질적인 측면에 관하여도 우리는 같은 얘기를 할 수 있다. 한 단어에서 문제가 되는 것은 소리 자체가 아니라 이 단어를 다른 단어와 구별시켜 주는 소리의 차이이다. 그 이유는 이 차이점이 의미를 갖기 때문이다."[19)]

우선 소쉬르의 상이성이라는 용어의 문제를 알아보자. 상이성이란 시니피앙의 측면 또는 시니피에의 측면이건, "가"라는 요소와 "나"라는 요소의 다름을 뜻한다. "가"가 "나"와 다름은 "가"가 "나"가 아님을 뜻한다. 소쉬르가 뜻하는 상이성이란 부정성과 통하는 말이다. 치조음인 [t]는 양순음인 [p]와 다르다. 이 상이성이라는 말은 주의를 요한다. 상이성이란 같은 성질의 정도의 차이를 뜻하지 않는다.

[p]를 양순 파열 무성음의 성질을 유지하면서 강하게 또는 약하게 발음한다

---

18) Mounin, G., *Clef pour la linguistique*, Seghers, p. 4.
19) Saussure, F. de, *Cours de linguistique générale*, Payot, p. 163.

하여도 [p]는 [p]이다. 지도에서 흔히 같은 성질의 정도의 차이로 실지 사물을 나타낸다. 동질성을 갖는 선의 폭이 크면 실지 강의 폭이 크다. 선의 폭이 가늘면 강의 폭이 좁다. 나라의 인구를 표시할 경우 동질적인 선의 높이가 크면 한 나라의 인구가 많고 덜 높으면 인구가 적음을 나타낸다.

같은 성질의 정도의 차이로 다른 사실을 나타내는 예를 흔히 인간의 말에서도 찾아볼 수 있다. 양순 무성 파열음의 성질을 유지하면서 [p]를 강하게 발음하였을 경우, 예를 들어 [epuvɑ̃tabl]의 경우, 강렬한 무서움의 감정을 나타낸다. 그러나 소쉬르의 언어기호의 상이성이란 동질성의 정도의 차이를 뜻하지 않는다. "pierre"의 [p]를 강하게 또는 약하게 발음하건 그 시니피에는 어느 경우에나 "돌"이다. 정도의 차이가 어떠하건 [p]는 [p]이다. 또한 [p]는 [p]라는 주장은 [p] 이외의 다른 모든 음을 배제한다는 뜻이다. "pierre"의 [p]가 강약을 달리함에 따라 좀 더 "덜한 돌" 좀 더 "더한 돌"이 되지 않는다. "말"이라는 시니피에는 "말" 이외에 모든 동물을 배제한다. 마찬가지로 교통신호 체계의 경우, 파란색의 강도의 차이가 "덜 가라" 또는 "더 가라"를 뜻하지 않음은 물론, 파란색은 노란색과 빨간색을 배제한다. 무넹의 말을 빌린다면 언어 기호의 특징은 불연속적 성질을 갖고 있다.[20)]

소쉬르의 상이성이란 동질성 안에서의 정도의 차이가 아닌 이질적인 상이성이다. 그러나 언어기호는 "가"와 "나"의 다름만으로는 성립되지 않는다. "가"가 "나"와 다를 뿐 아니라 동시에 이 양자 사이에 어떤 관계가 맺어져야 한다. 의미적인 소리의 차이라는 소쉬르의 주장을 인용한 바 있거니와, "pierre"의 [p]의 경우 개개인의 신체적 조건, 혀의 길이, 성대의 크기, 폐활량과 다른 여러 가지 조건으로 [p]는 다르게 발음된다. 다르기 때문에 우리는 상대방의 목소리만으로 상대방이 누구인가를 알 수 있다.

그러나 이런 상이성은 의미적이 아니다. 그 이유는 아무리 다르더라도 "pierre"의 시니피에는 변함이 없기 때문이다. 그러나 "pierre"의 [p]를 [b]로 발

---

20) Mounin, G., *Ferdinand de Saussure*, Seghers, p. 55.
"Ceci veut dire que le signe linguistique fonctionne par sa présence ou son absence, comme une unité discrète et non comme une grandeur continue."

음하였을 때, 이 상이성은 의미적이다.

그 이유는 전혀 새로운 시니피에를 가진 언어형식이 탄생하기 때문이다. "가"와 "나"의 다름에 그치지 않고, [p]와 [b]의 경우에서처럼, 서로 관계가 형성될 때, 그 상이성은 의미적이 되고, 이 의미적인 상이성은 대립관계(l'opposition)를 맺는다. 대립성이란 "가"라는 요소뿐만 아니라, "나", "다", 또는 다른 요소와의 관계로 이루어진다.[21] "가"가 다른 요소와의 상호 관계로 가치가 결정된다는 예로서 소쉬르는 다음과 같이 들고 있다.

불어에서 "craindre"와 "redouter"는 다 "두려워하다"라는 시니피에를 가진 동의어이다. 그러나 "redouter"라는 언어형식이 없으면 "redouter"라는 언어형식의 내용을 "craindre"가 갖게 된다. "늑대"라는 뜻의 "loup"라는 언어형식이 없다면, "개"라는 뜻의 "chien"이 늑대와 개의 뜻을 함께 갖게 되었으리라. "redouter"와 "loup"가 없으면 "craindre"와 "chien"의 가치가 다르리라는 말이다. 마찬가지로 "craindre"와 "chien"이 없으면 "redouter"와 "loup"의 가치도 다르리라.[22]

고립된 언어기호란 있을 수 없다. 언어기호 서로의 작용으로 한 언어기호의 가치가 결정된다. 언어기호 사이에 작용이 있을 때 관계가 형성되고, 언어기호 사이에 관계가 이루어졌을 때, 그 언어기호들은 언어체계의 한 부분이 된다.

자의적이고 대립 관계를 형성하는 언어기호는 기호를 발생시키는 기관과 아무 관련이 없다. 어떤 개인이 성대로 또는 어떠한 기계 장치로 [pjɛ:r]라는 소리를 발성시켰을 때, 어느 경우이건 [pjɛ:r]는 "돌"이다. 기호 발생 기관은 두뇌의 명령에 따라 이에 일치하는 동작을 작동시켜 기호를 발생시켰을 뿐이지, 기호 자체의 본질과는 관계가 없다.

"글자를 타자기, 펜, 붓, 또는 여러 다른 수단을 이용하여 썼을 경우 이 수단

---

21) Godel, R., *Les sources manuscrites du cours de linguistique générale de F. de Saussure*, Droz, p. 197.
"Dès l'instant où un rapport existe par ailleurs entre a et b, ils sont membres d'un même système, et la différence devient opposition."

22) Godel, R., *Les sources manuscrites du cours de linguistique générale de F. de Saussure*, Droz, p. 199.

들이 글자 자체와는 아무 관련이 없듯이, 언어기호 또한 기계 장치, 한 예로서 축음기로도 발생시킬 수 있다는 사실은 이에 대한 충분한 설명이 되리라 본다. 기호의 동질성이 유지되는 한 기호 발생 기관은 기호와는 관계가 없다."[23]

마지막으로 기호의 선적 성질에 관한 소쉬르의 생각이 어떠한지 살펴보기로 하자.

"시니피앙은 청각적 성질을 갖고 있기 때문에 오로지 시간 안에서만 실현되고 시간이 갖는 성질을 지닌다."

가) 시니피앙은 길이를 나타낸다. 나) 이 길이는 일원적인 선이며 측정할 수 있다."[24]

"말의 선적 성질이란 두 요소를 동시에 발음할 수 없다는 데 있다."[25]

언어기호의 선적 성질이란 두 언어적 요소가 동시에 같은 위치에서 실현될 수 없다는 데 있다. 두 요소가 동시에 같은 위치, 즉 선상에서 실현될 수 없다는 주장은 두 요소 가운데서 한 요소가 선행하거나 또는 후행한다는 뜻이다.

다시 바꾸어 말하자면 두 요소의 순서 관계가 선적인 성질이라고도 할 수 있다. "가"는 "나", "나"는 "다" 뒤에 실현되어야 한다는 사실은 바로 시간성을 의미한다.

"알맞은"이라는 뜻의 "apt"의 [a], [p], [t]라는 세 개의 음은 동시에 발음될 수가 없다. [a]는 [p], [p]는 [t]에 앞서 순서적으로 실현되어야 "알맞은"이라는 시니피에를 가진 "apt"가 이루어진다. 또한 이 세 개의 음이 차지하고 있는 위치 또한 중요하다. [apt]의 세 음이 순서를 달리하면 "알맞은"이라는 시니피에를 갖고 있는 시니피앙은 파괴된다. 세 음의 위치를 달리할 경우 [tap](때리다), 또는 [pat](짐승의 다리)라는 전혀 새로운 시니피앙이 성립된다. 12를 21로 바꾸어 썼을 때 전혀 내용하는 바가 달라지는 이유도 순서 때문이다.

두 개 이상의 요소가 동시에 같은 위치에서 실현되지 않는다는 선후 관계의 원칙은 음적인 사실에만 국한되지 않는다. "고양이가 쥐를 잡았다"의 경우,

---

23) Godel, R., *Les sources manuscrites du cours de linguistique générale de F. de Saussure*, Droz, p. 201.

24) Saussure, F. de, *Cours de linguistique générale*, Payot, p. 103.

25) Saussure, F. de, *Cours de linguistique générale*, Payot, p. 103.

"고양이", "쥐", "잡았다"의 세 요소의 위치를 바꾸어 놓을 수 있다. "쥐가 고양이를 잡았다"라고 할 수 있다. 이 경우 전혀 내용이 달라진다. 각 요소가 갖는 위치는 오로지 시간적 특성을 갖는 기호체계만이 갖고 있는 중요성이다.

공간적인 성질을 갖고 있는 기호체계에서 위치는 중요하지 않다. 쥐가 고양이를 잡은 내용을 그림으로 전달한다고 가정하자. 이 경우 "쥐가", "고양이를", "잡았다"라는 세 요소는 순서와는 관계없이, 다시 바꾸어 말하자면, 왼쪽에서 오른쪽, 오른쪽에서 왼쪽, 위에서 아래로, 또는 아래에서 위로 한 공간 위에 그려진다. 이 그림을 보는 사람은 이 세 요소를 동시에 보게 되고, 어떠한 순서로 보아도 의사 전달 내용을 착각하지 않는다.

"가"라는 요소와 "나"라는 요소가 결합할 때, 순서적인 결합 관계는 가+나, 또는 나+가이다. 공간적 기호의 경우 가+나 또는 나+가이건 의사 전달 내용에는 아무 영향이 없다. 그러나 시간적 기호의 경우는 순서의 차이로 의사 전달 내용이 전혀 달라진다. "un homme pauvre(가난한 사람)"와 "un pauvre homme(가엾은 사람)"의 경우가 바로 소쉬르가 말한 기호의 선적 성질에 적합한 예가 되리라고 본다.

무넹은 기호의 선적 성질에 관하여 다음과 같이 말을 하고 있다.

"소쉬르의 기호에 관한 둘째 성질, 그것은 바로 선적 성질이다. 소쉬르는 선배 언어학자가 눈여겨보지 않았던 이 성질이 첫 번째 성질(자의성) 못지않게 중요하다고 생각하였다. 이 원칙에서 말의 기능에 관련된 중대한 결과가 빚어진다. 두 요소는 같은 위치에서 결합되지 않는다. 두 요소의 가치는 순서에서 생겨난다. 결합 관계에서 두 요소의 위치는 변별적이다. 이 몇 마디 말로써 소쉬르는 기호학 연구의 방향을 제시하였다."26)

26) Mounin, G., *Ferdinand de Saussure*, Seghers, p. 54.

Ⅲ

언어기호는 시니피앙과 시니피에의 결합으로 이루어진 실체이다.27) 시니피앙이 따르지 않는 시니피에, 시니피에가 따르지 않는 시니피앙은 언어 연구의 대상이 아니다.

"말에서 개념이란 음적인 실질의 바탕이 되고, 일정한 음은 개념의 바탕이 된다."28)

이 언어적 실체는 마치 물과도 같다. 물을 화학적으로 분석하면 산소와 수소의 성분이 검출되나 산소, 또는 수소는 물의 성질이 없다.

시니피앙과 시니피에의 결합인 언어기호는 선적 성질을 가진 실체이다. 선적 성질을 가졌다함은 이 실체들이 선적으로 연결되었음을 뜻한다. 이 실체의 연속에서, 한 실체와 다른 실체의 구분을 어떻게 할 수 있는가? 소쉬르는 다음과 같이 말한다.

"언어적 실체는 그 경계가 정하여졌을 때만이, 즉 음의 연속에서 주변의 다른 부분과의 구분이 이루어졌을 때만이 확정되어진다."29)

소쉬르의 말은 애매모호하다. 그러나 분명한 사실은 시니피앙의 경계가 정하여졌을 때만이 언어적 실체가 확정된다는 점이다. 그러나 경계의 확정은 어떻게 이루어지겠는가?

소쉬르는 이 문제에 관하여 다음과 같이 말한다.

"음의 연속이 갖는 첫 번째 성질은 선적 성질에 있음을 누구나 알고 있다. 음의 연결 그 자체는 하나의 선, 하나의 천으로 이어진, 청각만으로는 명확하고도 만족스러운 경계를 식별하기 어려운 띠와 같다. 이 구분을 하려면 의미에 호소하여야 한다."30)

하나의 언어적 실체를 잡아내려면 의미에 의지하여야 되지만, 동시에 음의 연속에서 어떠한 음의 결합, 즉 시니피앙이 다른 음의 연속에서도 발견되느냐

27) Saussure, F. de, *Cours de linguistique générale*, Payot, p. 144.
28) Saussure, F. de, *Cours de linguistique générale*, Payot, p. 145.
29) Saussure, F. de, *Cours de linguistique générale*, Payot, p. 145.
30) Saussure, F. de, *Cours de linguistique générale*, Payot, p. 145.

라는 원칙을 소쉬르는 제시하고 있다.31)

[lafɔrsdyvɑ̃], [abudfɔrs], [ilməfɔrsaparle]의 세 음의 연속에서 [fɔrs]라는 같은 음의 연결이 발견된다. 소쉬르가 [fɔrs]를 같은 음의 연결로 보는 이유는, 다른 음의 연속에서도 이 음의 연결이 나타나기 때문이다. 그러나 소쉬르는 같은 음의 연결이지만 두 개의 다른 언어 실체로 보고 있다. 첫째의 두 음의 연속에서도 [fɔrs]와 마지막 음의 연속에서도 [fɔrs]의 의미가 다르기 때문이다.

여러 가지로 다른 음성적 환경에서 같은 의미를 가지고 실현되는 이 음의 연결이 경계가 확정되었을 때 소쉬르는 언어적 단위(unité linguistique)라고 부른다.32)

그러나 이 언어적 단위를 분석해내는 작업은 쉬운 일이 아니다. 소쉬르의 지적대로 음의 연결은 같지만 의미가 다를 경우도 있고, 음의 연결은 다르지만 의미는 같은 경우가 흔히 있기 때문이다.

"petit"(작은)는 /pəti, pti, ptit/로, "ail"(마늘)은 /aj, o/로 실현된다. 음의 연결이 다르나 의미가 같은 경우 같은 언어 실체로 보아야 하는가 또는 별개의 실체로 간주하여야겠는가? "petit"의 경우 음의 연결이 다르게 실행되었으나 비교적 원형태에 큰 손상이 오지 않으나, "ail"의 경우는 완전히 다른 형태로 실현된다.

소쉬르가 언어적 단위라는 용어를 택한 이유는, 단어(mot)라는 용어의 애매성 때문이다. 소쉬르 자신이 단어가 무엇인가라는 문제에 관한 정의는 내리고 있지 않으나, 규범문법에서 단어라고 할 때 따르는 난관 때문에 언어 분석의 단위를 단어로 생각하지 않는다. 규범문법에서의 단어는 메이에(Meillet)의 정의와 어긋나지 않는다. 메이에는 "단어란 일정한 문법적 기능을 실현시킬 수 있는 소리의 무리와 일정한 의미의 결합이다."33)라고 말한다. 단어가 이루어

---

31) Saussure, F. de, *Cours de linguistique générale*, Payot, p. 146.

32) Saussure, F. de, *Cours de linguistique générale*, Payot, pp. 146-147. "Pour vérifier le résultat de cette opération et s'assurer qu'on a bien affaire à une unité, il faut qu'en comparant une série de phrases où la même unité se rencontre, on puisse dans chaque cas séparer celle-ci du reste du contexte en constant que le sens autorise cette délimitation."

33) Meillet, A., *Linguistique historique et linguistique générale*, t. II,

지기 위하여는 세 가지 조건을 충족시켜야 된다. 첫째 일정한 소리, 둘째 일정한 의미, 셋째 일정한 문법적 기능이 있어야 한다는 조건이다. "dans le château"(그 궁에서)에서, 하나하나의 요소는 일정한 소리, 일정한 의미, 일정한 문법적 기능을 갖고 있기 때문에 세 개의 단어로 구성되었다고 누구나 생각한다. 그러나 "inacceptable"의 경우, "in-" 또는 "-able"는 "-accept-"와 마찬가지로 일정한 소리, 일정한 의미, 일정한 문법적 기능을 갖고 있지만, "dans le château"에서처럼 세 개의 단어로 취급하지 않고 하나의 단어로 누구나 본다. 방드리에스(Vendryes)는 이런 모순을 해결하기 위하여 개념을 나타내는 요소를 의미소(sémantème), 개념 사이의 관계를 나타내는 요소를 형태소(morphème)라 하여 의미소를 단어라 하였다.[34] 방드리에스의 정의에도 같은 문제가 따른다. 개념은 무엇이며, 개념 사이의 관계를 나타내는 요소는 개념이 아닌지, 문제는 언어학이 아닌 다른 학문에서 단어의 정의를 위한 척도를 찾아야 하기 때문에, 단어라는 문제는 해결을 보지 못한다. 일보 양보하여 개념이 무엇인가라는 문제를 떠나, 의미소는 독립하여 쓸 수 있는 중심 요소, 개념 사이의 관계를 나타내는 요소는 독립하여 쓸 수 없는 종속 요소라고 방드리에스의 말을 해석한다하더라도 마찬가지의 난관에 봉착한다. 이미 예를 든 복수의 [o]라는 음의 연결에서 어떠한 요소가 중심 요소이고, 어떠한 요소가 종속 요소인가? "마늘"을 나타내는 개념 [aj]가 중심 요소이고, 복수를 나타내는 요소가 종속 요소라고 보기 쉽겠으나, [o]에서는 중심 요소 또는 종속 요소가 무엇인지 가릴 방도가 없다.

단어를 정의하려는 시도는 여러 방법으로 진행되었으나, 여기서는 개관적인 언급만 하겠다. 또 하나의 모순된 주장은, 간격(pause)이 사이에 있으면 단어가 성립된다는 주장이다. 간격이란 철자법상의 간격과 발음상의 간격 두 가

Honoré Champion, p. 9.
"Un mot est défini par l'association d'un sens donné à un ensemble donné de sons susceptible d'un emploi grammatical donné."

34) Vendryes, J., *Le langage*, Renaissanece du livre, p. 86.
"Il faut entendre par sémantème les éléments linguistiques, exprimant les idées des représentations et sous le nom de morphèmes ceux qui expriment les rapports entre les idées."

지가 있다. 철자법의 간격은 단어 구분의 근본적인 기준이 되지 못한다. 불어에는 "나는 그것을 든다"를 "Je le porte"로 쓴다. 바스크 말에서는 "그것"에 해당하는 "da-", "든다"에 해당하는 "kar-", "나"에 해당하는 "-t"를 "da kar t"로 쓰지 않고 간격 없이 "dakart"로 표기한다. "dakart"는 간격이 없이 썼다는 이유 때문에 하나의 단어로 보고, 불어에서는 세 단어로 구성되었다고 보아야 하는가? "at any rate"라고 간격을 두 개 두고 썼을 경우는 세 개의 단어로, "at anyrate"라고 하나의 간격만 있을 때에는 두 개의 단어로 보아야 하는가? 발음상 간격도 단어 식별의 기준이 되지 못한다.

"dans le jardin"(그 정원에서)은 분명히 발음상 두 개의 간격이 있어 세 단어라 본다. 그러나 "dans un jardin"(한 정원에서)에서 "dans"의 "-s"와 "un"의 "u-"를 붙여 읽어야 하기 때문에 하나의 간격만이 있다. 이 경우 철자상으로는 세 단어, 발음상으로는 두 단어가 있다고 보겠는가? 이러한 이유 때문에 소쉬르는 단어라는 용어를 되도록 피하려고 한다. "Je ne sais pas"(나는 모른다), "Ne dites pas cela"(그것을 말하지 마세요)[35]라는 별개의 음의 연속에서 "pas"라는 공통된 음의 연결을 찾을 수 있다. 또한 이 "pas"는 두 예에서 같은 의미를 갖고 있는 하나의 언어적 단위이다. 이 경우 음성적, 의미적 동질성(identité)이 유지되고 있기 때문에 쉽게 언어단위가 확정될 수 있다. 그러나 이미 예를 든 바 있는 "la force du vent", "à bout de force", "il me force à parler"의 "force"는 음성적 동질성은 유지되고 있으나 의미적 동질성은 없다.

"이 양자 사이에 일치된 관계가 없어도 동질성은 있을 수 있다"라고 소쉬르는 말한다.[36]

[pəti], [pti], [pətit]는 분명히 서로 다른 음성적 연결이다. 또한 [pɔm], [pom]도 분명히 음성적 연결이 다르다. 그러나 첫째 예에서의 음성적 연결의 차이와 둘째 예에서의 음성적 연결의 차이는 의미하는 바가 다르다. 소쉬르의 이론을 적용시킨다면, 첫째의 "petit"의 경우는, 하나의 언어 단위이고, 둘째 "pomme"(사과)와 "paume"(손바닥)의 경우는 별개의 두 단위이다. 소쉬르는 첫

---

35) Saussure, F. de, *Cours de linguistique générale*, Payot, p. 150.
36) Saussure, F. de, *Cours de linguistique générale*, Payot, p. 150.

째 예에서의 음성적 연결의 차이를 비대립적 차이(différence non oppositive), 둘째 예에서의 차이를 대립적 차이(différence oppositive)라 부른다.[37)]

이 분석 작업은 개별적인 언어기호의 비교만으로는 이루어질 수 없다. 언어 현실(réalité linguistique)을 떠나서 이 분석 작업은 완전하지 않다.

언어 기호는 자의적, 대립적, 선적인 성질을 가지고 있다. 자의적인 성질이란 사물에 이름을 붙이는 작업이 언어라는 유명론자의 주장과는 반대되는 개념이다. 사물에 이름을 붙이는 작업이 언어라 할 경우 언어기호 상호간의 관계는 있을 수가 없으며, 오로지 독립적인 하나하나의 언어기호만이 있을 뿐이다. 언어기호가 자의적이라는 주장은 언어기호 상호간의 공존관계도 염두에 둔 말이다.

언어기호가 대립적인 성질을 가졌다는 말은 어떤 특정된 "가"와 "나"의 상이성만을 뜻하지 않는다. "가"와 "나"뿐만 아니라 "다" 또는 "라", 바꾸어 말하자면 "가"와 다른 모든 언어기호와의 상이성이다.

또한 언어기호는 선적 성질을 갖는다는 말은, 개별적인 언어기호에도 국한되기도 하지만 또한 언어기호 상호간의 결합 관계도 뜻한다.

"말을 사물에 이름을 붙이는 작업이라고 생각하는 사람은 기호의 상호작용으로 빚어지는 가치의 결정을 무시한다. 한 기호는 주위의 다른 요소에 의하여 결정된다."[38)]

한 기호는 주위의 다른 요소에 의하여 결정된다라는 주장은, 독립적이고 고립된 기호란 있을 수 없으며, 기호 상호간의 공존 관계로 기호의 가치가 결정된다는 말이다. 결국 언어적 현실이란 체계(système)이다. 소쉬르는 언어기호와 체계와의 관계를 장기에 비교한다.[39)] 장기가 중국에서 또는 다른 어떤 지역에서 발생하였건 장기 경기 자체와는 관계가 없다. 또는 장기의 말이, 나무, 금속, 상아, 어떠한 것으로 만들어졌건 장기 자체와는 관련이 없다. 장기에서 하나하나의 말은, 전체적인 국면에서 다른 말과 어떠한 관계를 맺고 있느냐에 따라 그 가치가 결정된다. 하나의 말이 독자적으로 갖는 절대적인 가치란 있을 수 없다.

---

37) Godel, R., *Les sources manuscrites du cours de linguistique générale de F. de Saussure*, Droz, p. 200.
38) Amacker, R., *Linguistique saussurienne*, Droz, p. 109.
39) Saussure, F. de, *Cours de linguistique générale*, Payot, p. 43.

어떠한 말이 어디를 거쳐 그 위치에 왔느냐라는 문제도 체계와는 관련이 없다. 전체의 장기 말이 상호 관계를 맺고 있는 하나하나의 국면이 곧 체계이다. 한 말이 어디를 거쳐 이 지점에 왔는가라는 문제는 통시적(diachronique) 연구 대상이고, 일정한 국면에서 전체 말들의 관계의 문제는 공시적(synchronique) 연구의 대상이다.

전체의 언어기호가 갖는 상호관계라는 표현에 유의할 필요가 있다. 전체의 언어기호가 갖는 관계란 전체적인 언어기호의 총화가 아니니다. 그것은 마치 "눈+물"이 두 개의 다른 어떤 것을 가리키지 않고 하나의 사물을 가리키는 것과 같다. 소쉬르는 이 점에 관하여 다음과 같이 말하고 있다.

"가치는 체계에서 나오지만, 체계는 기호의 총화가 아니니다."[40)]

가치가 체계에서 나온다고 하지만, 더 구체적으로 한 언어기호의 가치를 파악하기 위하여는 어떻게 하여야 되는가? 소쉬르는 다음과 같이 말한다.

"5프랑 짜리 은전의 가치를 알려면 1) 일정한 양의 다른 물건, 예를 들자면 빵과 바꾸어야 한다. 2) 같은 제도 하에서 쓰는 같은 값의 것, 예를 들어 1프랑 짜리 은전과 바꾸어 보아야 한다."[41)]

영어의 "sheep"(양)의 의미적 가치를 알기 위하여는 불어의 "mouton"과 비교할 수 있다. 의미는 같으나, 가치는 다르다. 그 이유는 영어에는 또 하나의 "양고기"라는 뜻의 "mutton"이 있기 때문에 "sheep"의 가치가 제한을 받는다.[42)] 불어의 "sourd"는 "소리를 듣지 못하는 상태"를 말하나, "bruyant"과 대립될 때에는 "적은 소리를 내는"이라는 뜻으로 쓰이어 가치의 제한이 따른다.

가치 개념은 문법적 차원에도 관련이 된다. 독일어의 "traube"(포도)의 문법적 가치를 알기 위하여는, 불어의 "raisin" 또는 영어의 "grape"와 비교하여 보아야 한다. 영어의 "grape"와 불어의 "raisin"은 계수적(計數的) 또는 집합적인 용도로도 쓰인다. 독일어의 "traube"는 집합적인 개념만을 가졌을 뿐이다. 불어의 경우 과거를 표시할 때 문어에서는 단순과거와 반과거의 대립이 있으나, 독일어에서

---

40) Chiss, J. et coauteurs, *Linguistique française*, Hachette, p. 32.
41) Saussure, F. de, *Cours de linguistique générale*, Payot, p. 160.
42) Saussure, F. de, *Cours de linguistique générale*, Payot, p. 160.

는 없다.

소쉬르는 한 언어기호의 가치를 알기 위하여는 다른 요소와 비교하여야 된다고 주장하였지만, 이 주장은 "말은 형식이지 실질이 아니다"는 그의 주장과 일치한다. 라이온스(Lyons)도 비슷한 내용의 예를 든 바 있지만[43], 대리석은 조각가에게는 하나의 수단이다. 대리석을 자르고, 가다듬어 조각가들이 형태를 만들어 낸다. 그러나 같은 대리석으로, 같은 대상을 다루었지만 만들어진 형태는 다 다르다. 다 다르기 때문에 어떤 조각가가 빚어 놓은 형태의 가치를 알기 위하여는 다른 조각가의 형태와 비교하여야만 가능하다. 소쉬르의 말을 확대 적용시킨다면 이 경우 대리석은 실질이고 형태는 형식이다.

모든 언어기호는 상대적이고 대립적이다. 한 언어기호가 다른 언어기호와 어떤 관계를 맺느냐에 따라, 그 기호의 가치가 결정된다. "말에는 상이성만이 있을 뿐이다."[44]

개별적인 언어기호의 가치는, 상이한 언어기호, 비슷한 언어기호와의 비교로 이루어지지만, 이 가치는 개별 언어기호 자체가 갖고 있는 가치다. 개별 언어기호가 체계 안에서 다른 언어기호와의 관계를 통하여 또 다른 새로운 가치를 갖느냐라는 문제의 결정이 이루어졌을 때, 한 언어기호의 완전한 가치가 확정된다. 따라서 소쉬르는 다음과 같이 주장한다.

"불어에서 "jugement"(판단)의 가치를 결정한다고 가정하자. 이것을 결정하려면 이것 주변의 다른 것을 통해서만이, 이것 자체가 갖고 있는 것, 이것 자체가 갖고 있지 않은 것을 확정지을 수 있다."[45]

"한 요소의 가치는, 이 요소를 제한하면서 공존하고 있는 다른 요소의 협력에 의하여 결정된다. 달리 말하자면 이 요소 주위에 연상적 또는 통합적으로 존재하는 다른 요소의 협력으로 한 요소의 가치가 확정된다."[46]

---

43) Lyons, J., *Semantics*, I, Cambridge, p. 56.
44) Saussure, F. de, *Cours de linguistique générale*, Payot, p. 166.
45) Godel, R., *Les sources manuscrites du cours de linguistique générale de F. de Saussure*, Droz, p. 225.
46) Godel, R., *Les sources manuscrites du cours de linguistique générale de F. de Saussure*, Droz, p. 244.
"La valeur d'un mot résultera toujours du groupement par familles et

체계 안에서의 기호 관계는 이미 소쉬르의 인용문에 나와 있지만, 연상적 관계와 통합적 관계의 둘이 있다. 언어 구성체(syntagme)는 음성적, 문법적, 어느 차원의 구성체이건[47] 일정한 구성 요소(termes)로 이루어진다. 이 구성요소들은 연상작용을 통하여 자신과 비슷한 다른 요소를 환기시킨다.[48] "the old man"(늙은 사람)이라는 구성체에서, "old"는 "young", "tall", "little"과 이 이외의 수많은 다른, 머리 속에 기억되어진 비슷한 언어 형식을, "man"은 "woman", "farmer"와 그 이외의 많은 비슷한 언어형식을 환기시켜 준다. [pet]의 경우, [p]는 [b], [l], [s], [e]는 [i], [ɔ], [u], [t]는 [p], [n], [g]를 환기시킨다. "연상작용을 통하여 비슷한 다른 요소를 환기시켜 준다"라는 소쉬르의 주장에서 "비슷한 다른 요소"라는 표현에 주의할 필요가 있다. "비슷한 다른 요소란, 의미적 문법적인 비슷함뿐만 아니라 어떠한 면으로나 이 말과 연관되어 환기되어지는 언어형식을 뜻한다."[49]

"faire"(하다)에, "faisions", "faites", "fis", "fasse", "ferai"라는 문법적인 차원에서의 연상관계, "enseignement"(가르침)에 대한 "formation"(형성), "éducation"(교육), "apprentissage"(수습)이라는 같은 뜻의 연상 관계, "positif"(긍정적)에 대한 "négatif"(부정적)라는 반대 뜻의 연상관계, "conducteur"(지도자)에 대한 "acteur"(배우), "tenateur"(유혹자)라는 순수한 형태적인 연상관계도 성립된다. 연상 관계란 언어 구성체의 한 구성 요소와 그 언어 구성체에 나타나 있지 않는, 다른 말로 표현한다면, 머리에 기억된 다른 요소와의 관계이다. 머리에 기억되어져 있지만 구성체에 실현되어져 있지 않은 요소와 구성체에 나타나 있는 요소와의 관계이기 때문에 부재적(不在的) 관계(rapport in absentia)[50]

---

du groupement syntagmatique."

47) 소쉬르의 syntagme라는 개념은 오늘날 구조 언어학에서 사용하는 syntagme, 즉 계층적 분석에서 동질성을 갖는 syntagme nominal, syntagme verbal과는 다르다. 소쉬르의 syntagme는 구만이 아니라, 복합어(mot composé)에도 적용되기 때문에 구성체라는 말로 옮겼다.

48) Saussure, F. de, *Cours de linguistique générale*, Payot, p. 174.

49) Saussure, F. de, *Cours de linguistique générale*, Payot, p. 174.
"Un mot quelconque peut toujours évoquer tout ce qui est susceptible de lui être associé d'une manière ou d'une autre."

50) Saussure, F. de, *Cours de linguistique générale*, Payot, p. 171.

이다.

구성체는 둘 이상의 구성 요소의 연속이다. "re-lire"(다시 읽다), "contre tous"(모든 사람에 반대하여), "la vie humaine"(인간의 생명), "s'il fait beau temps"(날씨가 좋다면)[51]은 소쉬르가 제시한 구성체의 예이다. 이 구성체를 이루고 있는 요소들의 서로 결합된 관계가 통합적 관계이다.

"contre"와 "tous", "vie"와 "humaine", "la"와 "vie", "si"와 "il fait beau temps", "il"과 "fait", "fait"와 "beau temps", "beau"와 "temps"은, 그 구성체 안에서 서로 관계를 형성한다. 이미 예를 든 바가 있는 "pet"의 경우, [p], [e], [t]의 서로의 관계도 통합 관계의 하나이다. 이 관계는 구성체 안에 실현된 요소들의 관계이기 때문에 실재적(實在的) 관계(rapport in praesentia)라 한다.[52]

라이온스는 소쉬르의 연상 관계와 통합 관계를 선택과 결합의 원칙이라고 설명한다.[53] 연상 작용으로 관계를 맺고 있는 수많은 언어기호 가운데서, 다른 모든 언어기호를 배제하고 특정된 기호를 골라서 구성체 안의 한 요소로 실현시켰다는 점에서 선택이고, 이 선택된 기호는 다른 선택된 기호와 결합을 하여 구성체를 이루기 때문에 결합이다.

Ⅳ

소쉬르의 기호론을 간략하게 다시 정리하면서 문제가 되는 점을 지적하고자 한다.

언어기호는 개념인 시니피에와 청각영상인 시니피앙의 결합이며, 자의적,

51) Saussure, F. de, *Cours de linguistique générale*, Payot, p. 170.
52) Saussure, F. de, *Cours de linguistique générale*, Payot, p. 171.
53) Lyons, J., *Semantics*, I, Cambridge, p. 241.
"The theoretically important point is that the structure of language system depends at every level upon the complementary principles of selection and combination."

대립적, 선적 성질을 갖는다.

자의적이란, 시니피앙이 나타내려는 사물과의 관계에서뿐만 아니라, 시니피앙과 시니피에의 관계에서도 필연성이 없다는 뜻이다. 그러나 이 자의성의 원칙은 벤베니스트를 비롯한 몇몇 학자들에 의하여 반발을 받았다. 벤베니스트는 다음과 같이 주장한다.[54]

"시니피앙과 시니피에의 관계는 자의적이 아니다. boeuf(소)라는 개념은 나의 의식 속에서 [bœf]라는 음성적 연결과 동일시된다. 어떻게 하여 다를 수가 있겠는가? 이 두 요소는 함께 나의 머리 속에 기억되어져 있다. 이 두 요소는 어느 경우에나 함께 환기된다. 이 두 요소는 너무도 밀접한 공생적 관계에 있기 때문에 "boeuf"라는 개념을 영혼이라고 한다면 [bœf]라는 시니피앙은 육체이다."

그러나 벤베니스트의 주장과 소쉬르의 주장은 차원을 달리한다. 소쉬르는 "beouf"라는 개념에 [bœf]라는 시니피앙이 반드시 결합되어야 할 논리적인 필연성이 없다는 주장이다. 논리적 필연성이 있다면 이 세계에는 하나의 말이 있을 뿐이리라. 벤베니스트의 필연성이란 주어진 한 언어권 안에서 이 개념에 대하여 [bœf]라는 시니피앙을 쓰지 않으면 의사 전달 행위가 이루어지지 않기 때문에 이 개념에 대하여는 반드시 [bœf]라는 시니피앙을 쓰지 않을 수 없다는 강제성의 의미를 가진 필연성이다.

또한 가디너의 기호와 사물과의 연관성도 소쉬르와는 차원을 달리한다.[55] 가디너의 주장을 간단히 소개하면, 접시에 올려 놓은 과자를 친구에게 내밀고, 과자라고 하였을 때, 친구가 먹을 수 있는 것은 "과자"라는 언어기호가 아니라 과자가 아니겠는가? 따라서 사물을 기호의 연구에서 제외시킬 수 없다는 주장이다. 그러나 가디너의 이론은 언어기호론과는 전혀 관계가 없다.

소쉬르는 말을 실질이 아니라 형식이라고 하였다. 실질이 아니라는 말은, 실질은 언어기호의 수단이 될 뿐이라는 뜻이다. 이 실질이 어떻게 형상화되느냐가 중요하다. 실질의 형상화, 그것은 바로 언어기호의 대립 관계를 뜻한다.

---

54) Benveniste, E., *Problèmes de linguistique générale*, Gallimard, p. 51.
55) Gardiner, A., *The theory of speech and language*, Clarendon press, pp. 17-61.

언어기호는 선적인 성질을 갖고 있다. 소쉬르의 뜻은, 두 언어적 요소를 동시에 발음할 수 없다는 데 있으나, 훅스는 의문을 제기하고 있다.[56] 비분리적 음운의 경우, 예를 들어 영어의 [impɔ:rt]의 /-ɔ/의 경우, 강세의 악센트는 /-ɔ+′/가 아니라, /-ɔ/와 동시에 이루어지는 것이 아닌가라는 예를 들어 선적 성질을 반박한다. 또 하나의 예는 여러 기능을 동시에 갖고 있는 형태소의 경우이다. 불어에서 시간을 나타내는 형태소는 대체로 시간적 기능, 시상적 기능, 서법적 기능을 동시에 실현시킨다. 이 경우 소쉬르의 선적 성질을 어떻게 설명하겠는가?

자의적, 대립적, 선적인 성질을 갖는 언어기호는 시니피앙과 시니피에의 결합으로 이루어진 실체이다. 시니피앙이 없는 시니피에, 시니피에가 없는 시니피앙은 실질에 불과하고 심리학과 생리학의 연구 대상이다.

이러한 언어 실체를 어떻게 분석할 수 있는가? 소쉬르가 제시한 기준은 의미에 있었다. 이 의미적 기준은 후에 분포주의(distributionalisme) 언어학자의 비판의 대상이 되었다.

언어기호는 고립된, 독자적인 존재가 아니다. 다른 언어기호와 결합하여 체계적 가치를 갖게 된다. 가치는 세 가지 관계에 따라 좌우된다. 첫째 언어기호의 내면적인 관계(시니피앙과 시니피에의 관계)에서 생기는 가치, 실재적 가치, 부재적 가치라는 세 유형이 있다. 라이온스의 말을 빌면, 체계 연구는 바로 이 세 관계의 연구이다.[57]

이상으로 부족하나마 소쉬르의 언어기호론을 살펴보았다. 그러나, 처음에 밝힌 바이지만 소쉬르 이전의 언어학자와 소쉬르, 소쉬르 이후의 언어학자와 소쉬르의 관계는 너무도 방대한 작업이므로 되도록 소쉬르 이전과 또는 이후

---

56) Fuchs, C. et Le Goffic, P., *Problèmes des linguistiques contemporaines*, Hachette, p. 15.
"La thèse de Saussure, selon laquelle sur la chaîne, les signifiants sont localisables(linéarité du signifiant) pose, au niveau phonique, le problème des traits supra-segmentaux et au niveau morphème, celui des signifiants discontinus."

57) Lyons, J., *Semantics*, I, Cambridge, p. 241.
"To describe a language-system is to specify both the membership of the paradigmatic sets and the possibilities of combination of one set with another in well-formed syntagmes."

와는 관련을 맺지 않고, 우선 부족하나마 소쉬르 자신에 초점을 두고 이 소고가 작성되었음을 밝힌다.

참고문헌

Amacker, R. (1975), *Linguistique sausurienne,* Droz.

Benveniste, E. (1966), *Problèmes de linguistique générale,* Gallimard.

Calvet, J. (1975), *Pour et contre Saussure,* Payot.

Chiss, J. et coauteurs, (1977), *Linguistique française,* Hachette.

Fuchs, C. et Le Goffic, P. (1975), *Problèmes des linguistiques contemporaines,* Hachette

Gardiner, A. (1963), *The theory of speech and language,* Clarendon press, Oxford.

Godel, R. (1969), *Les sources manuscrites du cours de linguistique générale de F. de Saussure,* Droz.

Koerner, E. (1973), *Ferdinand de Saussure,* Vieweg.

Leroy, M. (1964), *Grands courants de la linguistique moderne,* P.U.F.

Lepschy, G. (1969), *Linguistique structurale,* Payot.

Lyons, J. (1977), *Semantics,* I, Cambridge.

Malmberg, B. (1964), *New trends in linguistics,* Stockholm.

Mauro, J. (1978), *Cours de linguistique générale de F. de Saussure,* Payot.

Meillet, A. (1958), *Linguistique historique et linguistique générale,* t. II, Honoré Champion.

Mounin, G. (1968), *Ferdinand de Saussure,* Seghers

________ (1971), *Clef pour la linguistique,* Seghers.

________ (1972), *Linguistique du 20e siècle,* P.U.F.

Saussure, F. de. (1964), *Cours de linguistique générale,* Payot.

Spang-Hanssen, H. (1954), *Recent theories on the nature of language sign,* Nordisk Sprog.

Parrain, B. (1942), *Recherches sur la nature et les fonctions du langage,* Gallimard.

Vendryes, J. (1921), *Le langage,* Renaissance du livre.

Wartburg, W. (1963), *Problèmes et méthodes de la linguistique,* P.U.F.

3 언어기호의 성질과 기능

3 언어기호의 성질과 기능

I

언어를 흔히 의사전달의 도구라고 말한다. 그러나 의사전달의 도구라고 하여 모두 언어현상에 속하지 않는다. 의사전달의 도구에는, 1. 비체계적 의사 전달의 도구, 2. 체계적 의사전달의 도구가 있다.[1]

비체계적 의사전달의 도구가 갖는 특징은 의사전달의 구성요소와 의사전달의 구성 규칙에 일관성이 없다는 것이다. 광고의 경우 비체계적 의사전달 도구의 하나이다. 광고 도안에서, 어떤 부분을 강조하여야 되느냐, 색채를 어떻게 배열하느냐, 어떤 활자를 사용하느냐라는 심리적, 미적, 또는 인쇄에 관계되는 규칙이 있으리라. 물론 광고는 하나의 훌륭한 의사전달 도구이다. 그러나 모든 광고를 하나하나 검토할 때, 이 하나하나의 광고에서 공통된 요소나 규칙은 없다.

Tu də mɛm il y lə kura:ʒ də nu fɛ:r la kla:s
(Tout de même il eut le courage de nous faire la classe.)

라는 의사전달에 있어서, 12개의 구성요소에서 /u/의 경우는 3번, /ə/의 경우는 3번 사용이 되고 있고, 12개의 구성요소는 일정한 규칙이 있다. /ə/나 /u/나 12개의 구성요소의 규칙은 이 의사전달에만 사용되지 않고 다른 의사전달의 경우에도 사용이 된다. 그러나 광고의 경우, 하나 하나의 광고는 의사전달의 도구이나, 전체의 광고에서 공통적으로 사용되는 구성요소나 구성규칙은 찾아볼 수가 없다.

---

* 고병려, 권명수 환갑 기념 논문집 (1976), 연세대학교 영문과.

1) Mounin, G., *Clé pour la linguistique*, Seghers, p. 33.

체계적 의사전달의 도구는, 구성요소의 분석이 가능하고, 구성요소는 다른 의사전달의 경우도 사용이 되고, 구성요소의 결합에 일정한 규칙이 있다. le chasseur, tue, et, le lapin, le chien의 5개의 요소를 가지고 24개의 내용이 다른 의사전달이 가능하다.

Le chasseur tue le chien et le lapin.
Le lapin tue le chasseur et le chien.
Le chien tue le chasseur et le lapin.
Le chasseur et le chien tuent le lapin. etc.[2)]

체계적이건 또는 비체계적이건, 의사전달의 도구는, 내용과 의미가 필연적 관계를 맺고 있는 기호와, 내용과 의미에 필연적 관계가 없는 기호로 구성된다. 본 소고에서는 내용과 의미 사이에 필연적 관계가 없는 언어기호를 다루어 보고자 한다.

Ⅱ

1923년에 간행된 오그덴(Ogden)과 리처즈(Richards)의 The Meaning of meaning은 기호 이론의 새 국면을 열어놓았다. 이들의 연구가 관심을 갖게 하는 또 하나의 이유는 오그덴과 리쳐즈가 mentalism이나 behaviorism, 어느 한편에 구속되지 않았다는 점에도 기인한다.

"We need neither confine ourselves to arbitrary generalization from introspection after the manner of classical psychology, nor deny the existence of classical psychology, nor their signs with extreme behaviorists."[3)]

2) Mounin, G., *Clé pour la linguistique*, Seghers, p. 35.
3) Ogden, C. K. & Richards, I. A., *Meaning of meaning*, London, p. 22.

이들의 이론은 mentalists의 이론으로 behaviorists는 생각하고, mentalists는 behaviorists의 이론이라 보았다. 이들의 중간적 입장 때문에 어느 누구보다도 이들의 이론은 영향이 있었다.

제목 자체에서 이미 나타나 있지만, 오그덴과 리쳐즈 이론의 기본 개념은 기호(symbol), 사고(thought), 사물(thing)에 중심을 두고 있다. 이들은 기호를 다음과 같이 정의하였다.

"signs which men use to communicate with another and as instruments of thought, i.e. words, arrangements of words, images, gestures and such representations as drawings and mimetic sounds."[4]

사고란 "reference", 사물이란 "referent" 즉 "what we may be thinking of or referring to"[5]이다. 이 세 요소는 어떠한 언어행위에도 포함되어 있고 이 세 요소의 상호관계를 다음과 같은 도식으로 오그덴과 리쳐즈는 나타내고 있다.[6]

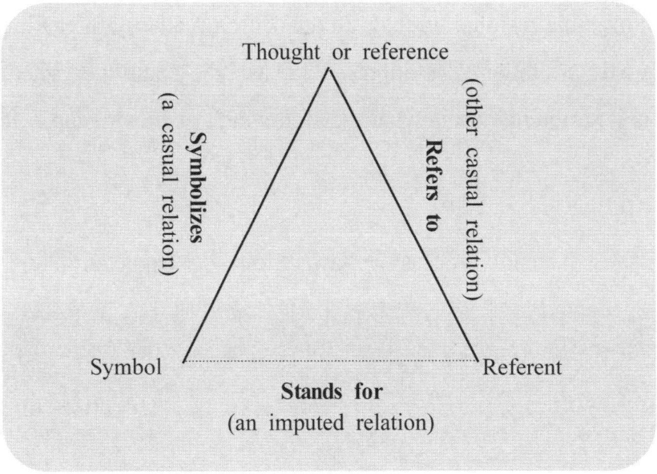

4) Ogden, C. K. & Richards, I. A., *Meaning of meaning*, London, p. 23.
5) Ogden, C. K. & Richards, I. A., *Meaning of meaning*, London, p. 91.
6) Ogden, C. K. & Richards, I. A., *Meaning of meaning*, London, p. 11.

이 도표에 의하면 symbol과 referent 사이에는 직접관계가 없다. 그림, 몸짓, 의성어의 경우에는 물론 symbol과 referent 사이에 직접 관계가 있다. 오그덴과 리쳐즈의 말을 빌린다면 "simulative language"와 "non-simulative language"[7]의 구분은 이 도표로 가능하다. 의미한다는 것(standing for)과 나타낸다는 것(representing)의 구분을 하였다.

symbol, reference, referent의 관계를 더욱 명확히 하기 위하여 오그덴과 리쳐즈는 sign situations의 문제를 다루고 있다.

오그덴과 리쳐즈는 sign situations의 선행조건으로서 사고작용(thinking)을 내세우지 않는다. sign이란 "유기체 안에서 발생하는 과정일 수도 있고 또는 밖으로부터의 자극일 수도 있다"[8] sign과 stimulus의 다른 점을 오그덴과 리쳐즈는 다음과 같이 말하고 있다.

"A sign is always a stimulus similar to some part of an original stimulus and sufficient to call up to the engrams formed by that stimulus, i.e. to call up an excitation similar to that caused by the original stimulus."

"An engram is the residual trace of an adaptation made by the calling up of an engram is a similar adaptation: so far as it is cognitive, what it is adapted to is its referent, and is what the sign which excites it stands for or signifies."[9]

여기서 말하는 "mental process"는 "awareness"와 "expectation"을 말한다.[10] 문제는 adapted to에 있다. 오그덴과 리쳐즈는 "내가 A를 생각한다"라는 말을 "나의 생각이 A 때문에 생겼다"[11]라는 말과 동일시한다. 즉 "adapted to"를 "caused by"라는 용어와 동일한 것으로 본다. 오그덴과 리쳐즈는 sign

---

7) Ogden, C. K. & Richards, I. A., *Meaning of meaning*, London, p. 12.
8) Ogden, C. K. & Richards, I. A., *Meaning of meaning*, London, p. 52.
9) Ogden, C. K. & Richards, I. A., *Meaning of meaning*, London, p. 53.
10) Ogden, C. K. & Richards, I. A., *Meaning of meaning*, London, p. 52.
11) Ogden, C. K. & Richards, I. A., *Meaning of meaning*, London, p. 55.

situation에서 원인(cause)이라는 개념이 아무 쓸모가 없음을 증명하려고 한다. 오그덴과 리처즈는 cause를 context로 대치하고 있다.

"If we recognize... the fact that experience has the character of recurrence, that is, comes to us in more or less uniform context, we have in this all that is required for the theory of signs and all that the theory of cause was entitled to maintain. Interpretation is only possible thanks to these recurrent contexts, a statement which is generally admitted but which if examined will be found to be far more fundamental than has been supposed. To say, indeed, that anything is an interpretation is itself a recurrence."[12)]

오그덴과 리처즈는 두 context를 구분한다. 즉 external context와 psychological context를 구분하고 있다. 이 두 context를 설명하기 위하여 흔히 알고 있는 예를 들고 있다. 저녁을 알리는 종소리를 듣자 개는 식탁의 음식을 받아 먹으려고 방으로 달려간다. 음식 냄새가 나지 않았어도 종소리가 울리면 마찬가지로 개는 달려간다. 이 경우 개는 과거의 체험을 바탕으로 과거의 일을 재현한다.

"gong, savoury odour, longing contemplation of consumption of viands by diners, donations, gratifications. Such a clump recurring from time to time we shall call an external context."[13)]

개가 종소리를 들었을 경우 이 종소리에서 비롯된 청각 영상(sound -impression)은 일련의 심리 과정의 일부이다.

"Not this set of mental events-his present hearing of the gong, his past hearing of similar sounds, his past savourings together with gongs, etc., his

12) Ogden, C. K. & Richards, I. A., *Meaning of meaning*, London, pp. 55-66.
13) Ogden, C. K. & Richards, I. A., *Meaning of meaning*, London, p. 56.

presentimental process owing to which he runs into the dining room-such a set we shall call psychological contexts."[14]

이 일련의 사건에서 개가 침을 흘리는 행동은 external context와 psychological context의 연결점이 된다. external context와 psychological context와의 연결점에 관하여 오그덴과 리쳐즈는 다음과 같이 주장한다.

"Psychological contexts recur whenever we recognize or infer. Usually they link up with (or from wider contexts with) external contexts in a peculiar fashion. When they do not, we are said to have been mistaken.

This simplest terminology in which this kind of linkage can be stated is that of signs. Behind all interpretation we have the fact that when part of external context recurs in experience this part is, through its linkage with a member of some psychological context (i.e., of a causally connected group of mental events often widely separated in time) sometimes a sign of the rest of the external context."[15]

reference란 referent와 연결된 "the psychological and external context"이다.

오그덴과 리쳐즈의 sign에는 퍼어스(Peirce)의 icone과 indice에 속하는 모든 자연계의 sign뿐 아니라 인위적인 symbol도 여기에 포함된다. 오그덴과 리쳐즈는 symbol이란 인간이 서로의 의사교환을 위하여 사용하는 sign으로 보고 있다. 즉 symbol은 "act of reference"를 나타내는 sign인 것이다.

"But this act, except where difficulty in understanding occurs, is of little interest in itself, and the symbol is usually taken as a sign of what it stands for, namely that to which it symbolizes refers."[16]

14) Ogden, C. K. & Richards, I. A., *Meaning of meaning*, London, p. 56.
15) Ogden, C. K. & Richards, I. A., *Meaning of meaning*, London.

오그덴과 리쳐즈 이론의 핵심은 context의 개념이다. 이 context의 개념은 기계적 사건의 유형화(patterning of a sequence of events)와 밀접히 연관된다. 그러나 이 유형화라는 문제에서 오그덴과 리쳐즈는 난관에 봉착한다. 한 개인의 순간적인 지각이 타당성 있는 유형화를 이룩하려면, 증명이 가능한 객관적인 유형을 가정하여야 한다. 그것은 마치 자로 길이를 재는 것과 마찬가지이다. 개인적인 순간의 지각 유형을 판단할 수 있는 객관적 유형이 있다면, 이 객관적인 유형을 판단하여야 하는 또 하나의 체계를 가정하여야 되지 않겠는가?

인간의 언어 표현과 음성은 물리적인 면에서 분석이 가능하다. 그러나 이 물리적 분석의 가능성은 언어적 체계라는 문제를 해결하지는 못한다. 언어와 사고 체계화가 물리적인 면에서 불가능하기 때문에, 심리적인 면에서 문제의 해결을 시도하여야 된다. 더욱이 모든 지각과 사고가 심리적인 것이고, 나아가서 체계화 자체가 심리적인 사실이기 때문에 더욱 그러하다. 따라서 언어의 내용, 즉, 의미 또한 심리적인 면에서 분석하여야 되리라. 언어와 사고의 체계화를 위하여는 "mental events"의 분석을 가능하게 하는 객관적 심리체계를 전제하여야 된다. 이 심리적 체계화가 오그덴과 리쳐즈가 말하는 "psychological context"를 구성하는 "mental events"를 결정한다. 오그덴과 리쳐즈는 "psychological context being a recurrent set of mental events peculiarly related to one another so as to recur, as regards their main features, with partial uniformity"[17]라 하였다. psychological events가 a set of mental events라는 말은 수긍이 가나 이 set of events의 특징을 어떤 방법으로 식별하는가라는 문제에 대하여는 언급이 없다.

오그덴과 리쳐즈는 sign(언어기호)는 "signs of a reference"와 "signs of attitudes and interests of speaker"[18]의 두 기능을 갖고 있다고 말한다. speaker가 말을 할 때, 그 말은 speaker의 태도와 관심과 밀접히 연관되어 있다. 문장을 들을 때 또는 말을 할 때 speaker와 hearer는 symbol situation과

16) Ogden, C. K. & Richards, I. A., *Meaning of meaning*, London, pp. 205-206.
17) Ogden, C. K. & Richards, I. A., *Meaning of meaning*, London, p. 57.
18) Ogden, C. K. & Richards, I. A., *Meaning of meaning*, London, p. 223.

verbal situation에 접하게 된다. symbol situation과 verbal situation에 접하게 된다는 것은 언어 기호가 두 개의 기능, 즉 symbolic function과 emotive function을 갖고 있음을 뜻한다.[19] 학술 용어의 경우 오로지 symbolic function만을 가졌으나, 감탄사 또는 인사말은 emotive function을 가진 verbal sign에 지나지 않는다. 그러나 언어기호는 대체로 이 두 기능을 동시에 갖고 있다.

오그덴과 리처즈의 symbol 정의를 가지고 sign function과 symbolic function을 명확히 구분시키기는 어렵다. 오그덴과 리처즈는 symbol의 기본적 특징으로서, reference는 speaker와 hearer에게 동일하다는 사실을 지적하였다. 그러나 emotive function의 경우도 reference는 speaker와 hearer에게 동일할 수 있다. speaker가 말을 하는 가운데 의식적인 노력을 기울여 hearer에게 자신의 mental state를 전할 수 있기 때문이다. emotive function과 symbolic function의 구분을 speaker의 의식 상태로 결정한다는 것도 불합리하다. 왜냐하면 관찰할 수 없기 때문이다.

Ⅲ

소쉬르(Saussure)의 기호이론은 "멘탈리즘"의 바탕에서 언어학을 재정립하려고 하는 시도이다. 소쉬르는 Cours de linguistique générale에서 langue가 "véritable et unique objet de la langue"라고 말하고 있다. langue와 parole이 언어기호와 직접 관련이 되어 있기 때문에

"un système de signes... où les deux parties psychiques du signe sont également psychiques."[20]

라는 설명을 붙인 langue를 토대로 그의 언어기호론을 살펴보자.

---

19) Ogden, C. K. & Richards, I. A., *Meaning of meaning*, London, p. 227.
20) Saussure, F. de, *Cours de linguistique générale*, Payot, p. 32.

소쉬르는 심리적 관점에 바탕을 둔 언어기호론에 찬성하지 않았다. 언어기호란 stimulus-reaction으로 설명되는 것이 아니고,

"... les termes impliqués dans le signe linguistique sont tous les deux psychiques... Le signe unit non une chose et un nom, mais un concept et une image acoustique... Le signe linguistique est donc une entité à deux faces."21)

라고 정의한다. 중요한 점은 기호란 "substance"가 아니라 "forme"라는 점이다. 언어기호의 본질을 형성하는 image acoustique나 concept은 referent의 세계에서 형성되는 것이 아니기 때문에 근본적으로 심적 사실(psychique)이다. 그러나 psychique라는 용어는 심리학적 의미에서 쓰여진 것이 아니다. 소쉬르는 심리학적 견해와 의견을 달리하고 있다.

"Puis il y a le point de vue psychologique, qui étudie le mécanisme du signe chez l'individu; mais elle ne conduit pas au delà de l'exécution individuelle et n'atteint pas le signe, qui est social par nature."22)

또한 소쉬르는 langue의 사회적 측면, "la partie sociale de langage"를 강조한다. 이 언어기호의 사회적 성격 때문에 언어기호는 다른 사회제도와 비교될 수 있다. 후에 소쉬르는 concept과 image acoustique라는 술어를 signifié와 signifiant이라는 말로 대치한다.

모든 언어기호는 두 원칙, 즉 자의성(l'arbitraire de signe)과 직선성이라는 원칙에 지배된다.

언어기호의 자의성이란 signifiant과 signifié의 결합은 우연적이고 무연적이라는 것이다. 의성어(onomatopée)의 경우 signifiant과 signifié의 관계는 필연적이라고 하나 소쉬르는 이 주장을 배격한다. 의성어 자체가 말에 따라 다르다는

21) Saussure, F. de, *Cours de linguistique générale*, Payot, p. 34.
22) Saussure, F. de, *Cours de linguistique générale*, Payot.

사실은 의성어 자체가 자의적임을 뜻한다. 또한 의성어의 수가 적기 때문에 의성어를 가지고 언어기호를 논한다는 것은 불가능하다.

언어기호의 자의성이란 signifiant과 signifié의 결합이 무연적이고 우연적임을 뜻할 뿐만 아니라, 또한 signifié, signifiant 자체가 자의적임을 뜻한다. signifiant과 signifié가 결합하여 언어기호를 형성할 경우 signifiant과 signifié의 구별이 가능하나, signifiant이 없는 signifié나 signifié가 없는 signifiant은 있을 수 없다. 사고 자체는 무형적인 안개와 같다. 여기에 signifiant이 결합됨으로써 구체성을 갖게 된다. 개별음의 경우도 마찬가지이다. 개별음에 signifié가 부여됨으로써 그 가치를 갖는다. 소쉬르는 signifiant과 signifié의 결합은 "produit une forme, non une substance"[23] 즉, substance가 아닌 forme가 언어기호의 본질이라는 것이다.

경우에 따라, 언어기호는 signifiant이 없어도 성립된다. 그 예로는 명사의 여성복수 소유격을 표시할 때 "체코"말의 경우이다. 이 경우 소쉬르는 le signe zéro라고 말하고 있다.

"On voit donc qu'un signe matériel n'est pas nécessaire pour exprimer une idée; la langue peut se contenter de l'opposition de quelque chose avec rien."[24]

소쉬르의 기호 이론과 심리학파의 기호 이론의 차이점 가운데 하나가 이 "signe zéro"에 있다. 그러나 소쉬르는 signifié가 부여되지 않은 언어 기호의 존재를 부인한다.

소쉬르의 기호의 자의성은 다음과 같이 요약된다.

"Non seulement les deux domaines reliés par le fait linguistique sont confus et amorphes, mais le choix qui appelle telle tranche acoustique pour telle idée est parfaitement arbitraire."[25]

---

23) Saussure, F. de, *Cours de linguistique générale*, Payot, p. 169.
24) Saussure, F. de, *Cours de linguistique générale*, Payot, pp. 123-124.

언어 기호의 자의성이란 개인의 의사에 따라 언어 기호를 마음대로 바꿀 수 있다는 뜻이 아니다. 사회 구성원 전체도 언어 기호를 바꿀 수는 없다. 언어 기호란 수동적으로 물려받은 것이기 때문에 그 언어 기호를 사용하고 있는 사회 자체도 언어 사실에는 무력하다.

"C'est parce que le signe est arbitraire, qu'il en connaît d'autre loi que celle de la tradition, et c'est parce qu'il se fonde sur la tradition qu'il peut être arbitraire."[26)]

소쉬르의 자의성론은 벤베니스트(Benveniste)를 비롯하여 가디너(Gardiner)에 이르는 많은 학자들의 논란의 대상이 되었다. 벤베니스트는 concept과 image acoustique의 결합인 언어기호는 자의적이 아니라 주장한다.

"Au contraire, il est nécessaire. Le concept(le signifié) "boeuf" est forcément identique dans ma conscience à l'ensemble phonique(le signifiant) böf. Ce qui est arbitraire, c'est que tel signe, et non tel autre, soit appliqué à tel élément de la réalité, et non à tel autre."[27)]

그러나 언어란 substance가 아닌 forme이기 때문에 referent와 symbol의 자의적 결합은 언어 기호 자체와는 관련 없는 주장이다. 벤베니스트는 언어기호의 자의성은 언어 자체의 본질을 이해하는 데 어떠한 도움이 되지 않는다고 주장한다. 또한 언어기호의 변화(mutabilité)와 무변화(immutabilité)라는 소쉬르의 주장도, 이른바 언어 기호의 구성요소인 concept과 image acoustique와는 무관한 symbol과 referent에 관련된 문제이므로, 언어기호의 본질이 될 수 없다. 그러나 하나의 체계로서의 언어에서 언어기호는 필연적이고 절대적이다.[28)]

---

25) Saussure, F. de, *Cours de linguistique générale*, Payot, p. 157.
26) Saussure, F. de, *Cours de linguistique générale*, Payot, p. 108.
27) Benveniste, E., "Nature du signe linguistique", AL. I, p. 26.
28) Benveniste, E., "Nature du signe linguistique", AL. I, p. 26.

벤베니스트와 같은 견해를 가진 레르흐(Eugene Lerch)는 다음과 같이 주장한다.

"언어기호는 자의적이 아니다. 말하는 사람의 의식 속에 언어 기호와 의미되어진 것은 불가분의 결합을 맺고 있기 때문에, 말하는 사람의 이 언어 기호를 다른 언어 기호로 대치시킬 수 있는 생각을 결코 하지 않는다."29)

레르흐는 concept과 언어기호의 관계는 필연적인 것이고, 또한 언어 기호와 의미되어진 것 사이의 관계가 자의적인 것이 아니라, 말하는 사람의 의식 속에는 필연적인 것으로 느껴진다고 주장한다.

뷔이상스(Eric Buyssens)는 레르흐와 의견을 달리한다. 그는 레르흐가 언어 기호와 다른 기호의 차이를 고려하지 않고 referent와 referent에 대한 의식을 구분하였다고 논한다.

"Je suis prêt à admettre que toutes les formes en questions (viz. zigzag, zigzaguer, zigzagueront, etc.) ont un caractère symbolique, mais elles ont aussi un caractère grammatical ; pareil caractère est propre à tous les signes linguistiques, mais les symboles ne le connaissent pas : où le caractère grammatical de la croix du Christ, de la balance de la justice, du sablier du temps, etc?"30)

벤베니스트의 소쉬르에 대한 반박은 "자의적"이란 용어를 잘못 해석한 데 기인한다. 소쉬르의 concept, 즉 signifié와 image acoustique의 결합인 언어기호는 referent와 필연적 관계를 갖고 있지 않다라는 주장은 타당하다. 한편 다른 각도에서 벤베니스트의 주장도 referent에서 출발하지 않은 개념이란 있을 수 없기 때문이다.

---

29) Lerch, E., "Vom Wesen das Sprachlchen Zeichen", AL. I, p. 146.
30) Buyssens, E., "La nature du signe linguistique", AL. II, p. 85.

소쉬르의 자의적이라는 용어는 signifiant과 signifié 사이의 관계에 국한된 말이다. 물론 언어기호와 이를 사용하고 있는 사회 또는 개인과의 관계는 필연적일 수도 있다. 사회 또는 개인과의 관계에서, 언어기호를 소쉬르는 "arbitraire"라는 용어가 아니라 반대의 뜻을 가진 "imposé"라는 용어를 사용하였다. 벤베니스트가 언어기호를 "absolu"라고 한 것은 signifiant과 signifié의 관계가 아닌 체계와의 관계에서 한 주장이다.

소쉬르의 또 하나의 기호 본질에 관한 이론은 직선성이다.

"Le signifiant, étant de nature auditive, se déroule dans le temps seul et a les caractères qu'il emprunte au temps : a) il représente une étendue, et b) cette étendue est mesurable dans une seule dimension : c'est une ligne."31)

이 말에서 주목할 사실은 소쉬르가 signifiant에 관하여서만 언급하고 있다는 사실이다. 이 두 번째의 "언어기호의 직선성"은 기호의 자의성이라는 원칙과 근본적으로 적용 대상이 다르다. 이 원칙의 요점은 signifié가 아닌 signifiant은 일원적이라는 것이다. 이 원칙을 확대할 경우 언어는 다원적 성격을 가진 체계가 아니라 일원적 성격, 즉 직선성을 가진 것으로 해석될 수도 있다. signifiant이 직선적이라는 주장은 물리적 성질을 가진 소리는 시간적 속성을 갖는다는 말과 같다.

소쉬르는 이 직선성이라는 원칙을 좀 더 구체적으로 확대 적용하지는 않았다. 그러나 이 언어기호의 직선성에서 "통합적 관계(rapports syntagmatiques)"라는 기호의 기능이 도출된다.

"placé dans un syntagme, un terme n'acquiert sa valeur que parce qu'il est opposé à ce qu'il précède ou ce qui suit, ou à tous les deux."32)

---

31) Saussure, F. de, *Cours de linguistique générale*, Payot, p. 103.
32) Saussure, F. de, *Cours de linguistique générale*, Payot, pp. 170-171.

언어기호의 구성요소인 signifiant과 signifié는 이미 언급한 바이지만, signifiant이 없는 signifié, signifié가 없는 signifiant을 생각할 수 없기 때문에 signifiant과 signifié의 차이점을 밝힘으로써 언어기호의 기능이 밝혀질 수는 없다. 하나의 언어기호가 정립될 수 있는 여건은 signifiant과 signifié의 차이점이 아닌 언어기호 상호간의 대립관계에 있다. 이 언어기호의 대립관계를 통하여서만이 언어기호의 가치가 결정된다.

"deux signes ne sont pas différents, ils sont seulement distincts. Entre eux il n'y a qu'opposition."[33)]

이러한 대립관계에 의하여서만이 언어기호가 기능을 갖는다는 주장에는 카르쳅스키(Serge Karcevskij)는 반대한다. 언어기호 사이의 대립관계 이전에 유사성이 전제되어야 한다.

"L'opposition pure et simple conduit nécessairement à un chaos et peut servir de base à un système. La vraie differenciation suppose une ressemblance et une différence simultanée."[34)]

signifiant이 원래 결합되었던 signifié 이외의 다른 signifié와도 결합되고, signifié가 원래의 signifiant 이외의 또한 다른 signifiant과도 결합되어, 언어기호의 유사성과 차이점이 이루어져, 언어기호는 체계를 갖게 된다. 카르쳅스키의 이런 주장은 연상작용이라는 용어로 요약될 수 있다.

소쉬르는 대립관계를 통하여 체계가 어떻게 형성되느냐라는 문제를 다루고 있다. 이 체계 안에서의 관계를 그는 "연상적 관계(rapports associatifs)"라 불렀다.

---

33) Saussure, F. de, *Cours de linguistique générale*, Payot, p. 167.
34) Karcevskij, S., *Travaux de linguistique de Prague*, pp. 88-93.

"Les groupes formés par association mentale ne se bornent pas à rapprocher les termes qui présentent quelque chose de commun ; l'esprit saisit aussi la nature de rapports qui les relient dans chaque cas et crée par là autant de séries associatives qu'il y a de rapports divers."[35)]

언어기호의 직선성이라는 문제의 설명에서, 소쉬르는 물리적 사실인 시간성을 빌어 설명하였으나 체계 안에서의 기호 상호간의 관계를 설명함에 있어 그는 심리학적 개념을 사용하였다. 언어기호의 상호간의 관계를 심리적 바탕에 입각하여 설명하여야 된다면 언어기호를 완전히 forme으로만 볼 수는 없지 않을까? 이 점이 바로 소쉬르의 약점이다.

Ⅳ

언어학자로서 언어현상을 기호학의 입장에서 관찰하려고 시도한 유일한 사람은 뷔이상스이다. 그는 기능의 면을 강조하는 구조주의적 경향을 갖고 있다. 뷔이상스는 기능(fonction)이라는 개념을 모든 학문의 기본개념이라 보고 있다. 그러나 언어의 경우 언어 자체의 내적인 기능만으로 언어가 정의되지는 않는다. 그는 기호학적인 면에서 언어를 이해함으로써 언어의 의사교환 기능이 이해될 수 있다고 주장한다. 이 의사 전달 행위를 그는 다음과 같이 정의한다.

"L'acte par lequel un individu, connaissant un fait perceptible associé à un certain état de conscience - à savoir, un désir de collaboration - réalise ce fait pour qu'un autre individu comprenne le but de ce comportement et reconstitue dans sa propre conscience le désir du premier individu."[36)]

35) Saussure, F. de, *Cours de linguistique générale*, Payot, p. 173.
36) Buyssens, E., *Les langues et le discours*, Bruxelles, Office de publicité, p. 12.

의사전달 행위는 두 개인 사이의 의식적 협력이기 때문에 자연언어는 기호학의 분야가 아니다.

명확한 이론 형성을 위하여는, 모호한 성질을 갖고 있는 자연언어를 제외하여야 되리라. 행동주의 심리학자들도 뷔이상스와 마찬가지로 자연언어와 언어기호의 구별을 하였다.

뷔이상스는 기호적 사실(faits sémiques)은 사회적 기능을 갖고 있어야 한다고 주장한다. 기호가 단지 한 사람에게만 기호가 될 때 fait sémique가 될 수 없다. 이 주장을 따른다면 개인이 자신을 위하여 창안한 기호는 기호일 수가 없다. 기호의 문제에서 중요한 점은, 어떤 사실 또는 현상이 과거에 또는 미래에 기호의 기능을 가졌거나 또는 가질 것이냐는 문제가 아니라, 지금 현재 기호의 기능을 갖고 있느냐는 문제에 있다. 개인적 기호를 기호학 분야에서 제외시킴으로써 뷔이상스는 사회적 성격의 기호와 비사회적 기호의 구분을 하려 한다. 그러나 이미 심리학적 기호 이론에서 살펴본 바이지만 의사전달 행위에 바탕을 두는 한 무엇이 기호이고, 무엇이 기호가 아닌가라는 선결 문제가 해결이 되지 않는다. 오그덴과 리쳐즈의 "identical reference", 모리스(Morris)의 "goal-seeking behavior", 또는 뷔이상스 자신의 "un désir de collaboration"이라는 말로 구분하려고 하지만, 이 정의들은 너무도 주관적이고 실재의 하나하나의 사실에 적용시킬 수 없다. 더욱이 언어기호의 경우 심리학적인 개념이 아닌, 언어기호 자체의 형식적 특성을 가지고 구분이 되어야 한다.

langage라는 애매모호한 용어를 피하여, 뷔이상스는 sémie라는 특별한 용어를 사용한다. sémie란 의사교환을 실현시켜 줄 수 있는 모든 수단이다. 이 sémie가 실현되었을 때 "acte sémique"는 이루어진다. 이 sème가 이미 존재하고 있는 다른 sème와 또는 앞으로 생겨날지도 모를 다른 sème와 대립관계를 이룰 때 sémie라 한다.

"tout sème s'oppose soit réellement aux autres sèmes de même espèce déjà existants, soit virtuellement aux sèmes de même espèce que l'on conçoit comme possible dans l'avenir. Un ensemble de sèmes ainsi opposés sera appelé ici une sémie."[37)]

뷔이상스의 sème와 acte sémique와의 구분은 사고작용(l'abstraction)이 구체적 언어행위에 선행한다는 심리학적 증거를 전제로 한다.

기호적 현상의 기본적인 특징을 뷔이상스는 사고작용에 있다고 주장한다.

"...derrière l'acte sémique qui paraîtra n'être qu'une association de deux termes concrets - le fait perceptible et l'état de conscience - susceptible de varier d'une répétition à l'autre, il existe dans notre conscience et dans notre mémoire un acte idéal qui ne varie pas, ou du moins pas sensiblement : cet acte idéal est le sème. Celui-ci est une association de deux abstractions : l'abstraction relative à l'acte perceptible est la forme du sème, l'autre est sa signification."[38)]

두 개인이 사고작용(abstraction)과 구체화(concrétisation)의 과정을 통하여 의사전달행위가 이루어지는, sème의 구체화를 "l'acte sémique"라 한다. 화자는 그의 의식에서 의식 사실을 추출하고, 이 의식 사실을 구체적으로 관찰할 수 있는 행동을 통하여 형태로 구체화한다. 형태에 관련된 사고작용을 forme, 의식 사실에 관련된 사고 작용을 signification이라 한다.

signification과 forme의 결합인 이 sème는 "l'acte sémique"의 기능적 면이다. 뷔이상스는 언어사실에서의 기능적 면은 "le discours"이라 주장한다. 언어학이 기호학의 한 분야이고, 그 목적은 "les faits sémiques"의 기능면을 연구하는 것이라면 le discours야말로 언어학의 진정한 대상이다. 뷔이상스는 sème와 acte sémique, 특히 discours와 parole의 관계를 다음과 같이 설명한다.

"Pour connaître, par exemple, le phonème s de la langue française, je

---

37) Buyssens, E., *Les langues et le discours*, Bruxelles, Office de publicité, p. 13.

38) Buyssens, E., *Les langues et le discours*, Bruxelles, Office de publicité, pp. 24-25.

devrai étudier la façon dont quantité de français prononcent divers mots contenant divers sons s. Pour connaître, par exemple, le sens du mot 'relation', je devrai étudier les divers états de conscience concrets dont la communication réclame l'emploi du mot visé. En d'autres termes pour connaître le discours, le linguiste doit étudier la parole."[39]

뷔이상스의 discours라는 용어는 언어의 개인적 실현을 뜻한다. 일찍이 소쉬르는 1) 개인이 언어부호를 사용하기 위하여 이를 결합하는 활동과, 2) 이 결합을 객관화시키기 위한 활동을 구별하였다. 첫 번째 활동, 즉 뷔이상스의 용어를 빌린다면 le sème oral에 해당하는 것이 discours이고, 두 번째의 l'acte sémique oral에 해당하는 것이 la parole이다.

뷔이상스는 기능이라는 바탕 위에서 sème의 분류와 동시에 기호의 정의를 내리고 있다.

"Le système sémique apparaît dans le fait que les divers sèmes d'une même sémie présentent dans leur forme des éléments communs et des éléments différents correspondant aux éléments de leur signification ; les signes ; et une sémie est systématique lorsque ses sèmes se décomposent en signes."[40]

뷔이상스의 주장에 의한다면, 언어기호란 의미(signification)적 요소와 부합하는 형태적 요소이다. 또한 언어기호란 의미, 형태 면에서 더 이상 분석이 불가능한 요소이기 때문에 의미적 요소에 부합하는 최소의 단위라고도 할 수 있다. sème로서의 언어기호는 양면적 성질을 가졌으나 하나의 고립된 낱말로서의 언어기호는 하등 의미가 없다. 왜냐하면 고립된 낱말로서 언어기호는 말하는 사람의 의식 상태를 구체화시켜 주지 못하기 때문이다.

39) Buyssens, E., *Les langues et le discours*, Bruxelles, Office de publicité, p. 32.
40) Buyssens, E., *Les langues et le discours*, Bruxelles, Office de publicité, p. 40.

오그덴, 리쳐즈, 소쉬르, 뷔이상스의 기호이론을 대체로 살펴보았다. 오그덴과 리쳐즈에서 기호는 act of reference를 표시하는 기능을 가졌고, 소쉬르의 기호는 (물론 언어기호에 국한하여 말하고 있지만) concept과 verbal image의 결합이고, 뷔이상스의 경우 기호는 의미요소와 형태적 요소의 결합이다.

일반적으로 기호의 특징은 1) 감지될 수 있어야 하고(sensible), 2) 뷔이상스도 강조한 바이지만 사용하는 사람의 전제 없이는 성립되지 않으며, 3) 그 자체가 substance가 아니기 때문에, 기호 자체를 통하여는 볼 수 없는 어떤 것을 지시하는 대용적 기능을 가진 것이다. 이 기호의 감지할 수 있는 부분이 소쉬르가 말하는 signifiant이고, 눈에 보이지 않는 부분이 signifié이다.

또한 어떤 기호이건, 특히 언어 기호의 경우 제도적인(institution) 것이기 때문에 일정한 사용자를 전제한다. 사회를 떠나서 기호는 존립되지 않는다. 언어의 기본적 특징이 전달에 있기 때문에, 한 개인 자신만을 위한 기호를 만들었다 하여도, 뷔이상스의 말처럼 기호일 수가 없다. 소쉬르의 말과 같이 언어는 사회적 제도이다. 개개인이 사용하는 언어기호는 개인의 전유물도 아니며 마음대로 이를 바꿀 수도 없다. 환언한다면 사회가 언어와 사고의 전제 조건이 된다고 말할 수도 있다. 말을 하기 위하여는 상대자가 있어야 하지 않겠는가?

오그덴과 리쳐즈는 기호를 the act of reference의 기능을 가진 것이라 하였지만, 언어기호와 사고와의 관계는 무엇인가? 사고작용과 언어기호와의 관계는 무엇인가? 사고작용이 언어기호에 선행하는 것인가? 개라는 referent를 경우에 따라 hund, chien, cane로 표시할 수 있다. 현실세계에는 복수적인 개가 있을 뿐이다. 이 복수적인 개는 하나하나와 다르다. 하나하나의 개를 떠나 보편적인 개의 개념에 도달하기 위해서는 개념의 바탕이 되는 기호를 만들어 내야 한다. 언어기호란 referent 위에 위치하여 referent를 대신하는 하나의 화폐와 같은 존재이다. 이 화폐를 다른 화폐로 교환할 수도 있다. 화폐 없이는 물건을 살 수가 없는 것과 같이 현실세계에서 느끼는 많은 현상 가운데 그 어느 것도 머리 속에 저장 또는 관찰하지 못한다. 언어기호를 통하여 referent의 세계에서 벗어나 추상적 개념과 논리적 관계의 형성이 가능하다. 일단 언어기호가 성립되면 그 언어기호는 별개의 것이 아니라 사고와 동일체가 된다.

참고문헌

Benveniste, E. (1939), "Nature du signe linguistique", AL. I. : 23-29.

Buyssens, E. (1967), "La nature du signe linguistique", AL. II. : 83-86.

__________ (1943), *Les langues et le discours*, Bruxelles, Office de publicité.

Karcevskij, S. (1964), *Travaux de linguistique de Prague*, Prague.

Lerch, E. (1939), "Vom Wesen das Sprachlchen Zeichen", AL. I. : 145-161.

Mounin, G. (1971), *Clé pour la linguistique*, Seghers.

Ogden, C. K. & Richards, I. A. (1949), *The Meaning of meaning*, London, Routledge.

Saussure, F. de. (1931), *Cours de linguistique générale*, Payot.

4 소쉬르와 불교의 공(空)사상

4 소쉬르와 불교의 공(空) 사상

Ⅰ. 들어가는 말

19세기 중엽에서 20세기 초엽에 이르는 기간에 생존하였고, 현대 언어학의 창시자인 페르디낭 드 소쉬르(Ferdinand de Saussure, 1857-1913)의 언어이론은 상식이 되어버린 지 오래 되지만, 불교와의 비교 검토를 위해 간략하게나마 언급하지 않을 수가 없다. 또한 논문의 제목이 오해를 빚을 소지가 있기 때문에 언급하지 않을 수 없는 사항은, 소쉬르가 쥬네브 대학교에서 산스크리트(sanskrit)어를 가르쳤으나, 불교 이론에는 전혀 관심이 없었다는 것이다. 소쉬르의 언어 이론과 불교 이론에서의 유사성과 상이성의 문제는 필자 자신의 책임임을 밝힌다.

소쉬르가 언어학자로서 활동을 개시한 19세기 후반은 비교문법 학자와 신문법 학자가 지배하던 시대이다. 파울(H. Paul)은 "변화에 주안점을 갖는 언어학은 역사성을 갖는다. 언어학의 모든 설명은 필연적으로 역사성을 지닌다. 현대 언어 상황에 대한 기술은 사실의 진술이지 학문이 아니다"라는 주장을 하고 있다. "bauti", "benti", "beuie", "beude"에서 현대 독일어의 "bände"까지의 변화 과정을 추적하는 것이 역사 언어학, 소쉬르의 용어로는 통시 언어학(linguistique diachronique)의 임무이다. 음성, 형태, 의미 단위의 변화 과정을 추적, 인구어족에 속하는 언어들의 친족 관계를 증명하고, 나아가서는 초기의 인구어를 복원하려는 실현하기 쉽지 않은 목표를 이들은 갖고 있었다.

역사적 연구 이외에 모든 연구를 배척하는 비교문법학자, 신문법학자에게 소쉬르는 반기를 든다. 모국어가 불어라 하더라도, 16세기에 쓰여진 "가르강튀아(Gargantua)"는 쉽게 읽혀지지 않는다. 마찬가지로 "용비어천가"는 오늘날의 한국 사람에게도 어렵다. 이유는 시기를 정하는 데 문제가 따르지만, 일정한 시기의 언어체계를 화자가 파악하고 있지 않기 때문이다. 이 일정한 시기의 언어 연구를 공시언어학(linguistique synchronique)라 한다.[1)]

소쉬르는 언어의 세 측면을 구분한다. "운동이 건강에 좋다"라는 문장은 화자, 청자, 나아가서 오늘날의 한국어를 사용하는 사람이라면 누구나 이해한다. 화자의 두뇌 속에 한국어의 음성, 음운, 어휘, 문법, 의미에 관계된 제반 사실이 기억되어 있기 때문이다. 두뇌 속에 간직된 언어에 관계된 총체적 사실이 "랑그(langue)"이고, 이 랑그를 한 개인이 발음기관을 작용하여, 음파를 이용, 실현시켰을 때 "파롤(parole)"이라 한다. 랑그는 실현되기 전에 사회 구성원 전체가 공동으로 기억하고 있는 언어 사실이기에 사회성을 띠게 되고, "파롤"은 한 개인의 입을 통하여 "랑그"가 실현된 것이기에 개인적 성질을 지닌다.[2)] 언어는 반드시 청각적인 것에 그치지 않는다. 그림을 이용한다든가 깃발을 이용하여 의사 전달을 할 수 있다. 따라서 청각적 언어, 시각적 언어의 전제가 되는 기호를 만들 수 있는 능력, 즉 "기호 능력(langage)"이 "파롤"과 "랑그" 위에 전제된다.

"언어는 종이 한 장에 비유된다. 개념은 종이의 앞면이고, 소리는 뒷면이다. 뒷면을 자르면 앞면이 동시에 잘라진다. 마찬가지로 언어에서 소리를 개념에서 분리시키고, 개념을 소리에서 분리시킬 수 없다. 언어학은 두 차원의 요소들이 밀접히 결합하고 있는 분야에서 작업을 한다. 이 두 요소의 결합은 실체가 아니라, 하나의 형태를 빚어낸다."[3)]

"실체를 빚어내지 않는다"라는 주장은, 언어기호는 실체인 사물과 필연적 관계가 아니라 자의적 관계에서 빚어졌다는 주장이다. 물이 용기의 색깔에 따라 모습이 달라지듯이, 언어적 세계도 언어에 따라 모습을 달리한다.

언어의 최소 단위는 언어기호이다. 기호는 기표(signifiant)와 기의(signifié)로 이루어진다. 기표는 실제의 소리가 아니다. 외국어를 배울 때 단어의 의미뿐만 아니라 동시에 발음도 외우게 된다. 이 머릿속에 간직하고 있는 음이 청

---

1) Saussure, F. de, *Cours de linguistique générale*, p. 117.
2) Saussure, F. de, *Cours de linguistique générale*, p. 112.
3) Saussure, F. de, *Cours de linguistique générale*, p. 157.

각 영상(image acoustique)인 기표이고, 개념이 기의가 된다.

언어기호는 사물을 지시하나 사물 자체가 아니기에 대용적(代用的) 쓰임을 갖는다. 사물 자체가 아니기 때문에, 언어 기호와 사물과의 관계는 필연적이 아니라 자의적이다.[4] "말"을 뜻하는 "馬", "horse", "pferd", "cheval"은 자의적 기호이다. 기호와 사물과의 관계가 필연적이라면, 하나의 기호만이 용납되어야 한다.

언어기호는 시각적인 공간 언어가 아니기 때문에 선적 성질(linéarité)을[5] 갖는다. 시각적 언어의 전형인 그림에는 나타내려고 하는 모든 사물들이 순서 관계와는 상관없이, 하나의 공간 안에 화가의 취향에 따라 배치된다. "아무도 두 주인을 한꺼번에 섬길 수 없다"의 "Nul ne peut servir deux maîtres à la fois"에서 [mɛtr]의 네 음을 동시에 발음할 수도 없으려니와, 9개의 언어기호를 한 지점에서 통합할 수도 없다. 청각적 언어인 기호를 구성하는 음, 그리고 문장을 이루는 기호는 순서적이다. 순서적이란 시간성을 의미하며 동시에 선적 성질을 함의한다.

언어기호는 다른 기호와 결합하여 문장을 빚어낸다. 기표와 기의만으로 구성된 낱개의 언어기호가 표면적으로는 독자적 의미를 갖고 있으나, 가치는 다른 기호와의 관계에서 결정된다. 영어 "sheep"과 불어 "mouton"은 "의미"는 같지만, "가치"는 다르다.[6] 영어에는 "sheep"말고도 "mutton"이라는 기호가 존재하나, 불어는 "mouton"에 그치고 있기 때문이다. 불어의 "viande"는 이태리어의 "carne"와 같은 지시적 의미를 갖고 있으나 가치가 다르다. 불어의 "chair" 또한 "carne"로 옮길 수 있기 때문이다. 단어의 "의미의 장"이 "carne"가 더 넓다. 낱개의 언어기호는 의미를 알 수 없을 때가 많다. 언어기호들이 문장 안에서 관계를 맺을 때 의미가 확정된다.

문장이나 구 안에서 언어기호들이 관계를 맺을 때, 결합적 관계(rapport syntagmatique)가 성립된다.[7] "S'il fait beau temps, nous sortirons"에서

---

4) Saussure, F. de, *Cours de linguistique générale*, p. 100.
5) Saussure, F. de, *Cours de linguistique générale*, p. 103.
6) Saussure, F. de, *Cours de linguistique générale*, p. 160.
7) Saussure, F. de, *Cours de linguistique générale*, p. 170.

"temps"을 시대가 아닌 "날씨"의 의미로 해석할 수 있는 이유는 "fait beau" 때문이다. "Les petits enfants préfèrent mes gâteaux"에서 "petits"와 "enfants"의 관계도 마찬가지이다. "préfèrent"와 "les petits enfants"과 "mes gâteaux"의 관계도 나라 말마다 다르게 형상화된다. 음성적 형상만이 아니라 의미차원에서도 다른 형상을 지닌다. 영어의 "sheep"과 불어의 "mouton"은 같은 지시물을 지시하나, 영어에서는 식용으로 쓰일 때 "mutton"이라는 별도의 기호가 존재하지만, 불어는 "mouton"의 한 기호로 그치기 때문에, 두 기호는 의미는 같으나 가치가 다르다.[8)] 다른 나라 말의 기호와 비교하여 가치를 결정할 수도 있지만, 같은 말 체계 안에서 두 기호를 비교 검토하여 가치를 정할 수도 있다. 불어의 "sourd"는 "소리를 듣지 못하는"의 의미를 갖고 있으나, "bruyant"과의 대립 관계에서는 "둔탁한"이라는 의미가 부여되며, 언어학 용어 "sonore"와 대립할 때에는 "무성"의 의미가 된다.

언어기호들은 결합하여 구 또는 문장이라는 사슬(chaîne)을 형성한다. 이 사슬 안에서 언어기호들은 서로 관계를 맺는다. "Paul est heureux"에서 "Paul", "est", "heureux" 사이에는 "주어", "동사", "속사"라는 관계가 정립된다. 기호의 집합인 이 사슬 안에서의 기호들의 관계를 통합적 관계(rapport syntagmatique)라 한다.[9)] "Paul est heureux"에서 "Paul" 대신에 "Jacques", "il" 등등의 언어기호를 대치할 수 있다. 화자는 이 지점에서 두뇌 속에 기억하고 있는 모든 언어기호 가운데 제일 적합한 것을 선택한다. "est" 대신에 "paraît", "semble"도 가능하다. "heureux"에서도 "gai", "joyeux"도 쓰일 수 있다. 한 문장 또는 구, 넓게 말하여 사슬 또는 문맥의 일정 위치에서 쓰인 언어기호와 이 위치에 쓰일 수 있는 문맥 밖의 언어기호의 관계를 연상관계라 한다.[10)] 문맥의 일정한 위치에서 실현되는 요소와 이 위치에서 실현될 수 있으나 실현되지 못한 요소들과의 관계, 예를 들어 위의 문장에서 "Paul"과 "Jacques", "il"과 기타 다른 요소는 계열(paradigme)을 형성하기에 계열 관계(rapport paradigmatique)라고도 하다.

---

8) Saussure, F. de, *Cours de linguistique générale*, p. 160.
9) Saussure, F. de, *Cours de linguistique générale*,, p. 170.
10) Saussure, F. de, *Cours de linguistique générale*,, p. 174.

간략하게 소개한 소쉬르의 언어이론은 “언어의 유일한 과학적 연구는 역사적 방법”이라는 비교문법 학자와 신문법 학자에 대한 반발의 소산이지, 불교의 영향이 빚어낸 것이 아니다. 소쉬르가 쥬네브 대학에서 산스크리트어의 교수를 하였으나, 힌두교나 불교에 관심을 갖고 관계 문헌을 섭렵하였다는 어떠한 기록도 없다. 더욱이 “離苦得樂”, “轉迷開悟”, “成佛”에 목표를 둔 불교와 언어적 진리 도달을 지향하는 언어학은 지향점이 다르기에 이 둘을 비교한다는 일은 무모한 작업이 아닐까라는 생각이 들지만, “언어는 실체가 아니라 형상이다”는 불교의 “空觀”에서, “언어기호는 독자적 가치가 없다”는 불교의 “緣起論”에서 나오지 않았을까라는 생각이 들 정도의 유사성을 지니고 있다. 따라서 본 논문에서는 불교의 “空觀”과 “緣起論”과 소쉬르의 “형상론”과 “가치론”만을 연관지어 검토하겠다.

Ⅱ. 실체와 오온(五蘊)

끊임없이 변화하는 이 세계에서, 변화하지 않는 사물의 근원, “아르케(arché)”를 탐구한 결과, “물”이라 또는 “불”이라 주장하는 사람이 서양 철학사의 처음 무렵에 등장한다.[11] 기체(基體) 또는 실체(實體)로 번역되는 “substance”는 “변화의 바탕이 되고, 다른 바탕을 갖지 않고 스스로 존재하는 것”[12]이다. “집”은 “크기도 하고”, “희기도 하고”, “낡기도 하여”, 집의 모습은 어느 때고 변화할 수 있으나, “사람이 사는 곳”은 변할 수가 없다. 희랍어 “ousia”는 “재질(材質)”이라는 뜻이지만, 아리스토텔레스는 그것을 “물질적 실체(substances matérielles)” 또는 사물의 본질(quiddité)을 뜻하는 형식적 실체의 뜻으로 사용한다. 소크라테스는 “코가 납작하고”, “수다꾼이고”, “백인”이지만, 이 성질은 본질이 될 수 없고 오로지 “인간이다”가 본질이 된다.

아리스토텔레스의 『형이상학』에서 실체는 추상적이고 보편적인 것이 아니

---

11) Foulquié, P., *Dictionnaire de la langue philosophique*, p. 690.
12) Brébier, E., *Histoire de la philosophie* I, p. 174.

라 구체적 개인이다. 노무현이나 이명박은 실체(ousia)이며, 더 정확히 말한다면 원초적 실체(substances premières)이고, 이 실체가 속하는 유(genre) 또는 종(espèce)과 같은 논리적 집합을 제2의 실체(substances secondes)라 한다.13)

실체인 이 개인은 질료(matière)와 형상(forme)의 결합 산물이다. 질료란 가능태(puissance)의 존재이다. 동상이 되기 전의 동과 같다. 형상이란 질료와 결합하여 질료를 완성시키는, 동상의 모습이 구현하는 행동이다. 동상과 마찬가지로 개인도 질료와 형상의 결합물이다.

불교에서는 유위(有爲)와 행(行)으로 생기는 현상 세계의 일체 만유(萬有)는 실체, 즉 자성(自性)이 없다는 입장이다. "오온(五蘊)의 자성은 다 공(空)해서, 색(色)은 공이요, 공은 곧 색이다. 색과 공, 공과 색이 다름없으며, 수(受), 상(想), 행(行), 식(識)도 이러하다."14) 실체를 부정하는 배후에는, 만유가 불안정한 오대(五大)의 이합취산에 불과하기 때문이다. "공이란, 모든 사물은 본질적으로 공하다"라는 주장은 "내적 존재" 또는 "본질적 자성(svabhara)의 결여를 뜻한다."15) 사물을 사물이게 하는 자성(自性)의 결여한, "일체만유는 서로서로 상의상자(相依相資)의 연관적 관계를 가지고 있는 것으로 한 가지도 고립독존하는 것이 없다"16)라는 뜻이다. "작다"는 "크다", "유죄"는 "무죄", "독신"은 "기혼" 없이는 되지 않고 독자적 존재가 없다. 바꾸어 말하여 만유는 서로 관계를 맺어 존재한다고 할 수 있다. "나가쥬나(Nagarjuna)"는 공(shunyata)과 상호의존관계(pratiya samutpada)를 동일시한다. 그의 견해에 의하면 상호의존법칙은 세계의 모든 것을 연결시키는 상대성과 의존관계를 나타내기 때문에 제일 중요하다."17)

소쉬르의 "언어는 형상이지 실체가 아니다"에서, 전달의 도구인 언어를 형상으로 이미 규정하고 있고, 언어는 언어외적 세계의 사실, 불교적 용어로 만유는 전달되는 객체, 즉 실체가 된다. 불교의 관점은, "사물은 자체가 없는 까

13) Barnes, J. éd. *The complete works of Aristotle*, vol. II. p. 1645.
14) 불교대전, 聖佛母船若經, p. 77.
15) Snelling, J., *L'essentiel du bouddhisme*, p. 82.
16) 김동화, 『불교학 개론』, p. 104.
17) Snelling, J., *L'essentiel du bouddhisme*, p. 89.

닭에 능취(能取)와 소취(所取)가 공하며, 일체종(一切種)이 공하다."[18]에서 보는 바이지만, 언어현상을 포함한 모든 것은 실체가 되지 못한다. 그러나 "질료(matière)"와 형상(forme)의 대립과 같은 뜻을 실체와 현상이 갖고 있다면, 언어학적인 관점에서 실체에는 언어외적 세계와 이 언어외적 세계를 표현하는 수단인 음(son)이 포함된다. 자연 상태에서의 무지개와 "무지개"로 형상화되기 전의 "소리" 자체가 여기에 합당한 예이다. 자연 상태의 무지개가 일곱 가지 색깔, 또는 언어에 따라서 다섯 가지 색으로 형상화될 때 "실체의 형상"이 되고, 이 자연 현상을 지칭하기 위하여, 음을 형상화한 "무지개" 또는 "arc-en-ciel"은 "소리의 형상화"이다.[19] 형상이 부여된 재질과 있는 그대로의 재질을 구분하기 위하여 실체라는 용어가 사용된다.

불교에서의 실체 부정은, "일체만법의 시간적으로 유전 변화하는 것이라는 것을 인정한다면 제법 무아라는 도리는 자연히 성립되는 논리적 전개다. 즉 시간적으로 찰나생 찰나멸하는 일체만유라면 그것은 그 자체가 고정불변성이 없다는 것은 상주불변의 실체가 없다는 것을 의미하는 것이니 이는 일체만유의 공간적 실재성이 없는 것을 말하는 것이다"를 의미한다.[20] 고정불변의 상주불변적 본질의 결여로 "諸法無我"이지만, 언어기호의 무자성(無自性)은 자의성(恣意性, arbitraire)에서 유래한다. 언어기호는 지시하는 사물과, 언어기호를 구성하는 기표와 기의 사이에 필연적 관계가 없다.[21] 지시 사물과의 어느 정도의 유사성을 바탕으로 생겨난 의성어(onomatopée)가 있으나 숫자가 너무 적고, 유사성 자체도 말마다 다르기 때문에 차라리 자의적 기호의 부류에 귀속시키는 게 논리적이다.

고양이의 "야옹", "miaou", "mew" 등이 하나의 예시다. 언어기호가 필연성을 갖고 있다면 모든 지시물에 별개의 기호가 부여되어, 그 수를 헤아릴 수 없는 사물에 비례하여 기호가 생겨나서, 사람의 기억능력으로는 감내하기 어려운 상황이 빚어지게 된다.

벤베니스트(Benveniste)는 언어기호의 필연성을 주장하고 있다. "위의 사실

---

18)『불교대전』, p. 76.
19) Hjelmslev, L., *Prolegomena to a theory of language*, p. 57.
20) 김동화,『불교학 개론』, p. 98.
21) Saussure, F. de, *Cours de linguistique générale*, p. 100.

을 토대로 기표와 기의의 관계는 자의적이라 주장할 수 있다. 자의적이란 기표와 기의의 관계가 무연적임을, 기표와 기의는 하등의 현실세계의 자연적 관계를 맺고 있지 않음을 뜻한다... 기호의 구성 요소의 하나인 청각 영상이 기표이고, 개념이 기의가 된다. 기표와 기의의 관계는 자의적이 아니라 반대로 필연적이다. 나의 의식 속에서 'boeuf'(소)라는 개념은 기표인 'böf'라는 음의 결합과 동일시된다."[22] 벤베니스트는 기표와 기의의 관계가 아니라, 언어의 사회성이라는 차원에서, 달리 말하여 언어는 사회적 규약이라는 관점에서 기표와 기의의 관계를 고찰하고 있다. 이 차원에서 언어기호의 구성요소인 기표와 기의는 필연적이다. 일정한 기표에 일정한 기의를 부여하지 않으면 의사소통이 불가능해지기 때문이다. 소쉬르와 벤베니스트의 주장을 수용하여 "기표와 기의는 자의적이고 필연적"이라 주장할 수도 있다.[23]

자의성 때문에 언어에서는 실체보다도 형상이 중요시된다. 전달 행위가 성립되려면, 이미 언급한 바이지만 언어외적 사실인 실체가 있어야 하지만, 이 실체를 있는 그대로 전달하지 않고, 자의적인 형상화 과정을 거쳐, 자의적으로 형상화된 음의 결합과 합쳐져야 언어기호가 만들어진다. 언어기호는 개념적 형상화와 음성적 형상화의 결과이기에, 형상의 문제는 실체의 문제를 선행한다.

언어는 자의성으로 인하여 실체보다는 형상이 지배적인 영역이다. 유일(唯一), 상주(常住), 주재(主宰)의 특종을 갖는 실체를[24] 부정하고 세계는 공적 존재로 이루어진다. 공 안에서 주체와 객체, 삶과 열반, 긍정과 부정의 대립이 용해되는 불이(不二)의 세계가 성립된다. 실체의 부정이란, 바꾸어 말하면 형상이 주도적인 상대적 세계이다. 형상이란 무실체적이기에, 서로 관계를 맺어 존재한다. "하나의 사물은 그것이, 인과적으로건 아니건, 다른 사물에 의존하기 때문에 의미를 띄는 것이다. 사물은 그것이 존재하기 위해 의존하고 있는 시공 연속체를 떠나서 무이다."[25]

발생동기가 다르지만, 불교의 공관(空觀) 속에 소쉬르의 핵심적 언어 이론

22) Benveniste, E., *Problèmes de linguistique générale*, 2, pp. 49-51.
23) Corneille, J.-C., *La linguistique structurale*, p. 94.
24) 김동화, 『불교학 개론』, p. 99.
25) 무르띠, 『불교의 중심 철학』, p. 426.

이 내재해 있다고도 생각할 수 있다. 언어는 언어외적 사물에 명칭을 부여하는 작업이 아니라, "...모든 구성 요소가 서로 관계를 맺고, 한 기호의 가치는 다른 기호의 동시적 존재로 빌어지는 체계..."[26]이다. 소쉬르는 이를 서양 장기에 비유한다. "...장기가 페르시아에서 구라파에 전해졌다는 사실은 외적 차원의 일이다. 반대로 장기의 체계와 규칙에 관계되는 모든 것은 내적 차원의 일이다. 나무 말을 상아 말로 대치하였을 때의 변화는 체계와 상관이 없다. 그러나 장기 말의 수를 늘리거나 줄일 때의 변화는 장기 놀이의 규칙에 영향을 끼친다..."[27] "장기판의 말은 위치에 따라 값이 결정된다. 마찬가지로 언어의 구성 요소는 다른 요소와의 관계에서 값이 결정된다."[28]

유위법계(有爲法界)의 모든 존재는 자성이 없기 때문에 공하고, 따라서 서로 관계를 맺어 존재할 뿐이다. 마찬가지로 언어의 구성요소는 실체가 없는 자의적 형상이기에 서로 의존관계- 언어학 용어로는 "대립관계"를 형성한다. 이 구성요소는 형상적 특징을 지니고 있기 때문에 "차별성(différence)"을 갖는다. "qui", "quel", "quoi", "coup"의 [k]음은 낱개의 소리, 생리음성학적인 관점에서 "무성 구개음"이다. 이 음 다음에 어떤 모음이 오느냐에 따라 이 음의 발음 방법에 미세하지만 차이가 생긴다. 구개자음 또는 연구개음의 차이는 불어에서 어떠한 단어도 구분시켜 주지 못한다. 생리음성학적인 차이이지만, 단어를 구분시켜 주는 체계 안에서의 역할이 없다. 그러나 "bin", "vin", "ton", "don"의 [b], [v], [t], [d] 음은 생리음성학적인 면에서 차이를 보이지만 또한 이 차이를 기초로 상위 차원에서의 단어와 구분이 가능해진다. "한 기호의 개념 또는 음성적 질료보다도 그 기호가 다른 기호들과 어떤 관계에 있는가가 더 중요하다."[29] "redouter, craindre, avoir peur는 대립 관계를 통하여 자신의 가치를 갖는 동의어이다. redouter가 없다면, redouter의 내용은 craindre와 avoir peur가 갖게 된다."[30]

---

26) Saussure, F. de, *Cours de linguistique générale*, p. 150.
27) Saussure, F. de, *Cours de linguistique générale*, p. 43.
28) Saussure, F. de, *Cours de linguistique générale*, p. 125.
29) Saussure, F. de, *Cours de linguistique générale*, p. 166.
30) Saussure, F. de, *Cours de linguistique générale*, p. 160.

실체의 문제와 관계되어, 불교는 부정적 입장을 취한다. “4대를 인으로 하고, 4대를 연으로 한 것을 색음이라 하나니, 무슨 까닭인가! 존재하는 모든 색음, 그 일체는 4대이거나 4대를 인하여 만들어진 것이다. 접촉을 인으로 하고, 접촉을 연으로 하여 수, 상, 행, 식이 생기나니...”[31)]

유위와 행의 현상계에서 모든 것의 실체는 부정된다. “색, 수, 상, 행, 식 각각의 온이 모두 자체로 존재하는 것이 아니라 다른 것들의 인연 화합으로 존재하는 것이기에 오온에 있어서는 전체로서도 그 각각의 요소로서도 궁극적 실제는 존재하지 않는다는 것이다...”[32)] 한마디로 현상계는 제행무상(諸行無常)과 제법무아(諸法無我)로 특징지워지지만, 만유는 전별무상한 무실체적 특징 때문에 서로 영향을 끼쳐 형상을 나타낼 수도 있다.

“언어는 실체가 아니라 형상이다”에서, 형상은 그릇, 실체는 그릇에 담기는 내용물이지만, 음(son)을 도구로 이용하기 때문에, 순수한 자연 상태의 음과 형상이 부여된 구조화된 음을 구분하고, 또한 있는 그대로의 언어외적 사실과 언어를 통하여 형상이 부여된 자연 현상을 구분하여야 된다.[33)] “하늘에 보이는 무지개”는 있는 그대로의 무지개로 “내용의 실체”, 내용의 실체에 언어를 이용하여 일곱 가지 또는 언어에 따라 다섯 가지 형상을 부여하는 작업을 “내용의 형상”, 일곱 개 또는 다섯 개의 색깔 명칭을 표현의 형상, 음 그 자체는 표현의 실체가 된다. “내용의 실체”와 “표현의 실체”란 질료(matière)이다. 질료에 형상을 부여하는 작업은 질료와 상관이 없고, 말마다 다르다. 낱개의 기호 차원에서 “나무”를 “arbre”, “tree”, “baum”이라고 하지만, “들어오세요”는 동사 “Entrez”, 동사구 “Come in”, 부사 “Herein”으로 나타낸다. 나타내려고 하는 사물과 사실은 필연적인 관계없이 기호 또는 기호의 집합으로 언어마다 다르게 자의적으로 형상화된다. 따라서 일체는 변화무쌍하고, 시작과 끝을 갖고 있기 때문에 실체가 아니므로 현상하려면 서로 관계를 맺어야 한다는 불교와 사물과 사실의 형상화를 위하여는 개별음과 기호들이 구조화되어야 한다고 주

---

31) 김월문 옮김, 『장아함경 I』, 음근경, p. 91.
32) 한자경, 『불교의 무아론』, p. 39.
33) Hjelmslev, L., *Prolgomena to a theory of language*, p. 47.

장하는 소쉬르의 언어이론 사이에는 유사성이 너무도 크다.

Ⅲ. 연기와 가치

현상인 만유는 중단 없는 생멸변화와 이합집산의 과정을 거치고 있으나, 그 안에 일정한 법칙이 있다. 일체의 만유는 연기의 법으로 연결되어 있다. "온갖 사물은 연을 따라 생길 뿐이다."[34] 만유는 실체가 없으나 "상의상자(相依相資)의 연관적 관계를 갖고 있으며 고립독존(孤立獨尊)하는 것이 없다."[35] 연기는 외연기(外緣機)와 내연기(內緣機)로 구분된다. 무명(無明)에서 행(行), 식(識), 명색(名色), 육입(六入), 촉(觸), 수(受), 애(愛), 취(取), 유(有), 생(生), 노(老), 사(死)는 가치 연기 또는 내연기라 부르고, "무엇이 연기법에 대한 설명인가? 이것이 있기 때문에 저것이 있고, 이것이 이러하기 때문에 저것이 이러하다"[36]는 외기연기 또는 일반연기라 한다.

소쉬르의 가치론과의 비교에 앞서, 아리스토텔레스가 "physics"에서 발전시킨 "인과론"과 많은 유사성이 없지 않기 때문에 짧게나마 언급하여야겠다.[37] 가능태에서 현실태로 이동하는 데에는 두 가지의 원인이 개재된다. 외적인 원인은 동력인(動力因)과 목적인(目的因), 내적인 원인은 질료인과 형상인으로 구분된다. 아버지는 아이의 동력인이고, 산보는 건강의 목적인이고, 청동은 동상의 질료인이고, 형상인이란 질료에 부여된 형상이다. 불교에서도 외적 조건인 인과 내적 조건인 연을 구분한다. 흔히 인용되는 예이지만, "씨앗은 나무의 원인도 아니고 나무는 씨앗의 결과도 아니다. 씨앗만이 유일한 원인이 된다면, 이 씨앗은 환경, 토양, 기후를 가리지 않고 어디에서나 나무가 되어야 한다. 그러나 나무가 있기 위하여는 좋은 상태의 씨앗만이 아니라 적당한 온도, 일정한 습도, 해충의 위험 부재 등등의 여건이 갖추어져야 한다."[38] 씨앗이

34) 이원섭 역주. 『불교대전』, 無量印法門經, p. 79.
35) 김동화. 『불교학 개론』, p. 104.
36) 김월문 옮김, 『장아함경 Ⅱ』, 12권, p. 83.
37) Barnes, J. éd, *The complete works of Aristotle*, vol. Ⅰ. pp. 333-334.

질료인이라면, 기타 조건은 동력인이 된다.

"모든 것은 원인을 갖는다"에서, 원인은 "주어진 현상을 그것의 조건으로 보이는 다른 현상에 연결시켜 주는 원리"의 뜻을 갖는다.[39] 원인인 현상은 다른 현상을 선행하지만, 이 원인인 현상의 원인을 또한 상정하지 않을 수 없다. 이런 식의 "원인의 원인"을 가려내는 작업은 어디에 도달하는가? "...두 번째로 지적할 사항은, 몇몇 철학, 종교적 체계와는 반대로, 불교 안에는 원초적 원인이 자리할 여지가 없다. Karana라는 용어 자체도 연기합성(緣機合成)이라는 문맥에서 사용되고 있지 않다. 이미 지적한 바이지만 현상은 원인(karana)과 결과(karya)가 아닌 이유(hetu)와 조건(paccaya)으로 정의된다."[40] "원인의 원인" 추구는 "신"에 도달하거나 또는 이를 부인하는 철학적 논쟁만을 야기시킨다. "절대적 원인"을 포기한 콩트(Comte), 원인 대신에 현상들의 "관계"를 강조하는 아므렝(Hamelin)을 거쳐 소쉬르는 "공시적 체계"를 주장한다.

모든 언어적 요소들은 전 시대의 산물이자 또한 일정한 시기에 구축된 체계의 한 부분이다.[41] 따라서 언어 요소의 연구는 변화의 연구에 주안점을 둔 통시 언어학(linguistique diachronique)과 일정 시기의 언어 체계를 연구하는 공시 언어학(linguistique synchronique)으로 나뉜다. 세종 때의 "용비어천가"가 현대인에게 힘들게 읽혀지는 이유는 당시의 언어체계에 관한 지식이 내재화되어 있지 않기 때문이다. 언어는 사물에 이름을 붙이는 작업이 아니다.[42] 사물과 기호, 기표와 기의의 관계는 자의적이기 때문에, 일정한 체계 속에 위치할 때에 비로소 기호의 가치가 생긴다.

이미 언급한 바이지만, 잡아함경의 "이것이 있기 때문에 저것이 있고, 이것이 일어나기 때문에 저것이 일어난다"에 이미 소쉬르의 공시 언어학과 통시 언어학의 구분이 잉태되어 있다고도 볼 수 있다. "...此有故彼有라 하는 것은 일체 만유의 공간적 관계성을 말하는 것이고, 此起故彼起는 일체만유 생성의

38) Wijayaratna, M., *La philisophie du Bouddha*, p. 81.
39) 클레망 공저, 이정우 역, 『철학사전』, p. 241.
40) Wijayaratna, M., *La philosophie du Bouddha*, p. 81.
41) Saussure, F. de, *Cours de linguistique générale*, p. 115.
42) Saussure, F. de, *Cours de linguistique générale*, p. 115.

시간적 관계성을 말하는 것이다. 전자는 일체만유의 동시 병존적 연관성을 도파하는 것이요, 후자는 일체만유의 이시(異時) 계기적 연관성을 표시하는 것이다..."[43] 일체만유의 동시 병존적 관계란 공시성, 이시계기적 연관성이란 통시성 개념에 닿아있다.

현상은 유도 아니요 무도 아니다. 실체가 없기 때문에 서로의 인연으로 생긴다. "의존하여 발생하는 것은, 그 자체로는 무이다. 따라서 자성, 독립적 존재는 없다. 그 스스로 존재하며, 그 본질상 원인과 연에 의해 발생되지 않는 것이 무엇이 있겠는가? 모든 현상은 조건지어져 있다..."[44] 모든 현상은 일면에 의해 발생하며, 인연에 의해 발생하기 때문에 상호의존적이다. 공과 상호의존성은 동일하다. "유위법의 모든 사물은 상호 의존의 법칙, 달리 말하여 상대성에 의하여 연결된다. 그것은 교회를 떠받치고 있는 하나하나의 돌 가운데 하나를 제거하면 건물 구조가 무너지는 것과 같다."[45]

형상의 특징을 갖고 있는 언어의 상호 의존성은 중요하다. 언어는 자의적이기 때문에 구성요소들은 서로 의존하여 의미와 가치 체계를 창출한다. "언어는 전체의 구성요소를 공시적 연대 관계 속에서 연구해야 하는 체계이다."[46] "le marché aux poissons", "Le vend-elle meilleur marché que nous?", "le dictateur marché du sang du peuple"에서 "marché" 자체의 의미만으로는 "싸다" 또는 "경시하다"의 의미가 도출되지 않고 주변의 다른 요소와의 관계에서 의미가 확정된다. "서양 장기의 한 상황이 언어의 한 상황과 일치한다. 장기 말 하나하나의 가치는 장기판에서의 서로의 위치에 의존하듯이 마찬가지로 언어의 모든 요소는 다른 요소들과의 대립 관계에서 가치를 갖게 된다."[47] 불어의 "mouton"은 영어의 "sheep"과 같은 의미를 갖고 있으나 가치가 다르다. 식용으로 쓰일 때 영어는 "mutton"이라는 기호를 갖지만, 불어는 구분하지 않는다. 불어의 "louer"는 "세놓다"와 반대의 뜻인 "세내다"의 뜻을 갖고 있으나 독일

---

43) 김동화, 『불교학 개론』, p. 104.
44) 무르띠, 『불교의 중심철학』, p. 335.
45) Snelling, J., *L'essentiel du bouddhisme*, p. 89.
46) Saussure, F. de, *Cours de linguistique générale*, p. 124.
47) Saussure, F. de, *Cours de linguistique générale*, p. 126.

어는 meiten과 vermieten을 구분한다. 가치가 일치되지 않는다.

"이것이 있으면 저것이 있고, 이것이 없으면 저것이 없다"의 공간적, 논리적 의존 관계를 밝히는 외연기의 법칙은 소쉬르의 공시적 의존성과 흡사하다. 그러나 소쉬르의 의존성은, 기호의 상호관계에서 의미와 가치가 결정되지만, 더 정확히 말한다면 기호 상호간의 "차별적 의존성"에서 언어의 모든 요소는 결정된다.48) 한 언어 요소가 성립되기 위하여는 다른 언어 요소가 있어야 하고, 이 두 요소는 상이성을 갖고 있어야 한다. /mɛ:r/와 /pɛ:r/에서 "어머니", "아버지"라는 의미 단위를 구분시켜 확정짓는 요소는 /m-/과 /p-/이다. "bois de châtaignier"와 "Qui a fait la faute la boit"에서 /bwa/가 하나는 "숲", 다른 하나는 "마시다"의 "의미"가 창출되는 이유는 주변의 요소들과 /bwa/의 관계 때문이다. 이미 서론에서 언급한 바이지만, 그 관계는 "결합관계"와 "연상관계"이다. 문맥 안에 위치한 요소들 사이의 관계를 "존재적 관계(rapports in praesentia)", 문맥 안의 요소와 밖의 요소는 "부재적 관계(rapports in absentia)"49)라고도 불리지만, 둘 다 불교의 "이것이 있으면, 저것이 있고, 이것이 없으면 저것이 없다"의 공시적 연기 관계이고, "이것이 생기면 저것이 생기고, 이것이 멸함으로서 저것이 멸한다"는 통시적 연기관계라 하겠다.

Ⅳ. 맺음말

언어는 지시물과 필연적 관계를 맺고 있지 않기 때문에 변화하게 마련이다. Rabelais의 Gargantua, 또는 세종 때의 용비어천가가 읽기 어려운 것은 언어 변화의 좋은 예이다. 한 음 또는 단어의 변화 과정을 추적하여 그 시초를 밝히는 작업이 통시 언어학이다. 반면에 공시 언어학이란, 한 시대의 언어는 체계이고, 이 체계를 구성하는 요소들은 독립적이지 않고 의존 관계를 맺고 있다고 여긴다.

"Je te promets de revenir"는 가능하나, 구성 요소가 서로 관계를 맺지 못하

48) Saussure, F. de, *Cours de linguistique générale*, p. 167.
49) Saussure, F. de, *Cours de linguistique générale*, p. 171.

는 “de revenir te promet je”나 “je revenir te de promet”는 사용할 수 없다. 언어는 변화의 대상이기 이전에 의사 전달의 도구이기 때문에, 의사 전달을 가능하게 만드는 요소의 연구가 언어 연구에서는 우선한다.

유사한 관점을 불교에서도 볼 수 있다. 바라문교의 일체(一切)의 “근원적 창조 원리이고 인격신”인 범(梵)을 불교에서는 받아들이지 않는다. 인간의 인식을 초월하기 때문이다. 언어 요소의 변화 과정의 추적이 궁극적으로 목표하는 바가 언어의 기원이라면, 그것은 인간의 능력을 초월한다. 기원은 또 하나의 기원을 전제하기 때문이다. 언어 구성 요소는 상호 의존관계를 맺어 기능을 발휘하듯이, 존재는 제법무아(諸法無我)이기 때문에 상의상관(相依相關)하다.

참고문헌

이정(1980), "소쉬르 연구Ⅱ, 언어기호론",『한글』167, 한글학회.

김동화(1954),『불교학 개론』, 보연각.

김월문 옮김(2008),『장아함경Ⅰ』, 동국역경원.

김월문 옮김(2006),『장아함경Ⅱ』, 동국역경원.

水野弘元 (석원연 옮김)(2002),『불교용어 기초 지식』, 들꽃누리.

무르띠 (김성철 옮김)(1995),『불교의 중심 철학』, 경서원.

양혜남 (김철수 옮김)(2001),『중관철학』, 경서원.

한자경 (2006),『불교의 무아론』, 이화여자대학교 출판부.

스트렝 (남수영 옮김)(1999),『용수의 공사상 연구』, 시공사.

Bareau, A. (2000), *En suivant Bouddha*, Kiron.

Bareau, A. (2001), *La voix du Bouddha*, Kiron.

Benveniste, E. (1974), *Problèmes de linguistique générale* Ⅱ, Gallimard.

Conze, E. (1955), *Le Bouddhisme*, Payot.

Corneille, J.-C. (1976), *La linguistique structurale*, Larousse.

Hjelmslev, L. (1963), *Prolegomena to a theory of language*, the Univ. of Wisconsin Press.

Malmberg, B. (1964), *New trends in linguistics*, Stockholm.

Saussure, F. de. (1964), *Cours de linguistique générale*, Payot.

Snelling, J. (1990), *L'essentiel du bouddhisme*, Calman-Lévy.

Watts, A-W. (1991), *Le bouddhisme Zen*, Payot.

Wijayaratna, M. (2000), *La philosophie du Bouddha*, Lis.

『불교대전』, 한용운 편찬, 이원섭 역주, 현암사. (1997)

길상 편저,『불교대사전』, 홍법원. (2008)

클레망 공저, 이정우 역.『철학사전』(1996)

Histoire de la philosophie Ⅰ, Bréhier. E, PUF. (1981)

The complete works of Aristotle, vol. Ⅰ, vol. Ⅱ, edited by. J. Barnes, Princeton. (1984)

5

기능주의 언어학의 관점에서 본 주어와 술어

5 기능주의 언어학의 관점에서 본 주어와 술어

I

랑슬로(Lancelot)와 아르노(Arnauld)는 Grammaire de Port-Royal에서, 사람은 세 가지 정신력을 갖고 있다고 말한다. "첫째 능력은 지각 작용이다. 지각 작용이란 사물에 관한 관찰 능력이다. 둘째 능력은 판단 작용이다. 판단 작용이란 관찰한 사물에 판단을 내리는 작업이다. 셋째 능력은 유추 능력이다. 유추 능력이란 어떠한 판단을 토대로 또 하나의 판단을 도출해 내는 능력이다."[1)]

"지구는 둥글다"와 같은 판단을 명제(proposition)라고 하며, 명제는 두 부분으로 구성된다. 하나의 부분, "지구"와 같은 판단의 대상을 주어라고 하며, 이 대상에 관한 이야기를 술어라고 한다.[2)]

희랍 시대의 전통을 이어받은 논리 철학적 바탕에 기반을 둔 주어와 술어의 문제는 전통 문법으로 이어진다. 논리적 세계의 법칙이 그대로 언어에 반영되어 있다는 생각은 Port-Royal 문법을 거쳐서 1930년대의 바이이(Bally)에게 그대로 전해진다. 설정된 화제(thème)를 주어, 이 주어에 관한 이야기를 술어라고 한다. 대체로 말하여지는 대상과 주어는 일치된다. 그러나 문제는 이 대상과 주어가 일치하지 않는 경우도 적지 않다는 데 있다.

(1) Le soleil brille. (태양은 빛난다)

(2) Ce livre, Paul l'a acheté. (이 책을 폴이 샀다)

---

* 열 므나 이응호 박사 회갑 기념 논문집 (1987.1.26)

1) Donzé, *La grammaire générale et raisonnée de Port-Royal*, Francke, p. 129.

2) Donzé, *La grammaire générale et raisonnée de Port-Royal*, Francke, p. 130.

(1)에서 대상과 주어는 일치된다. 그러나 (2)에서 대상은 "ce livre"이고 주어는 "Paul"이다. 주어를 단순히 말하여지는 대상이라고 할 때, 주어를 가려내는 방법에 혼란이 생긴다. 그 이유는 (2)에서 보는 바와 같이 주어와 말하여지는 대상이 분리되고 있으며, 더욱이 말하여지는 대상은 목적어가 되기 때문이다.

주어 개념에서 또 하나의 문제는, 술어는 대체로 동사를 갖고 있으며 동사는 행동을 표시하기 때문에, 주어가 곧 행위자(agent)가 된다는 견해이다.

(3) Pierre a battu Jean. (피에르는 장을 때렸다)

(3)에서 "a battu"라는 동작의 행위자는 Pierre이고 동시에 문장의 주어가 되고 있다. 이 행위의 영향을 입은 사람은 Jean이고 동시에 문장의 목적어가 되고 있다. 논리적 관계와 통사적 관계가 일치되어 있는 경우이다.

(4) Pierre a battu Jean. (피에르는 장을 때렸다)
(5) Yves a été battu par Charles. (이브는 샤를르한테 맞았다)

(4)와 (5)에서 동사 "battre"를 중심으로 행위자인 Pierre와 Charles, 그리고 행위의 영향을 받는 Jean과 Yves 사이에 논리적 관계가 성립되지만 논리적인 관계가 그대로 문장에 반영되어 있지는 않다. (5)의 경우 행위자는 Charles이지만 문장의 주어는 행위의 영향을 받는 Yves이다.

마르티네(Martinet)는 언어는 현실의 모사가 아니라고[3] 말한 바 있는데, 다음 예에서도 논리적 관계와 통사적 관계가 일치하지 않음을 볼 수 있다.

3) Martinet, A., *Éléments de linguistique générale*, Armand Colin, p. 11.

(6) Charles est malade. (샤를르는 아프다)

(6)에서 être는 계사로서 의미 내용이 없다. 논리적인 관점에서, être는 아무 의미도 갖고 있지 않기 때문에 "Charles"와 "est", "est"와 "malade" 사이에 관계가 성립될 수 없다. 그러나 통사적인 측면에서는 "Charles"와 "est" 사이에 관계가 성립된다.

술어를 정의할 때에도 주어의 경우와 마찬가지로 난관에 부딪히게 된다. 술어를 화제의 대상인 주어에 관한 설명(commentaire)이라고 논리적인 기준으로 정의할 경우에 파생되는 문제는, 주어가 분명하게 분리되지 않으면 논리적 기준은 적용이 어렵다는 데 있다.

(7) Me voici devant la porte d'Alissa.
(나는 알리사의 방문 앞에 있다)

(8) Il y a un petit livre recouvert de simili-cuir bleu.
(푸른 인조 가죽으로 장정한 작은 책이 있다)

(7)은 주어가 없는 문장이다. 이 경우 주어가 없기 때문에 "me voici" 전체를 술어로 볼 수는 없다. 그 이유는 술어란 주어에 관한 설명이며 또한 주어가 없다면 성립될 수 없는 개념이기 때문이다. (8)에서 "il"이 "a"의 주어라고 할 수 있을지 모르나, 주어라고 하였을 경우 "a"가 술어일 수밖에 없다. 그러나 "il y a"의 "il"을 같은 성질의 3인칭 여성 대명사로 대치하였을 경우 문장이 성립되지 않으며 또한 "a"의 경우 다른 동사로, 예를 들어 "trouve"로 대치하여 "il y trouve"로 문장을 구성하였을 경우 문장이 성립되지 않는다. (7)과 (8)의 경우 결국 주어가 없는 문장이기 때문에, 따라서 전통 문법의 관점에서 술어도 성립될 수가 없다.

본 논문은 기능주의 관점에서 술어와 주어란 무엇이며, 술어와 주어의 관계는 어떠한 것인지 살펴보는 데에 목적이 있다.

Ⅱ

마르티네는 "언어란 사람의 체험을 분석, 전달하는 도구"4)라고 정의한다. 언어로 표현되기 이전의 체험은, 그 자체가 분석이 될 수 없는 하나의 전체이다. "머리가 아프다"의 경우, 말로써는 "머리"와 "아프다"의 둘로 분석이 되나, 체험 자체는 하나이다. 하나인 이 체험을 분석이 불가능한 하나의 소리로 표시할 수도 있으리라. 이 경우에 무한대의 체험적 사실을 다르게 나타내려면 무한대의 다른 소리가 있어야 한다. 그러나 사람의 신체적 조건으로는 무한대의 다른 소리를 낼 수가 없으며 또한 사람의 기억력으로는 이를 감당할 수도 없다. 따라서 의사 전달의 도구인 언어의 가능성이 부정된다.

소쉬르(Saussure)도 이미 지적한 바이지만 언어는 체계적 성질을 갖는다.5) 체계성이란 일정한 동질적 성분이- 그것이 소리 또는 기호이든 간에- 조건에서 반복적으로 사용되어야 함을 뜻한다. [pɛ : r]의 [p]는 "아빠"라는 체험적 사실뿐만 아니라, [pɛ̃], [pal], [pakɛ]라는 "빵", "말뚝", "꾸러미"와 같은 다른 사실을 나타내는 데에도 사용된다. 이러한 현상은 소리의 차원에서 뿐만 아니라 기호의 차원에서도 찾을 수 있다. "그 사람이 곰을 죽였다"도 가능한 표현이나, "김군은 사람이 좋아", "이 사람, 어서 오게", "우리 집 사람", "사람을 보냈다"도 "사람"이라는 기호가 반복 사용되고 있는 문장이다. 일정한 같은 소리 또는 기호가 여러 다른 체험적 사실을 나타낼 경우, 달리 말하여 다른 조건에서 반복 사용이 될 경우 무한의 소리 또는 기호가 절약된다. 언어의 이러한 면을 마르티네는 "경제성"이라 부른다.6)

여러 토막으로 분석할 수 없는 언어 외적인 체험은 일정한 의미를 갖고 반복 사용이 가능한 의미단위인 기호로서 분석되어진다. 이때의 기호를 마르티네는 단소라 부르고 이러한 현상을 일차분절(la première articulation)이라 한다.7)

---

4) Martinet, A., *Éléments de linguistique générale*, A. Colin, p. 20.
5) Saussure, F. de, *Cours de linguisitque générale*, Payot, p. 155
6) Martinet, A., *Éléments de linguistique générale*, A. Colin, p. 17.
7) Martinet, A., *Linguistique Synchronique*, PUF, p. 16.

일차분절의 의미단위인 단소는 소리로 구성되어 있다. 이미 지적한 바이지만 사람의 신체능력의 한계성 때문에 무한의 소리를 내기가 불가능하므로 단소를 구성하는 소리의 수는 제한되기 마련이다. 수가 제한되어 있기에 소리 또한 반복 사용된다. 단소를 구성하는 이 소리를 음소, 이러한 현상을 이차분절이라 한다.[8] 일차분절의 단소는 의미가 부여되어 있으나 이차분절의 음소에는 의미가 없다.

음소로 구성된 의미단위인 단소만으로는 비언어적 세계를 나타내기에 불충분하다. 단소의 수가 제한되어 있고 전달하여야 할 체험적 사실은 무한하기 때문에 같은 단소의 반복 사용이 불가피하고 사용 방법이 달라야 한다.

"그리고, 다시, 부르다, 소리, 나다, 이렇게, 대답하다"[9]는 6개의 단소로 구성되어 있으나 어떠한 사실을 나타내려고 하는지 알 길이 없다. 의미 단위인 단소의 나열만으로는 의사전달이 이루어지지 않기 때문에 단소를 결합하는 방법을 사람은 고안하게 된다. 통사론이란 한마디로 단소의 결합 방법을 연구하는 분야이다. 바꾸어 말하면 문장 안에서 의미 단위인 단소의 상호 기능을 밝혀내는 데 통사론의 목적이 있다.

단소들의 나열만으로는 언어 외적 사실을 나타내지 못하며, 다른 단소와의 관계가 배제된 고립된 하나의 단소는 추상적이고도 애매모호한 것이다. "책상"이라고 할 경우, 구체적인 어떤 책상이 아니라 이 이름으로 불리우는 모든 물체가 포함된다. "가다"는 장소의 이동을 나타내는 모든 동작을 표시한다. "나"라는 대명사도 모든 사람이 다 포함되는 단소이다. "그 책상", "노래한다", "가고 있다"에서와 같이 "그", "한다", "-고 있다"와 같은 다른 단소와 결합, 관계를 맺을 때에 일반적이고도 추상적 차원에서 단소는 명확한 구체성을 갖게 된다.

단소의 단순한 나열이 아니라 단소의 결합이 이루어짐으로써 의사전달 행위가 이루어진다는 주장은, 고립된 단소를 langue차원에서 discours의 차원으로 이행 실현시킨다는 뜻과 같다.

---

8) Martinet, A., *Linguistique Synchronique*, PUF, p. 18.
9) 조신권, 『성서와 문학』, 신원문화사.
"그리고 다시 부르는 소리가 나거든 이렇게 대답하여라"

의미 단위인 단소가 문장 안에서 갖는 기능은 넓게는 세 방법으로 구분된다. 첫째로는 의미 단위인 단소가 다른 단소와 관계없이 스스로 자신의 기능을 나타낼 경우, 둘째로는 다른 단소의 도움으로 기능이 표시될 경우, 셋째로는 문장 안에서의 위치에 의해 기능이 나타날 경우이다.

(9) Aujourd'hui je vais pouvoir me reposer un peu.
(오늘 나는 잠시 쉴 수 있을 것이다)
(10) Je vais aujourd'hui pouvoir me reposer un peu.
(11) Je vais pouvoir aujourd'hui me reposer un peu.
(12) Je vais pouvoir me reposer aujourd'hui un peu.
(13) Je vais pouvoir me reposer un peu aujourd'hui.

위의 예들에서 "aujourd'hui"는 문장 안에서 기능이 바뀌지 않고서도 위치의 이동이 가능하며 또한 어느 위치에 있든 다른 단소의 도움으로 기능을 나타내지 않는다. 기능의 변화를 초래하지 않고 위치 이동이 가능하며 다른 단소의 도움없이 기능을 표시한다는 사실은, 이 단소가 스스로 자신의 기능을 표시한다는 말과 같다. 이런 단소를 자립단소(monème autonome)라 한다.[10)]

(14) Il parle de cette belle fille.
(그는 이 예쁜 소녀에 관해 말한다)
(15) Il parle à cette belle fille.
(그는 이 예쁜 소녀에게 말한다)
(16) Il parle avec cette belle fille.
(그는 이 예쁜 소녀와 말한다)

위의 예에서 "cette belle fille" 앞에 "de", "à", "avec"라는 단소가 없을 경우

10) Martinet, A., *Éléments de linguistique générale*, A. Colin, p. 111.

문장은 이루어지지 않는다. “Il parle cette belle fille”라고 말할 때 “il parle”와 “cette belle fille”의 연결 관계가 성립되지 않기 때문에 의미가 없는 문장이 된다. “cette belle fille”가 문장 안에서의 기능을 나타내려면 “de”, “à”, “avec”라는 별도의 단소가 필요하다. 이러한 단소를 기능단소(monème fonctionnel)라고 한다.[11)]

(17) Mateo Falcone fixa longtemps son fils.
(마테오 팔콘은 그의 아들을 한참 응시했다)
(18) Son fils fixa longtemps Mateo Falcone.
(그의 아들은 마테오 팔콘을 한참 응시했다)

위의 예에서 “Mateo Falcone”과 “son fils”가 갖는 문장 안에서의 기능은, “fixa”를 중심으로 왼편 또는 바른 편에 오느냐에 따라서 주어와 목적어의 기능이 결정된다. 이 경우의 단소는 특별한 용어는 없으나 위치에 따라서 기능이 결정되기에 의존단소(monème dépendant)의 한 종류라 본다.[12)]

‘스스로’, ‘다른 단소의 도움으로’, ‘위치’에 따라서 문장 안에서 단소의 기능이 표시되지만, 이 세 기준에 들어맞지 않는 단소가 있다.

(19) Demain il partira pour la Corée.
(내일 그는 한국으로 떠날 것이다)
(20) Le curé avait fatigué ma tante.
(신부는 나의 숙모를 지치게 했었다)
(21) Ce monsieur parle avec prudence.
(그 신사는 신중하게 말을 한다)

위의 예에서 “demain”, “le curé”, “prudence”는 스스로, 위치에 따라, 다른

11) Martinet, A., *Éléments de linguistique générale*, A. Colin, p. 112.
12) Martinet, A., *Éléments de linguistique générale*, A. Colin, p. 118.

단소의 도움으로 그 기능이 결정되었으나 "partira", "avait fatigué", "parle"의 기능은 이 세 기준에 따라 정해진 것이 아니다. 문장을 구성함에 있어 모든 단소의 기여도가 같지는 않다. "그 여자가 슬프게 울었다"에서 "그 여자가"와 "슬프게"는 이 문장을 구성하는 데 주변적 역할을 할 뿐이고, 중심적 역할은 "울었다"이다. "울었다"가 없을 경우, "그 여자가 슬프게"는 문장으로 성립되지 않기 때문이다. 문장을 구성함에 있어서 단소의 기여도에 따라 단소들은 중심부와 주변부로 나뉜다.13)

중심부와 주변부를 가려내는 방법은, 어느 단소를 문장에서 삭제했을 때, 그 문장이 아직도 성립되는가 또는 아니 되는가에 있다.

(22) Elle chante faux.
(그녀는 틀리게 노래한다)
(23) Le curé avait fatigué ma tante.
(신부는 나의 숙모를 지치게 했다)
(24) Je travaille avec rapidité.
(나는 빨리 일한다)

(22)에서 "Elle chante"라고 "faux"가 없을 경우에도 문장은 성립되나, "Elle faux"라고 "chante"를 제거하면 문장이 파괴된다. "Le curé avait fatigué"는 가능하나 "Le curé ma tante"라고 "avait fatigué"가 없는 경우는 문장이 성립되지 않는다. "Je travaille avec rapidité"에서 "avec rapidité"를 뺀 "je travaille"는 하나의 완전한 문장이나 "je avec rapidité"는 성립되지 않는다. 없음으로서 문장이 파괴되는 부분을 중심부, 나머지 부분을 주변부라고 하겠다. 그리고 나머지 부분은 중심부에 첨가된 부분이다. 중심부에 첨가되었기에 이 주변부를 중심부의 확장(expansion)이라고도 한다.14)

13) Bureau, C., *Syntaxe fonctionnelle du français*, Presses Univ. de Laval, p. 34.
14) Bureau, C., *Syntaxe fonctionnelle du français*, Presses Univ. de Laval, p. 34.

중심부에 첨가 확장시킨 이 주변부에는 두 가지가 있다.

(25) Elle se jeta par terre, poussa des cris.
(그녀는 땅바닥에 엎어져, 울부짖었다)
(26) Il travaille sans bavure.
(그는 흠잡을 데 없이 일한다)

(25)에서 “se jeta”라는 중심부에 “poussa”가 첨가되어 중심부의 확장이 이루어지고 있고 “poussa” 없이도 “Elle se jeta” 만으로도 기본 문장은 성립된다. 그러나 “poussa”는 기본부에 첨가된 요소임에도 불구하고, 중심부를 통하여 자체의 기능을 부여 받고 있지 않으며, “Elle se jeta”의 도움이 없어도 “Elle poussa”만으로 문장은 성립된다. 중심부에 한하여 적용되는 원칙은 아니나, 첨가된 부분이 중심부와 같은 성질을 갖고 있을 때에 대등확장(expansion par coordination)이라 한다. 그러나 “Il travaille sans bavure”에서 “travaille”가 없이 “Il sans bavure”는 문장이 이루어지지 않는다. 문장이 성립되지 않는다는 사실은 “sans bavure”의 기능이 중심부인 “travaille”를 통하여 생긴 것이라는 말과 같다. 이 첨가된 “sans bavure”는 중심부와 대등한 입장에 있지 아니하고, 중심부에 종속되어 있다. 이러한 경우를 종속확장(expansion par subordination)이라 한다.[15] 대등확장 또는 종속확장의 공통된 특징은 이 부분이 없어도 문장은 성립된다는 데에 있다.

문장 구성에 없어서는 안 되며, 없으면 문장이 파괴되는 이 중심부가 술어(prédicat)이다.[16] 없어서는 안 된다는 원칙은, 문장 안에서의 기능이 다른 단소의 도움으로 또는 위치에 의하여 결정되지 아니하고 스스로 자신의 기능을 갖고 있음을 뜻한다. 그런데 스스로 자신의 기능을 결정한다는 사실은 자립단소와 기능이 같다는 것을 뜻하지 않는다. 이미 지적한 바이지만 (9), (10), (11)에서 “aujourd'hui”없이 “je vais pouvoir me reposer un peu”가 문장으로서 성

15) Martinet, A., *Grammaire fonctionnelle du français*, Didier, p. 16.
16) Martinet, A., *Grammaire fonctionnelle du français*, Didier, p. 15.

립된다는 사실이다. 그런데 (22)의 예에서 "chanter" 없이 "Elle faux"는 문장으로서 성립되지 않는다. 스스로 자신의 기능을 결정한다는 점에서 중심부와 자립단소의 공통점이 있으나 자립 단소는 문장 구성에 꼭 있어야만 하는 요소는 아니다.

(27) Il remplit les conditions du travail.
(그는 작업 조건을 충족시킨다)

위의 예에서 "les conditions du travail"가 없는 "Il remplit"는 문장으로서 성립되나, "remplit"가 없는 "Il les conditions du travail"는 문장이 되지 않는다. "les conditions du travail"가 없어도 문장이 성립되나 "remplit"가 없으면 문장이 성립되지 않는다는 사실은, "remplit"와 "les conditions du travail"가 의존관계를 맺고 있으며 이 의존관계는 일방적이라는 것을 의미한다. "remplit"는 "les conditions du travail"를 전제로 하지 않으나, "les conditions du travail"는 "remplit"를 전제하지 않고는 성립되지 않는다. 이때 "les conditions du travail"는 "remplit"의 종속확장이다.

종속확장이란 문장 안에서 한 단소의 기능이 다른 단소에 의하여 결정되는 통사적 의존관계이다. "가"와 "나"라는 두 성분의 관계에서, "가"가 사라짐으로써 "나"의 기능이 변화 또는 없어질 때에 "나"는 "가"에 의존한다. 반대로 "나"가 없어도 "가"의 기능이 변화 또는 소실되지 않을 때는 통사적 독립관계가 이루어진다. "remplit"는 "les conditions du travail"에 의존하지 않는 중심부로서 곧 술어이다. 마르티네의 통사론에서, 술어는 문장에 꼭 있어야 되는 중심 요소이다.[17] 이 술어를 통하여 문장의 모든 성분이 기능을 갖게 된다. 술어는 문장 안에서 기능수여자의 역할을 한다.

술어의 문제에서 고려되어야 할 또 하나의 사실은, 대체로 문장에서 동사가 중심부의 역할을 하고 있으나 반드시 그렇지는 않다는 것이다.

---

17) Martinet, A., *Grammaire fonctionnelle du français*, Didier, p. 15.

(28) L'été, cette année, fut splendide.

(올해, 여름은 휘황 찬란했다)

(29) Voilà cette dame au sommet.

(꼭대기에 이 부인이 있다)

(30) Il y avait dix blessés dans le train.

(기차 안에는 부상자 열 명이 있었다)

(28)에서 중심부는 "L'été fut splendide"이다. "cette année"는 부사로서 없어도 무방하다. 이 중심부에서 좁은 의미의 술어인 동사는 "fut"가 아니라 형용사인 "splendide"이다. "fut"를 생략하여 "l'été splendide"는 성립되나 "L'été fut"는 성립되지 않기 때문이다. "Voilà au sommet"는 이루어지지 않으나 "cette dame au sommet"는 성립되기 때문에, 이 경우의 술어는 명사가 된다. 마찬가지 이유로 (30)에서 술어는 "dix blessés"인 명사가 된다. (28)에서 "fut"는 계사로서 의미내용은 없고 단지 "l'été"와 "splendide"를 연결시키고 있다. 다른 문제이기는 하나, 이 경우의 계사는 기능 통사론에서는 술어의 한 부분으로 다루고 있다.[18] (29)와 (30)에서 "il y a"와 "voilà"는 술어인 명사를 구체화하여 주는 실행사(actualisateur)이다.

Ⅲ

기능주의 통사론의 핵심은 술어에서 비롯된다. 술어를 정점으로 문장의 모든 성분이 기능을 부여받는다. "문장은 술어를 중심으로 조직되며 모든 기능은 술어에서 비롯된다."[19] 술어를 정점으로 다른 성분의 기능이 결정되기 때문에 마르티네의 통사분석은 계층분석이라고도 한다.[20]

---

18) Martinet, A., *Grammaire fonctionnelle du français*, Didier, p. 85.
19) Martinet, A., *Éléments de linguistique générale*, A. Colin, p. 124.
20) François, F. et autres, *Linguistique*, PUF, p. 148.

술어를 중심으로 문장을 분석하는 방법은 마르티네의 탁견이나, 새로운 견해는 아니다. 이미 1940년대에 테니에르(L. Tesnière)도 비슷한 분석 방법을 제시하고 있다.

테니에르에 의하면 동사란 과정(procès)을 나타내며, 이 과정에는 참여자(actants)가 있기 마련이다.[21] 이 참여자는 사람 또는 사물일 수도 있으며, 동사라는 개념을 전제로 하기에, 참여자는 동사에 의존한다. 참여자와의 관계에 따라서 동사에는 네 가지 유형이 있다. 참여자가 없는 동사, 참여자가 하나인 동사, 참여자가 둘인 동사, 참여자가 셋인 동사의 네 가지이다.

(31) Il pleut. (비가 온다)
(32) Alfred tombe. (알프레드는 넘어진다)
(33) Alfred frappe Bernard. (알프레드는 베르나르를 때린다)
(34) Alfred donne le livre à Bernard. (알프레드는 베르나르에게 책을 준다)

(31)에서 표면상으로는 "il" 때문에 참여자가 있는 것처럼 생각될 지도 모르나, "il"은 중성대명사로서 "pleut"와 의미적 연관관계가 없기 때문에 참여자가 아니다. (32)에서 참여자는 말할 나위 없이 Alfred이다. (33)에서 참여자는 Alfred와 Bernard의 둘이고, (34)에서 참여자는 Alfred, livre, Bernard의 셋이다. 동사를 중심으로 하는 참여자의 기능은 다르다. 첫째 참여자(le prime actant)는 모든 문장에, 둘째 참여자(le second actant)는 둘 이상의 참여자가 나오는 문장에, 셋째 참여자는 참여자가 셋 있는 문장에 나오게 된다. 첫째 참여자는 행동을 하는 주체이고, 둘째 참여자는 행동을 받아들이는 사람 또는 사물이다. 행동을 하든, 받아들이든 참여자는 동사를 완성시키는 보어의 위치에 있다.[22]

동사를 중심으로 이루어지는 테니에르의 분석은 술어를 중심으로 하는 마

---

21) Tesnière, L., *Éléments de syntaxe structurale*, Klincksieck, p. 7.
과정이란 테니에르 자신의 말처럼, 상태나 동작을 나타낸다.
22) Tesnière, L., *Éléments de syntaxe structurale*, Klincksieck, p. 13.

르티네의 방법과 흡사하다. 술어와 동사는 반드시 일치하는 개념은 아니나, 테니에르의 경우 동사는 문장의 매듭으로서 다른 문장성분의 지배를 받지 않는다. 아리스토텔레스와 포르-루와얄(Port-Royal)에 이르는 논리학에 바탕을 둔 언어 분석 방법을 무시하고 동사를 계층 분석의 윗자리에 놓고, 주어를 격하시켜 목적어와 같은 위치에 놓고 있다. 계층 분석에서 동사 다음에 주어와 목적어가 위치한다는 테니에르의 주장은 그의 품사론에서 비롯된다. 테니에르는 명사(O), 동사(I), 형용사(A), 부사(E)를 기본 품사로 설정하고, 동사를 중심으로 한 품사의 의존관계를 다음과 같은 도식으로 나타내고 있다.[23]

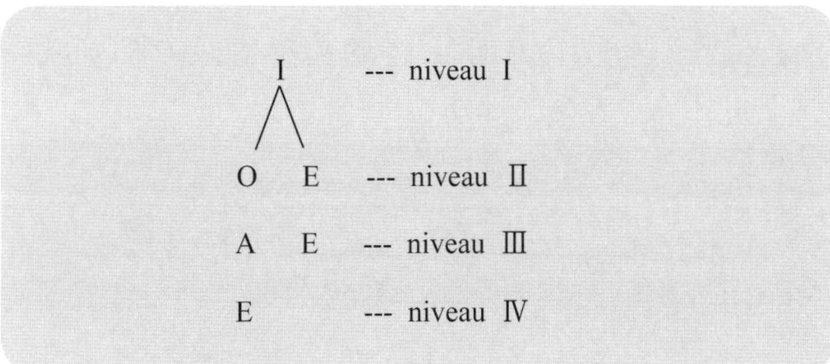

기본이 되는 품사는 동사이고, 이 동사에 명사와 부사가 의존하며, 형용사와 부사는 명사와 부사에 의존한다.

테니에르의 동사 중심의 분석은, 마르티네의 술어를 바탕으로 한 분석과 일치하지는 않는다. 이미 지적한 바이지만, 마르티네의 술어는 테니에르의 동사가 아닐 경우가 많다. 또 하나의 차이점은 주어의 개념에 있다.

마르티네의 확장(expansion)은 문장 구성에 중심적이거나 또는 필수적인 성분이 아니라는 사실은 이미 지적한 바이다. “Elle a mangé une pomme”에서 “une pomme”는 목적어로서 “Elle a mangé”는 성립되나, “a mangé”가 없는 “Elle une pomme”는 이루어지지 않는다. 목적어와 술어의 관계는, 술어의 확장이 목적어이기 때문에, 일방적 의존 관계에 있다. 그러나 주어와 술어의 관계는

23) Tesnière, L., *Éléments de syntaxe structurale*, Klincksieck, pp. 55-63.

다르다.

테니에르는 주어를 동사의 하위개념으로서 동사를 완성시키는 성분으로 보고 목적어와 동일 위치에 놓고 있다. 그러나 기능언어학에서는 "elle"이 없는 "a mangé une pomme"라는 문장은 성립되지 않는다. 따라서 주어는 문장 구성에 필수적 성분이 되고 있다. 주어는 기능언어학적 관점에서 목적어와 같은 위치에 있지 않다. 이 점이 또한 마르티네와 테니에르의 차이점이기도 하다.

변형생성문법에서도 주어 개념은 술어와 밀접히 연관되어 있다. 구성체(construction)는 구성성분(constituant)으로 이루어진다. 기능이란 구성성분이 구성체 안에서 갖는 위치이다. 이 위치란 이중적관계에서 결정된다.

첫째는 구성성분과 구성체와의 관계이고, 둘째는 구성성분들 사이의 관계이다. 다음의 구성체가 있다고 가정해보자.

<table>
<tr><td colspan="2" align="center">X</td></tr>
<tr><td align="center">Y</td><td align="center">Z</td></tr>
</table>

X는 Y, Z이라는 구성성분이 빚어 낸 산물로서 X = Y, Z라는 공식으로 나타낼 수 있다. Y는 Z와 함께 X라는 구성체를 만들고 있기에, 구성체 안에서 Y와 Z의 기능은 동등하다. Y는 Z를 구성성분으로, 그리고 Z는 Y를 구성성분으로 하여 X라는 구성체가 성립된다는 견해는, X라는 구성체를 전제로 할 때에 Y와 Z는 상호보완관계를 갖고 있다는 주장과 같다. 따라서 X의 기능을 밝히려 한다면 Y를 통하여, Y의 기능을 정의하려면 Z를 통하여 이루어질 수밖에 없다. 이 경우의 정의는 다른 구성성분을 전제로 하기에 순환론적인 것이 된다. 순환론적인 정의를 피하기 위해서는 상위에, 바꾸어 말하여 다른 구성성분에 의존하지 않고 독립적으로 존재하는 기능을 설정하여야 된다.[24] 이 기능을 동사가 담당하고 있다. 동사는 문장의 핵(noyau)이다. 술어란 문장의 핵을 갖고 있는 성분을 말한다.

24) Lerot, J., *Abrégé de linguistique*, Cabay, p. 257.

P	
SN	SV

위의 구성체에서 SV가 핵이며 동시에 술어가 된다. 또한 주어는 위치에 의하여 결정된다.

P	
	SV

주어는 SV의 왼쪽에 위치한 것이 된다. 주어를 위치에 따라서 결정할 경우의 이점은 명사, 동사 원형, 절과 같은 잡다한 구성성분의 다양하고도 이질적인 성질을 고려하지 않고도 주어를 결정할 수 있다는 데에 있다.

(35) La mort du poète suscita la consternation.
(시인의 죽음은 경악을 불러 일으켰다)
(36) Boire un petit verre ne fait pas de tort.
(술을 조금 마시는 것은 해롭지 않다)
(37) Qu'il ait eu un accident ne m'étonne pas.
(그가 사고를 당했다는 것은 나에게 놀랍지 않다)

위의 예에서 명사구인 "la mort du poète", 동사구인 "boire un petit verre", 절인 "qu'il ait eu un accident"은 자체의 성질과는 상관없이 술어이자 동사인 "suscita", "fait", "étonne"의 왼편에 위치함으로써 주어가 된다.

순환론적인 모순을 피하기 위하여 상위의 성분을 설정함으로써, 이를 중심으로 구성성분의 기능을 설명하는 방법은 테니에르나 마르티네의 방법과 흡사하다. 그러나 주어를 위치에 의하여 결정지으려는 방법에는 문제가 있다. 주어의 위치뿐만이 아니라 술어와의 관계에서 결정되어야 하지 않겠는가? 문제는 술어를 중심으로 좌우의 위치에 있는 주어와 목적어가 단지 위치의 차이만으로 생긴 개념인가에 의문이 제기된다는 것이다.

이미 지적한 바이지만 기능언어학에서 문장의 핵심은 술어이다. 또한 이 술어가 없으면 문장은 파괴되기 때문에 술어는 중심적이고 필수적인 성질을 갖는다. (33)에서 술어인 “frappe”가 없는 “Alfred Bernard”는 성립되지 않으나, “Bernard”가 없는 “Alfred frappe”는 문장으로 성립된다. “Alfred”가 없이 “frappe Bernard”가 문장으로 성립되지 않는다는 사실은, 술어와 마찬가지로 주어 또한 문장의 필수적인 성분임을 의미한다. 그러나 “Bernard”가 없는 “Alfred frappe”가 문장으로서 가능하다는 사실은 목적어는 문장의 필수적 요소가 아니라는 것을 말하여 준다. 주어와 목적어의 차이가 여기에 있다. 테니에르의 경우 주어와 목적어는 동사를 완성시키는 역할을 하고 있으나, 마르티네의 주장은 주어는 술어를 완성시켜 주는 역할을 하고 있으나 술어와 같이 문장의 필수적 성분이라는 것이다.

그러나 이 필수적 성분인 술어는 문장의 중심이 되는 성분은 아니다. “Alfred frappe Bernard”에서 “Bernard”와 “Alfred”의 위치를 바꾸어 “Bernard frappe Alfred”라고 하였을 경우 문장은 성립되나 “frappe Bernard Alfred” 또는 “Alfred Bernard frappe”라는 문장은 성립되지 않는다. “Bernard”와 “Alfred”의 위치를 이동시킬 때, 두 성분의 기능은 달라지나 문장은 성립되고, 술어의 위치를 변화시켰을 경우에는 문장이 성립되지 않는다는 사실은 두 사실을 의미한다. “Bernard”와 “Alfred”는 중심 성분이 아니지만 “frappe”는 이 문장의 중심 성분이라는 사실이다.

주어와 술어의 관계에서 지적되어야 할 사실은, 술어가 문장 구성의 필수적이며 중심적인 기능을 담당하고 있지만, 그렇다고 하여 주어가 술어에 일방적인 의존관계에 있지는 않다는 점이다. 이유는 주어 없이 술어가 실현될 수 없기 때문이다. 주어가 문장에 필수적이라는 주장은 주어와 술어는 일방적 의존관계에 있지 않고 서로 의존하는 양방적 의존관계에 있다는 뜻이다.

문장은 구성성분인 단소의 총체가 아니다. 같은 단소들을 갖고서 다른 문장을 만들 수 있기 때문이다.

(38) Le loup guettait l'agneau.
(늑대는 새끼양을 노렸다)
(39) L'agneau guettait le loup.
(새끼양은 늑대를 노렸다)

같은 성분을 갖고 '위치가 다름에 따라서', '다른 단소의 도움으로' 또는 '스스로의 힘으로'라는 기능언어학의 통사 기준에 따라 다른 뜻을 갖는 문장이 된다.

문장을 구성하는 단소들은 논리적 관계를 맺는다. "나는 집에 간다"에서 "에"는 "집"을 전제하지 않는 한 홀로 사용될 수가 없다. 이 논리적 전제관계에는 세 가지 유형이 있다. 첫째는 일방적 전제 관계, 둘째는 상호 전제 관계, 셋째는 전제 관계가 없는 경우이다. (38)의 예에서 "guettait"의 반과거어미 "-ait"는 동사 "guetter" 없이 "Le loup ait l'agneau"라고 사용되지 않으나, "-ait"가 빠진 "Le loup guette l'agneau"는 문장이 성립된다. 이 어미와 동사 사이에는 따라서 일방적인 전제 관계가 성립된다. 목적어와 부사 사이에는 전제 관계가 성립되지 않는다. "나는 밥을 빨리 먹는다"에서 "나는 빨리 먹는다", "나는 밥을 먹는다"라고 부사 또는 목적어를 빼버려도 문장은 성립되기 때문이다. 전제 관계가 성립되지 않는 경우이다. (39)의 예에서 주어 또는 동사가 생략되었을 때에는 어느 경우에나 문장은 성립되지 않는다. 따라서 상호 전제 관계가 성립된다.

일방적 전제 관계가 성립될 경우 종속 확장, 전제 관계가 없을 경우 대등 확장이라 한다. 주어와 술어는 상호 전제 관계에 있으며, 문장 구성에 필수적인 성분이나 문장을 구성하는 모든 성분의 기능은 주어가 아닌 술어를 중심으로 이루어졌기 때문에, 주어는 필수적 성분일 뿐이나 술어는 필수적이고도 중심적인 성분이 된다.

참고문헌

Bureau, C. (1978), *Syntaxe fonctionnelle du français*, Presses Univ. de Laval.

Donzé, R. (1967), *La grammaire générale et raisonnée de Port-Royal*, Francke.

Dubois, J. et Charlier, F. (1970), *Éléments de linguistique française*, Larousse.

Lerot, J. (1983), *Abrégé de linguistique*, Cabay.

Mahmoudian, M. (1982), *La linguistique*, Seghers.

Martinet, A. (1965), *Linguistique synchronique*, PUF.

__________ (1965), *Functional view of language*, Oxford.

__________ (1979), *Grammaire fonctionnelle du français*, Didier.

__________ (1970), *Éléments de linguistique générale*, Armand Colin.

__________ (1985), *Syntaxe générale*, A. Colin.

Martin, R. (1975), *Theories of language and method in syntax*, Klincksieck.

Saussure, F. de (1964), *Cours de linguisitque générale*, Payot.

Tesnière, L. (1976), *Éléments de syntaxe structurale*, Klincksieck.

6 현재 시칭 연구

6 현재 시칭 연구

Ⅰ. 머리말

때매김은 이미 일어났거나 또는 지금 일어나고 있거나, 앞으로 일어날 사건의 순서를 정해 주는 말의 장치이다. 따라서 때매김은 사건과 밀접한 관계가 있다. 그리고 사건의 순서를 정해 주는 장치는 때매김뿐만이 아니라, 흔히 일컫는 시간과도 관계가 있다.

사건의 순서란 전후 관계를 의미하고, 전후 관계는 일정한 기준점을 떠나서는 성립될 수 없다. 따라서 시간이나 또는 때매김에 있어서, 이 기준점의 고찰 없이는 연구가 이루어질 수 없다. 이 기준점은, 시간에서이건 때매김에서이건, 동시성의 개념을 떠나서는 성립될 수 없다.

본 논문에서는 사건의 속성, 시간과 때매김과의 관계, 동시성의 문제, 마지막으로 현재 시칭의 성질을 살펴보고자 한다.

Ⅱ. 객관적 시간

누구나 시간은 끊임없이 흐른다고 흔히 말한다. 홍안의 소년이 백발 노인으로 변하고, 싱싱하던 나무가 시들어 죽어 버리는 현상을 흔히 본다. 그러나 홍안의 소년이 백발 노인으로, 싱싱하던 나무가 죽어 가는 단속적인 현상을 보았을 뿐이지, 그 과정에 이르기까지에 소요된 시간을 감각을 가지고 느낄 수는

---

* 『한글』, 제 180호, 1983, 여름치.

없다. 시간의 흐름을 느끼지 못하기 때문에, 물이 고여 있는 양을 보고, 또는 막대기의 그림자가 움직이는 모습을 보고 시간을 측정한다. 물의 고인 양, 또는 막대기의 그림자를 가지고 시간을 측정한다는 사실은 시간을 공간화하지 않는 한 측정할 수 없다는 말과 같다. 시간은 느낄 수 없는 동적인 성격을 가지고 있기 때문에, 동적이 아닌 공간 속에 집어넣어야만 관찰이 가능하다.[1] 물리학적인 관점에서 시간은 4차원적인 실체라고 흔히 말한다. 이 물리적인 시간은 무한히 흐르고 있고, 선적인 성질을 갖고 있으며, 무한히 흐르고 있다는 사실 때문에 기준점이 없다. 이 물리적인 시간은, 물리학적인 관점에서는 객관적인 실체일지 모르나, 불행히도 사람은 이 시간을 감지할 수 없다. 이 시간을 감지할 수 있는 하나의 방법은 공간화하여 환산하는 방법뿐이다. 그러나, 모든 사람들이 제 멋대로 시간을 공간화한다면 사회 생활이 불가능하다. 공간화된 일정한 길이의 시간은, 배고픈 아이에게는 무척 길게 느껴지고, 일에 몰두하고 있는 어머니에게는 짧게 느껴진다. 같은 5분의 길이도 통증을 참고 있는 환자에게는 길게, 기쁨에 취해 있는 사람에게는 짧게 느껴진다. 같은 1년의 길이도 어린이는 길게, 어른은 짧게 느낀다.

같은 길이의 시간이, 개인의 감정, 처해 있는 상황에 따라 다르게 공간화되기 때문에 사회 생활에서의 불편이 따른다. 한달을 개인에 따라서 25일, 30일, 33일 등으로 각각 다르게 공간화한다면, 사회 생활 자체가 혼란에 빠지게 된다. 사회 생활을 가능하게 하려면, 개인의 주관적인 공간화를 떠난 객관적인, 공통된 시간의 측정이 필요하다. 객관화된 이 시간, 바꾸어 말하여 사회화된 시간의 대표적인 예가 역사적 시간이다. 이 역사적인 시간의 전형적인 예는 달력이다.

물리적 시간이 무한히 흐른다는 말은 시작도 없고, 끝도 없다는 말과 같다. 시작 또는 끝이 없다는 말은, 기준점이 없다는 주장과 같다. 그러나 이 물리적인 시간을 객관적으로 모든 사람에게 공통되게 사회화시켰을 경우 기준점이 있게 마련이다. 기준점이 없다면 모든 사람에게 공통된 객관화가 불가능하다.

역사적인 시간은 실지로 일어난 사건을 기준점으로 삼고 있다. 어떤 임금의

---

1) Pucelle, J., *Le temps*, PUF, p. 41

즉위, 위인의 탄생과 같은 실지로 일어난 사건을 기준점으로 삼고 공간화시킨 시간을 벤베니스트(Benveniste)는 역사적 시간, 불(Bull)은 공간적 시간이라 부른다.[2)]

역사적 시간의 목적은 누구에게나 공통되게 시간을 공간화하는 데 있다. 누구에게나 공통되게 공간화하려면 이 기준점이 누구에게나 같아야 한다. 그 이유는 기준점이 개인에 따라 다르면 시간의 공간화도 개인에 따라 달라지기 때문이다. 역사적인 시간의 기준점은 실제로 일어난 사건이 되기 때문에 누구에게나 동일하다.

이 기준점을 중심으로 사건의 순서가 결정된다. 순서란, 전, 후, 동시적인 관계를 말한다. 따라서 사건도 이 기준점을 중심으로 전, 후, 동시적으로 정리된다. 이 기준점을 0으로 삼고, 이 기준점 전에 일어난 소크라테스의 죽음을 기원전 399년, 이 기준점 후에 일어난 데카르트의 탄생을 기원후 1596년으로 공간화한다. 기원전 399년, 기원후 1596년이라고 공간화할 때 3가지 사실이 내포되어 있다. 기원은 기준점이고, 후 또는 전은 기준점을 중심으로 한 위치 관계이고, 399 또는 1596은 기준점을 중심으로 한 거리 관계이다.

역사적 시간이란 엄밀한 의미에서 시간이라기보다는 사건의 순서라고 보는 것이 옳을지 모른다. 벤베니스트는 "사건이 계열적으로 정리된 계속체가 역사적인 시간이다. 사건은 시간이 아니다"[3)]라고 말한다. 벤베니스트가 사건이 시간이 아니라고 주장한 이유는 "모든 것이 시간 속에서 일어나기" 때문이다.[4)] 벤베니스트의 이 말을 바꾸어 말한다면 시간을 제외하고 이 세계의 모든 현상은 시간 안에서 진행된다는 말과 같다.

역사적 시간의 또 하나의 특징은 부동의 기준점을 중심으로 한 공간 계산이 일정하다는 데 있다. 기준점을 중심으로 한, 전 또는 후의 1년이라는 거리는 동

---

2) Bull, W.E., *Time, tense, and the verb*, Univ. of California Press, p. 4.
Benveniste, E., *Problèmes de linguistique générale*, Gallimard, tome II, p. 71.

3) Benveniste, E., *Problèmes de linguistique générale*, Gallimard, tome II, p. 72.

4) Benveniste, E., *Problèmes de linguistique générale*, Gallimard, tome II, p. 71.

일하다. 기준점을 중심으로 한 거리가 일정 불변하고 또한 한 거리 단위와 또 하나의 거리 단위 사이에 공백이 없다. 1982년 다음에 어떠한 공백도 없이 1983년이 온다. 이 무한히 연결되는 거리 단위는 초, 분, 시, 일, 월, 년이라는 명칭이 따라 붙는다. 이 일정한 거리 단위에 개인마다 다른 명칭을 붙인다면 사람의 기억 능력으로는 감당할 수 없는 수많은 명칭이 생겨날 것이다. 따라서 기준점을 중심으로 하여 앞 또는 뒤이건 길이의 내용이 일정 불변한 명칭을 우리는 사용하고 있다.

벤베니스트는 역사적 시간의 특징을 다음과 같이 말하고 있다. 사회 생활의 기본이 되는 역사적 시간의 특징은 다음과 같다. 움직이지 않는 기준점을 중심으로, 사건은 전, 후의 두 방향으로 정리된다. 또한 사건은 이 기준점을 중심으로 거리가 어떻게 되느냐를 표시하여 주는 일정한 시간 구분 속에 들어간다. …… 또한 이 시간 구분은 계열화되어 무한히 이어지지만 어느 방향에서나 시간 구분의 길이가 일정 불변하고 시간 구분 사이의 공백이 없기 때문에 사건은 역사적 시간이라는 선에 어느 지점에 일치하느냐에 따라 위치가 고정이 된다.5)

광대무변한 역사에는 많은 사건이 일어났고, 또 일어나고 있으며, 일어날 것이다. 또한 많은 사람들이 살았고, 살고 있으며, 살아가리라. 수없는 이 사건들 속에서 '나'의 시간적 위치를 알려 줄 수 있는 것이 바로 이 기준점이다. 이 기준점이 개인에 따라 다르다면 공간적으로 객관화된 역사적 시간 자체의 토대가 무너지고, 나아가서는 '나' 이외의 사건을 시간 속에 고정시킬 수가 없다. 움직일 수 없는 이 기점을 중심으로 일정한 시간 단위가 무한히 이어져 있기 때문에 벤베니스트는 역사적 시간의 특징을 '부동성'과 '영속성'에 있다고 말한다.6) 영속성이라는 점에서 역사적 시간은 물리적 시간과 흡사할지 모르나, '고정성'이라는 점에서는 물리적 시간과 상치된다. 날, 달, 해와 같은 단위는 자의적으로 만들어 낸, 공간화된 길이로, 마치 숫자와 같다. 숫자는 사물의 수를 말하여 주지만 사물 자체의 성질을 말하여 주지는 못한다. 역사적 시간의

---

5) Benveniste, E., *Problèmes de linguistique générale*, Gallimard, tome II, p. 71.

6) Benveniste, E., *Problèmes de linguistique générale*, Gallimard, tome II, p. 71.

경우도 마찬가지이다. 공간화된 길이 자체가 시간일 수는 없다.

날을 합하여 주, 주를 합하여 달, 달을 합하여 해라고 하는 역사적 시간의 문제점이 또 하나 있다. 이 역사적 시간은 누구에게나 동일한, 객관화된 시간이기 때문에 현재, 과거, 미래라는 구분을 배척한다. 1921년 12월 3일이라고 말할 때, 그 자체로 흠이 없는 완전한 하나의 시간 체계이다. 그러나, 1921년 12월 3일이 현재, 과거, 미래의 어디에 해당하는지 알 방법이 없다. '조선어 연구회'를 만들던 당시의 회원들에게는 현재일지 모르나, 1921년 12월 3일 이전의 사람에게는 미래이겠고, 1983년을 살아가고 있는 우리에게는 과거이다. 역사적 시간은 사건의 순서를 정하여 주는 객관화된 방법이지만 개인을 배제한 시간이기 때문에 현재, 과거, 미래를 알려주지 못한다. 이러한 이유 때문에 사건을 정리하는 또 하나의 방법인 말의 시간, 때매김이 생기게 된다.

Ⅲ. 시간과 동시성

역사적 시간과 마찬가지로 언어적 시간도 사건의 순서를 정하는 데 목적이 있다. 사건의 전후를 정한다는 작업은 사건을 관찰하는 화자가 없이는 불가능하다. 사건과 화자와의 관계를 말하기에 앞서 사건의 성질에 관하여 짤막한 고찰을 하여야겠다.

사건은 다음과 같은 특징을 갖고 있다.

1. 모든 사건은 시간 속에서 일어난다.
2. 사건의 일어남에는 시간이 필요하다.
3. 시간은 일원적인 선으로 표시할 수 있기 때문에, 사건의 일어남에 필요한 시간이란 일정한 길이를 의미하고 있으며, 일정한 길이란 시간을 공간화한 것이기 때문에 측정이 가능하다.
4. 시간을 공간화한 이 일정한 길이는, 길이이기 때문에 시작, 중간, 끝을 갖고 있다.[7)]

---

7) Bull, W.E., *Time, tense, and the verb*, Univ. of California Press, p. 17.

삶의 시간은 선적인 성질을 가지고 있다. 선적인 성질이란 하나의 방향만이 용납된다는 뜻이다. 삶의 시간은 소년 시절, 장년 시절, 노년 시절의 세 과정을 한 개인이 일방향적으로 거쳐감을 뜻한다. 어느 누구도 노년 시절에서 소년 시절로, 오늘에서 어제로, 거꾸로 거쳐 살아갈 수는 없다. 삶은 오로지 미래를 향해 나가고 일방향적이다. 그러나 삶과 말의 시간은 다르다.

삶은 일방향적이지만, 말의 시간은 양방향적이다. 그 이유는 말의 시간은 기준점을 갖고 있기 때문이다. 사람은 본능적으로 회상과 예측을 하는 능력을 갖고 있다. 그러나 회상과 예측이란 기준점이 없이는 불가능하다. 역사적 시간의 기준점이 특정한 어떤 사건에 있기 때문에, 고정된 이 기준점을 중심으로 선후 관계를 정립할 수 있지만, 이 기준점을 중심으로 한 전후 관계를 회상과 예측이라고 하지는 않는다. 회상과 예측이란 모든 사람에게 공통된 것이 아니라, 어느 개인, 바꾸어 말하자면 화자 개인에 바탕을 두어야 성립된다.

회상과 예측이 화자 개인의 체험에 바탕을 두고 있다는 것은, 화자가 사건이 자신과 동일한 시간 지점에 있다고 느끼는 동시성의 감각이 있어야만 가능하다는 말이다.

상대성 원리를 주장한 아인슈타인(Einstein)은 "공간을 도외시한 시간 관찰은 성립되지 않는다. 시간은 결국 공간화한 시간이기 때문이다. 또한 관찰자의 위치와 움직임의 속도를 무시한 시간 측정은 의미가 없다"라고 말하고 있다.[8] 이 주장을 언어적 시간과 관계를 맺어 설명한다면, 절대적인 동시성이란 있을 수 없다는 말과 같다.

"하늘에서 별이 빛나고 있다"라고 화자가 말하였을 경우, 별의 빛남은 화자의 관찰과 동일한 시점에서 진행되고 있는 것이 아니라, 이미 수십억 년 전에 별이 폭발하여 화자의 눈에는 겨우 그 시점에서 전달이 되었을 뿐이다. "누가 총을 쏘고 있다"라고 말하였을 경우, 1천미터 지점에 있는 화자는, 2천미터 뒤에 떨어져 있는 화자보다는 총소리를 먼저 들었으리라. 빛이나 소리의 속도로 인하여 이러한

---

8) Pucelle, J., *Le temps*, PUF, p. 43.
"Il faut désormais parler de l'espace-temps, la mesure des temps et des vitesses supposant la position et la vitesse du déplacement d'un observateur donné."

현상이 생긴다. 첫 번째의 예에서는 화자가 이미 과거에 일어난 사건을 현재로 인식하고 있고, 둘째 번의 예에서는 하나의 사건을 두 화자가 동시적이라고 느낀다. 절대적인 동시성이 있을 수 없다는 좋은 예이다. 사람의 두뇌는 이 두 예에서 보는 바이지만, 절대적인 동시성을 느낄 수 있을 정도로 정교, 정밀하게 만들어지지 않았다. 절대적 동시성이란 고도의 추상적인 세계에서만 가능한 일이다.

동시성의 문제는 또 하나의 문제를 제기한다. 사건이 일어나고, 이것을 지각하고, 이것을 말하는 과정은 별개의 세 행동이다. 그러나 우리는 세 행동을 동시적이라고 생각하고 있다. 수십 리 밖에서 불빛이 깜빡거릴 경우, 불빛이 각막에 도달하기까지의 시간이 필요하고, 각막에서 뇌까지 전달되는 시간이 필요하고, 뇌에서 명령을 내려 발음 기관을 움직이기까지의 시간이 필요하다. 엄밀하게 말하자면 깜빡거리는 불, 각막에서 뇌까지의 전달 과정, 뇌에서 성대가 움직이기까지의 과정은 동시적이 아니지만 우리는 이런 차이를 느끼지 못하고 "불빛이 깜빡거린다"라고 말한다.

Ⅳ. 언어적 시간과 현재

절대적인 동시성이란 없을지 모르나, 동시성이라는 기준점이 없으면 사건이 전이냐, 또는 후이냐 하는 구분을 할 수가 없다. 과거와 미래는 동시성을 전제로 하지 않는 한 성립될 수 없다. 의사 전달 행위가 이루어지려면 사건의 발생, 지각, 말이 있어야 한다. 여기서 제기되는 문제는 사건이 지각과 동시적인가, 또는 사건이 말과 동시적일 때 기점이 성립되느냐라는 문제이다.

사람이라는 유기체 안에서 일어나는 기능 가운데에서, 가장 시간이 덜 소요되고 신속한 것이 지각 작용이다. 반면에 개인의 언어 행위가 이루어지기 위해서는 횡경막, 폐, 성대, 혀, 이빨, 입술과 같은 여러 신체 기관이 움직여야 하기 때문에 상당한 시간이 필요하다. 따라서 어떤 사건을 지각하고 그것에 관하여 말을 하였을 때, 비록 현재형 동사로 얘기하였으나 사건은 이미 끝나 버렸을 경우가 많다. 사건은 시간 속에서 일어나고, 일어나려면 시간이 걸린다고 언급한 바이나, 어떤 사건은 상당한 시간이 걸리기 때문에 개인의 언어 행위가 시작될 무렵에도 진행 중일 경우가 있다. "철수가 껑충 뛴다"의 경우 "껑충 뛰는" 동작은 시간이 필요하다. 그러나 너무도 순간적인 동작이기 때문에 언어 행위가 이루어지기 전에 이미 끝났다. "기차가 달린다"의 경우, 동작은 상당한 시간이 걸리기 때문에 개인의 언어 행위가 시작되었어도, 동작은 계속되고 있다.

위의 예에서 문제가 되는 것은 "잠을 깼다" 또는 "달린다"가 지각과 동시적이냐 또는 언어 행위와 동시적이냐에 있다. 아무리 순간적인 사건이라도 일어나려면 시간이 필요하다. 언어 행위가 이루어지려면 사건이 먼저 발생하여야 하고, 다음에 지각 작용이 따라야 한다. 지각 작용이 말로써 표현되지 않는 한, 보이지 않는 무형체에 불과하다. 때문에 우리는 별개의 다른 사건이지만 지각 작용과 언어 행위를 동시적인 것으로 인식한다. 기욤(G. Guillaume)이 "현재 의식의 순간" 또는 "언어 행위의 순간"이라고 용어를 혼동하여 사용하는 이유도 이러한 이유 때문일 것이다.[9] 언어적 시간의 기준점은 따라서 개인의 언어 행위에 있다.

사건과 언어 행위의 동시성이 곧 현재이다. 화자가 현재형 동사를 사용했을 경우 화자는 사건을 자기 언어 행위와 동일한 시점에서 일어나고 있다고 생각한다. 이러한 현재는 언어적 시간의 기준점이 된다. 역사적 시간의 기준점이 실제 일어난 사건이기 때문에 움직일 수 없는 것이지만, 개인의 언어 행위란 순간마다 새로 이루어지기 때문에, 그 기준점이 또한 변하게 마련이다. 새로운 언어 행위가 이루어질 때마다 새로운 시발점, 즉 현재가 생겨난다. 언어적 시간의 기준점과 역사적 시간의 기준점의 공통점은, 물론 사건의 순서를 결정한다는 점에 있다. 그러나 역사적 시간의 기준점은 화자가 없이도 성립되지만, 언어적 시간의 기준점은 화자가 없이는 성립될 수가 없다. 역사적 시간의 기준점을 객관적이라 한다면, 언어적 시간의 기준점은 주관적이다.[10] 개인의 언어 행위를 토대로 만들어진 현재, 즉 기준점은 개인의 언어 행위라는 이유 때문

9) Guillaume, G., *Temps et verbe*, Honoré Champion, p. 59.

10) Benveniste, E., *Problèmes de linguistique générale*, Gallimard, tome II, p. 74.

에, 오로지 화자만이 느낄 수 있으며, 화자 이외의 다른 사람은 자신의 언어 행위가 아니기 때문에 지각할 수가 없다. 화자만의 것인 이 현재가 오로지 화자의 것이라면, 하나의 문제가 따르게 된다. 언어 행위란 의사 전달 행위이다. 화자가 청자가 될 수도 있고, 청자가 화자가 될 수도 있다. 의사 전달 행위의 참여자인 이 두 사람의 현재, 즉 기준점이 다르다면 의사 전달 행위 자체가 불가능하게 된다.

소쉬르(Saussure)는 "랑그"를 사회 구성원 전체의 머리 속에 동일하게 기억되어 있는, 언어에 관계된, 제 사실이라 말한 바 있다.[11] 소쉬르의 랑그란 화자 개인을 초월한다. 그러나 화자를 개입시키지 않고 의사 전달의 도구를 완전히 연구할 수는 없다. "나"라는 대명사의 경우, "나"라는 존재는 이 세계에서 하나뿐이다. 그럼에도 불구하고 이 세계의 모든 다른 사람들은 화자의 입장이 될 때 "나"라는 대명사를 사용한다. 그 이유는 모든 사람들이 화자의 입장이 될 때 하나만의 존재인 자신을 지칭하기 위하여 서로 다른 언어 형식을 사용한다면 의사 전달 행위가 이루어지지 않기 때문이다. 철수이건, 순이이건 공통의 언어 형식인 "나" 또는 "너"를 사용하여야만이 의사 전달 행위가 가능하다.

이러한 현상은 언어적 시간에서도 나타난다. 화자의 기준점인 현재가 물론 화자만이 느끼고 지각할 수 있지만, 이 현재가 화자라는 개인의 벽을 넘어서 청자의 것이 되어 버린다. 화자의 현재가 청자의 것으로, 청자의 현재가 화자의 것이 될 때에야만이 의사 전달의 도구인 언어는 기능을 발휘하게 된다. 이러한 특징을 벤베니스트(Benveniste)는 상호주관성(intersubjectivité)이라고 부른다.[12] 주관적이고 가변적인 이 현재는 위치적인 특징과 구성적인 특징을 갖고 있다. 위치적인 특징이란 현재를 기준점으로 미래와 과거가 구분되어지는 경우이다. 이러한 기능을 불(Bull)은 "점으로서의 현재"라고 말한다.[13] 예스페르센(Jespersen)이 현재를 기준점으로 과거와 미래를 구분하였지만, 이 경우도 점으로서 파악한 현재이다.[14] 이 점을 기준점으로 지나가 버린 사건은 과

---

11) Saussure, F. de., *Cours de linguistique générale*, Payot, p. 155.
12) Benveniste, E., *Problèmes de linguistique générale*, Gallimard, tome II, p. 77.
13) Bull, W.E., *Time, tense, and the verb*, Univ. of California Press, p. 12.
14) Jespersen, O., *Essentials of English Grammar*, George Allen and

거, 아직 일어나지 않은 사건은 미래, 이 점과 일치하는 사건은 현재라고 부른다. 절대 시제의 삼분법의 토대가 바로 이 점으로써 파악한 현재에 있다. 이러한 기능은 현재 동사가 갖고 있는 위치로서의 역할이다.

주관적이고 가변적인 이 현재는 또 하나의 기능을 가지고 있다. 그 기능은 현재 동사 자체의 구성에서 비롯된다. 기욤(Guillaume)에 의하면 동사란 내적(implicatif) 또는 외적(explicatif) 시간 기능을 갖는다.[15] 동사의 외적 시간 기능이란, 일정한 기점을 중심으로 현재, 과거, 미래가 분화된다는 위치적인 기능이며, 사건의 순서 관계를 의미한다. 내적 시간 기능이란 사건이 일어나는 데 소요되는 시간을 말한다.

불(Bull)이 이미 말한 바이지만, 아무리 순간적인 사건이더라도 시간 속에서 일어나고 일정한 길이의 시간이 필요하다. 일정한 길이의 시간이 필요하다는 말은 동사 자체가 일정한 길이를 가지고 있다는 말이다. 관점을 달리하지만 제임스(W. James)는 사람이 주관적으로 생각하는 현재의 길이를 최대 12초에서 최소 1/500초로 보고 있다.[16] 제임스의 말은 사건 발생에 필요한 시간이 아니라, 한 개인이 주관적으로 의식하는 시간의 길이이다. 심리학적인 관점에서 현재를 어떠한 것으로 다루고 있건, 동사로서 표시되는 현재는 길이를 갖고 있다. "기차가 달리고 있다"라고 말하였을 경우, 달리는 동작은 말하기 방금 전에도, 말하는 순간에도, 말이 끝난 다음에도 계속된다. 이러한 점에 착안하여 기욤은 현재를 과거의 일부와 미래의 일부가 포함된 길이를 가진 것으로 설명한다.[17] 기욤은 현재를 다음과 같은 도표로 표시하고 있다.[18]

Unwin, p. 231.

15) Guillaume, G., *Langage et science du langage*, Nizet, p. 47.
Le verbe est un sémantème qui implique et explique le temps. Le temps impliqué est celui que le verbe emporte avec soi, qui lui est inhérent, fait partie intégrante de sa substance et dont la notion est indissolublement liée à celle de verbe...
Le temps expliqué est autre chose. Ce n'est pas le temps que le verbe retient en soi par définition, mais le temps divisible en moments distincts -passé, présent, futur et leurs interprétations- que le discours lui attribue.

16) Pucelle, J., *Le temps*, PUF, p. 15.

17) Guillaume, G., *Temps et verbe*, Honoré Champion, p. 51.
La première coupure ω au niveau du passé emporte avec soi une partie

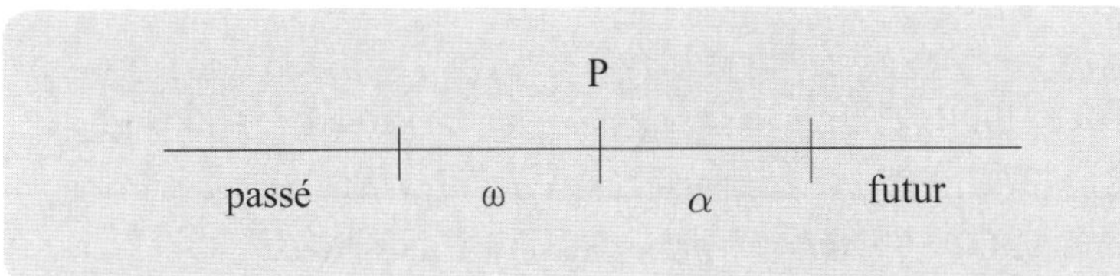

심리학적인 관점에서 현재의 길이를 12초에서 1/500초로 보고 있으나, 동사로서 표시되는 이 현재의 길이는 일정하지가 않다. "기차가 달린다"의 경우 그 길이는 몇 초에 불과하지만, "지구가 돌고 있다"에서의 "돈다"의 길이는 무한대이다. 기욤은 두 경우에서의 "달린다", "돌고 있다"로 표시된 현재의 길이를, 자체가 가지고 있는 과거의 일부분이 소멸된, 즉 미래의 일부분만이 포함된 현재로 보고 있다.

현재 동사의 특징을 간추려 다시 설명한다면, 현재 동사는 과거 · 미래를 구분시켜주는 위치적 기능과 그 자체의 길이를 가지고 있는 구성적 기능의 두 면을 가지고 있다.

---

du passé aussi petite que l'on voudra, la seconde au niveau du futur, une partie du futur α de grandeur égale, et c'est la juxtaposition du temps emporté par les deux coupures qui produit le présent.

18) Guillaume, G., *Temps et verbe*, Honoré Champion, p. 51.

참고문헌

Benveniste, E. (1974), *Problèmes de linguistique générale* II, Gallimard.

Bull, W.E. (1971), *Time, tense, and the verb*, Univ. of California Press.

Guillaume, G. (1970), *Temps et verbe*, Honoré Champion.

Guillaume, G. (1973), *Langage et science du langage*, Nizet.

Pucelle, J. (1972), *Le temps*, PUF.

Joly et autres. (1979), *La psychomécanique et les théories de l'énonciation*, Lille.

Jespersen, O. (1933/1967), *Essentials of English Grammar*, George Allen and Unwin.

7 직설법 반과거 연구

7 직설법 반과거 연구

Ⅰ. 들어가는 말

직접화법을 간접화법으로 전환할 때, 주절의 동사가 과거이면 종속절에서 현재 동사는 반과거와 바꾸어 쓰는 현상 때문에, 흔히 반과거는 "과거의 현재"라 불리운다. 이 현상 이외에, 반과거와 현재가 공유하는 특징이 많이 있다. "동시성", "근접과거", "습관적 행위", "특징", "상태"를 나타내는 데 두 시칭이 사용되지만, 현재와 반과거는 기준점만을 달리하는, 대칭적 시칭이 아니다.

직설법 반과거의 여러 특징을 시제(temps), 시상(aspect), 양상(modalité)의 세 부분으로 나눌 수 있다. 시제적 특징이란, 발화행위를 기점으로 결정되는 사행의 순서 관계, 즉 발화행위와 동시적, 선시적, 후시적 관계를 정하는 장치이고, 시상이란 사행의 내적 구조, 즉 사행이 발생하기 위하여는 일정한 길이의 시간이 필요하고, 일정한 길이의 시간은 시작, 중간, 끝을 갖게 되기 때문에 사행이 어느 부분과 관계되는가에 따라 시상이 결정된다. 양상이란 사행에 대한 화자의 태도이다.

시제적 관점에서 현재는 발화행위와 동시적이나, 반과거는 선행한다. 또한 반과거는 문장 안에 별개의 과거 시점이 제시되어 있지 않을 때 습관적 행위를 나타내지만, 현재 동사는 그렇지 않다. 현재와 반과거 동사는 시상적 관점에서 사행의 중간 부분을 나타내기 때문에, 이미 이루어진 사행의 부분과 이루어질 부분으로 나뉜다는 공통점을 갖고 있으나, 이루어질 부분 α는 현재와 반과거의 경우에 성질을 달리한다. "Alors là le train déraillait"와 "Alors là le train déraille"에서, 반과거와 현재는 의미를 달리한다. 반과거는 기차가 탈선하지 않았고, 현재는 기차가 탈선했음을 의미하지만, 의미의 차이는 반과거와 현재의 α에 대한 화자의 태도와 관계된다. 조건문 si + 현재와 si + 반과거는, 대체로 전자는 가능한 사행, 후자는 개연성이 없는 사행으로 해석하는 바, 그 이유가 무엇인지 밝히는 것도 반과거 연구에서 중요한 문제이다. 반과거는 과거 시칭이기에, 단순과거와의 비교도 중요하다. 단순과거와 시제적, 시상적, 양상적으로 비교함으로써 반과거의 성질이 더욱 잘 규명될 수 있다.

반과거 연구에서 또 하나의 문제점은, 복합과거와 단순과거의 대립에 근거한 "discours"와 "histoire"의 구분이 반과거와 어떠한 관계를 맺고 있는가의 문제이다.[1] 벤베니스트의 주장에 의하면, "histoire"는 화자와 관계된 표지인 "일인칭 대명사와 이에 따른 이인칭 대명사, 화자의 공간적 위치를 중심으로 결정된 여기"가 결여되어 있고, 시제적 특징으로는 단순과거, 반과거, 대과거가 용납되지만, "discours"에서는 일, 이인칭 대명사, 화자와 관계로 성립되는 여기와 저기, 시제적으로는 단순과거를 제외한 모든 시칭이 용납된다. 달리 말하여 반과거를 토대로 한 별개의 언어행위는 성립되지 않는다.

벤베니스트의 "discours"와 "histoire"의 구분을 수용하여 바인리히는 청자의 적극적 참여가 전제되는 "commentaire"와 청자가 듣기만하는 "récit"를 구분하고[2], "commentaire"에서는 현재, 복합과거, 미래가 "récit"에서는 반과거, 단순과거, 대과거, 전과거, 조건법이 사용된다고 주장한다. 미셸 르게른이 이미 지적한 바이지만[3], 이론적인 일관성을 유지하기 위하여 반과거는 "récit"에서만 사용된다고 바인리히는 주장하나, 실제로 반과거는 "récit" 뿐만 아니라 "commentaire"에서도 사용된다. 반과거 연구에서 이러한 식의 언급은 텍스트 언어학에서 가능할지 모르나, 일반 시제론에서는 부적합하기 때문에 본 연구에서 빼기로 한다.

반과거의 시제적, 시상적, 양상적 특징은 서로 별개로 존재하는가, 또는 서로 관계가 있는가라는 문제는 언급되어야 할 사항이다. 만약 이 세 특징이 연관되어 있다면, 어느 것이 기본적 특징이 되는가라는 문제도 제기된다.

---

1) Benveniste, E., *Problèmes de linguistique générale*, I, p. 238.
2) Weinrich, H., *Grammaire textuelle du français*, p. 124.
3) Sous direction de S. Rémi Giraud et M. Le Guern, *Sur le verbe*, p. 26.

본 논문에서는 새로운 이론의 제시보다는, 기존 이론을 심화, 정리하여, 직설법 반과거를 설명하겠다.

Ⅱ. 반과거의 시제, 시상적 특성

발화순간과 동시적, 선시적, 후시적인가에 따라 현재, 미래, 과거가 결정된다. 직설법 반과거는 "현재와의 단절"[4]을 나타낸다고 하지만, 문맥의 다른 요소의 도움이 없이는 과거의 역할을 하지 못할 경우가 많다.

"Tiens, il pleuvait"가 비문이 되는 이유는, 현재를 선행하는 어느 시기에 "비가 오고 있었는지"에 관한 명확한 정보가 없기 때문이다. 반과거가 과거를 표시하려면 문장, 또는 문맥 안에 과거를 나타내는 다른 요소가 필수적이다. "Je lisais quand il entra", "il allait à la gare quand je l'ai rencontré"에서처럼, 단순과거로 된 "il entra", 또는 복합과거의 "...ai rencontré..."를 기준점으로 "...lire..."와 "...aller..."는 과거가 된다.

동사와 발화순간의 동시성이 현재를 성립시키듯, 반과거 동사의 동시성은 다른 과거로 된 사행의 도움이 있어야 한다. 반과거는 문장 또는 문맥 안의 다른 동사를 기준점으로 과거이기 때문에, 조응적(anaphorique) 특징을 지닌다. "엄밀한 관점에서, 반과거는 자체로 사행을 과거 속에 위치시키지 못한다. 반과거는 다른 과거를 기준하여 과거가 된다." 이 기준점이 없으면 반과거 문장은 불완전하다.[5]

발화순간과 사행의 동시성이 현재라면, 반과거는 과거로 된 다른 사행과의 동시성이기 때문에 많은 학자들이 반과거를 "과거 속의 현재"(présent dans le passé)라 부르고 있다.[6] 현재 시칭의 대부분의 특성을 반과거가 공유하고 있다. 발화 순간과의 동시성이 아닌, 문장 안의 과거동사와의 동시성을 나타내는

4) Martin, R., *Temps et aspect*, p. 95.
5) Maingueneau, D., *Approche de l'énonciation en linguistique française*, p. 64.
6) Martin, R., *Temps et aspect*, p. 120.

"Je lisais quand il vient", 현재가 아닌 과거 습관을 나타내는 "Cet homme buvait", 현재가 아닌 과거의 상태를 나타낼 때에 "en 1960, il était en France" 등의 기본적 유사성 말고도 "Paul arrivait"(=allait arriver), "Luc arrivait"(=venait d'arriver)와 같은 후행성, 선행성을 나타내는 현재 동사의 특징을 반과거도 갖는다. 현재와 반과거의 중요 차이점의 하나는 현재는 일반적 진리를 표시하는 데 반하여 반과거는 발화시점에서 진일 수가 없기 때문에 일반적 진리를 나타내지 못한다는 데 있다.

불어는 발화순간과 동시적인 r_x로 표시되는 현재를 기점으로 한 소시제 체계와, 발화시점과 일치하지 않는다는 점에서 현재와 단절된 시칭[7], 즉 발화순간을 선행하는 r_x로 표시되는 또 하나의 소시제 체계, 즉 반과거 중심의 소시제 체계가 존재한다.[8] 발화시점과 일치하는 r_x로 표시되는, 기준점 현재를 선행하는 중복합 과거, 복합과거, 근접과거와 후행하는 근접 미래, 전미래, 미래로 구성된 소체계와, 발화순간을 후행하지만 기점의 역할을 하기 때문에 r_x로 표시되는 반과거를 선행하는 중복합과거, 복합과거, 과거 근접 과거와 후행하는 과거 근접 미래, 과거 전미래, 과거 미래로 구성된 또 하나의 소체계가 있다.[9] 달리 말하자면, 불어의 시제는 발화순간과 동시적인 $r_x = s$로 표시되는 현재적(actuel) 세계 W_1과, 발화순간을 후행하는 $r < s$의 W_2로 표시되는 비현재적 세계로 나뉜다.[10]

직설법 반과거는 "과거에서의 현재"로서, 현재가 갖는 여러 기능을 갖고 있으며, 현재와 마찬가지의 기점의 역할을 하며, W_2의 세계를 구축하나, 반과거를 통하여 얻게 되는 정보 가운데 시제적 정보가 가장 중요하지는 않다.[11] "Jean travaillait"에서 "travaillait"에 "l'an dernier"와 같은 시간보어가 설정되

7) Martin, R., *Temps et aspect*, p. 93.
8) Vet, C., *Temps, aspect et adverbes de temps en français contemporain*, p. 35.
9) 현재, 과거, 미래라는 세 기점이 아니라, 두 개의 기점을 설정한 이유에 대하여는 본 논문의 중심 문제가 아니기에 언급하지 않겠다.
10) Vet, C., *Temps, aspect et adverbes de temps en français contemporain*, p. 39.
11) Larreya, P., *Enoncés performatifs, présupposition*, p. 83.

어 있을 때에 비로소 과거로 해석될 수 있다. 이 경우, 반과거 어미는 “l'an dernier”를 다시 지시하는 잉여적 역할을 하고 있을 뿐이다. 반과거 연구에서 중심적 정보는 시상(aspect)에 관련된다.

“시간을 제외한 모든 것은 시간 속에서 발생한다”[12)]라는 벤베니스트의 주장은, “모든 사건은 시간 속에서 발생하고, 사건이 발생하는 일정한 길이의 시간이 필요하다”[13)]라는 뜻이다. 시제란 사건의 순서의 관계, 즉 동시성, 선행성, 후행성 관계를 설정하는 장치라면, 시상은 사건 발생에 소요된 일정한 길이의 시간의 구조와 관계된다. 이 일정한 길이의 시간은, 길이이기 때문에 시작, 중간, 끝이 있다. 명의론(onomasiologie)적 차원에서 시상이란 사행의 시작, 중간, 끝을 나타내는 장치이다. 사행의 시작, 중간, 끝을 나타내는 부분적 장치 이외에, 사행 전체성과 부분성의 대립도 가능하고, 시상의 어휘화 또는 문법화의 구분을 무시할 때, 불어에는 시작상(inchoatif), 중간상(duratif), 종결상(terminatif)의 구분이 가능하고, 문법화한 완료상(accompli)과 미완료상(inaccompli)의 대립, 완결상(perfectif)과 미완결상(imperfectif)의 대립이 가능하다. 또는 반복상(itératif)과 일회상(semelfactif)의 대립도 성립된다. 상의 정의, 분류, 상의 문법화 또는 어휘화에 따르는 문제는 본 논문에서 다루려는 주제와는 별도로 방대한 작업이기에, 이 논문에서는 직설법 반과거와 관계된 상의 문제를 다루겠다.

“Un jour, je voyageais en France, quand arriva l'aventure que je vais vous raconter”에서 “arriva”라는 단순과거 동사 이전에 “여행”은 이미 시작되어, 그 이후에도 계속되는 지속상이다. “arriva”를 r_x로 표시한다면 r_x 이전에 이미 시작된 사행은 r_x 이후에도 계속될 지속상이다. r_x를 기준점으로 이미 끝난 동작과 앞으로 이루어질 동작으로 사행은 구성된다. 이와 같이 사행이 둘로 갈라지기 때문에 분할상(aspect sécant), 또는 사행이 끝나지 않았기 때문에 미완료상이라 부를 수도 있다. 반과거로 표시되는 분할상이란 사행의 완료된 부분과 미완료된 부분으로 구성된다는 주장이며[14)], 사행을 부분이 아닌 전체로 표시하는 단

12) Benveniste, E., *Problèmes de linguistique générale*, II, p. 190.
13) Bull, W.E., *Time, tense and verb*, p. 17.

순과거(passé simple)를 완결상(perfectif)이라 한다면, 이에 대립되는 반과거는 미완결상(imperfectif)이다. "Il rentra chez lui très malade, à minuit, il mourait"에서 "집에 돌아온" 동작을 하나의 전체로서 단순과거로 표시하고, "자정에 죽어가고 있는" 모습을 반과거로 나타내고 있다. "자정에 죽었다"라고 동작을 분석적이 아닌 하나의 전체로서 표시하고자 할 때에 반과거가 아닌 "mourut"라는 단순과거가 필요하다.

본 논문의 제목과 직접 관계는 없으나, 완료상과 완결상의 차이에 관하여 짧게 언급을 하여야겠다. "Jeanne courait"와 "Jeanne jaunissait le papier"에서 사행의 전부분이 아닌, 발화순간(s)을 선행하는 기준점 r_x와 동시적인 부분이 언급되는 미완결상(imperfectif)이자 미완료상(inaccompli)이 성립되어 반과거 동사가 사용되어 있고, "Jeanne a couru"와 "Jeanne a jauni le papier"에서는 사행의 처음, 중간, 끝의 전부분이 복합과거(passé composé)를 이용하여 표시되어 완결상(perfectif)을 갖는다.[15] 특히 동사가 전제, 단언, 함의를 갖는 전환적 성질(nature transitionnelle)의 동사를 복합과거로 만들면 완결상이 더욱 분명히 드러난다. "Jeanne a jauni le papier"는 "종이가 노란색이 아니다"라는 전제 부분과, "종이가 노랗게 된다"라는 발화 순간과 일치하는 단언 부분, 작업의 결과 "종이가 노랗게 되었다"라는 함의 부분을 갖는다. 완결상이란 이전 과정을 언급하는 시상이고, 완료상이란 발화 순간과 일치하거나 또는 선행하는 기준점 rx 이전에 사행이 완료되었음을 알리는 상이다.[16] 이 정의를 따를 때, 불어에서 미완결상에는 직설법 현재와 반과거가 해당되고 나머지 시칭은 완결상이다.[17] 복합과거와 단순과거가 완결상이라는 공통분모를 갖는다면 같은 시제 장치인가의 문제가 제기된다. "Jeanne a jauni le papier"와 "Jeanne jaunit le papier"에 "종이는 노랗게 변한다"라는 완결상을 갖는다. 그렇다 하

---

14) Martin, R., *Temps et aspect*, p. 94.

15) Vet, C., *Temps, aspect et adverbes de temps en français contemporain*, p. 78.

16) 본 논문에서 완결상과 미완결의 정의는, 어휘적 측면을 강조하는 O. Jespersen보다는 C. Vet의 정의가 더 명료하기 때문에 따르기로 한다.

17) Vet, C., *Temps, aspect et adverbes de temps en français contemporain*, p. 75.

더라도 둘 다 완료상의 특징을 갖지 못한다. "과거의 어떤 기준점 이전에 끝난 동작"이라고 단순과거를 정의한다면, 전과거(passé antérieur)와 단순과거가 동일한 위치에 있게 된다. "Jeanne a jauni le papier"와 "Jeanne jaunit le papier"에서 복합과거의 경우 "노랗게 물들이는 작업"은 기준점 r_x 이전에 완료되었음을 말하나, 단순과거는 이 행위를 하나의 전체로서 말하고 있을 뿐이다. "Il a terminé son travail"와 "il termina son travail"에서 복합과거는 r_x 기준점 이전에 일이 끝나, r_x 기준점 이후에 "일을 하지 않는다"는 암시적 의미가 발생하나, 단순과거에는 암시적 의미가 수반되지 않는다. "Il a fermé la porte"와 "il ferma la porte"에서 전자는 "춥지 않다"라는 암시적 의미가 수반되나 후자는 그렇지 않다.

"Quand à huit heures, il eut déjeuné, il prit..."에서 "...eut déjeuné..."와 "...prit..."라는 전과거와 단순과거의 대립은 "완료상"과 "미완료상"의 대립이다. 불어에서는 완료상과 미완료상의 대립은 문법화되어 있다. "J'écris"의 경우에 "쓰다"라는 동작은 발화순간과 일치하는 r_x 기준점에서 진행중이나, 직설법 현재 동사와 복합과거의 시상적 관계를 "전과거"와 "단순과거"에도 적용시킬 수 있다. "A huit heures, il déjeuna"에서, 단순과거인 "déjeuna"라는 동작은, 복합과거와 달리 단순과거는 발화순간과의 단절을 의미하기 때문에, 발화순간 오래전에 일어난 일임을 알 수 있지만, "à huit heures"라는 시점에서 "déjeuna"라는 동작은, "j'écris"에서와 같이 진행중이다. 따라서 "단순과거"는 부분이 아닌 전체의 동작이 진행 중인[18], 더 나아가서 단순과거는 "반과거의 변이형"이라는 주장도 있게 된다.[19]

단순과거와 반과거는 발화순간 이전에 발생한 사행을 나타내기 때문에 단순과거를 "반과거의 변이형"이라 주장하나, 두 시칭 사이에는 공통점보다는 차이점이 더 많다. 반과거와 단순과거의 시상적 차이 가운데 제일 중요한 것은 이미 언급한 바 있는 "미완결상"과 "완결상"이다. 반과거는 사행의 부분을 나

---

18) Martin, R., *Temps et aspect*, p. 95.
19) Vet, C., *Temps, aspect et adverbes de temps en français contemporain*, p. 80.

타내기에 미완결상, 단순과거는 사행 전체를 나타내기 때문에 완결상이라는 차이점을 바탕으로 연관된 다른 시상적 차이가 빚어진다.[20)]

완결상과 미완결상이란, 숲을 외부에서 관찰할 때에 숲의 전체 모습이 드러나고, 내부에서 관찰할 때에 숲의 일부 모습이 드러나듯이, 사행의 외적 시상(aspect extérieur)과 내적 시상(aspect intérieur)의 대립이 성립된다. 또한 완결상이란 사행 전체가 관계되기에 전체적(totalisant) 시상과 반과거의 부분적 시상(aspect partialisant)의 대립과 정관사와 부정관사가 전체와 부분의 대립이듯이, 정관사와 부정관사의 대립처럼 정과거(passé défini)와 부정과거(passé indéfini)의 대립도 가능하다.

정과거와 부정과거는 용어만 다를 뿐, 전체와 부분의 대립이다. 따라서 단순과거와 반과거는, 전체성을 갖고 내재성이 결여될 때에 단순과거, 전체성이 결여되고 내재성을 지닐 때 반과거, 전체성과 내재성이 결여될 때에 복합과거가 된다. 반과거와 직접 관계가 없으나, 복합과거의 경우는 보충적 설명이 필요하다. 복합과거가 내재성이 결여되었다는 주장은 "외적 성질"을 갖고 있다는 뜻이기에 쉽게 이해가 되기에 더 이상 설명이 필요하지 않다. 복합과거는 사행의 결과적 상황, 현재 이전의 동작, 과거적 시제의 세 기능을 갖는다. "Il est parti", "Quand il a déjeuné, César fait la sieste", "Madame Daisy a vu un rhinocéros unicorne"에서 각각의 문장은 순서에 따라 "결과적 상황", "현재 이전의 동작", "과거 시제"의 용법을 갖는다. "현재 이전의 동작", "과거 시제"의 용법에서 사행은 "전체적"과 "내적 성질의 결여"로 특징지을 수 있으나, "결과적 상황"이란 사행 전체가 아닌, 빚어진 상황만을 나타내기에 "전체성의 결여"라는 특징을 갖는다.[21)]

---

20) Confais, J-P., *Temps, mode, aspect*, p. 209.
21) Confais, J-P., *Temps, mode, aspect*, p. 211.

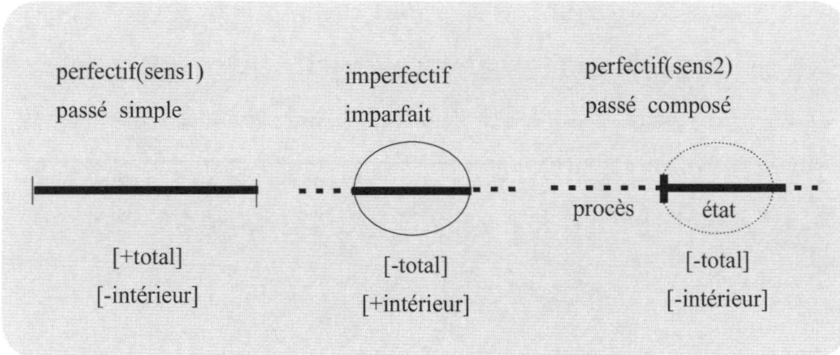

전체상과 부분상, 내적상과 외적상의 대립 이외에, 완결상으로부터 연속성(succession)의 유무 대립과 역동성(dynamique)과 정적상의 대립이 빚어진다.[22] 단순과거 동사는 외부에서 사행을 관찰한 것이고, 반과거는 사행의 와중에서 사행을 관찰한 것이기 때문에 완결상과 미완결상이라 정의되지만, 단순과거는 사행이 전체적으로 완결된 것이기에, 사행 자체는 더 이상 관심을 끌지 못하며, 이 사행 이후에 발생할 다음 사행에 관심이 옮겨진다.

"La mère embrassa son fils et rentra en pleurant dans sa cabane. Elle se jeta à genoux devant une image de la vierge et pria avec ferveur."

단순과거 동사는 다음에 발생할 또 하나의 단순과거 동사를 기대하게 만들기 때문에, 발화 순간과는 단절된 과거에 발생한 일련의 사건을 나타내는 데 사용되나, 반과거는 연속성이 없다. 반과거는 사행의 시작 단계, 끝 부분을 제외한 중간 부분을 나타내기 때문에 다음 사건에 대하여 관심을 갖게 한다기보다는, 같은 사행의 진행 과정이 중요시된다. "Je savais à ce moment-là qu'elle reviendrait"와 "Je sus à ce moment-là qu'elle reviendrait"에 반과거로 된 "je savais"는 "알고 있다"라는 "일정한 순간"의 상태이고, "je sus"는 "알게 되었

22) Confais, J-P., *Temps, mode, aspect.*

다"라는 일정한 순간에 완결된 사행이다. 단순 과거의 완결상, 전체상, 연속성에서 역동성이 도출될 수 있다. 연속성이란 사건이라는 하나의 사행에 다른 사행이 꼬리를 물고 연결되어 이야기를 진행되게 만드나, 반과거는 상태나 동시성의 서술에 중점이 있다.[23] 미완결상, 미완료상, 분할상의 반과거 사행은 일정한 과거 시점에서 이미 끝난 부분 ω와 앞으로 끝이 날 α로 구성된다.[24]

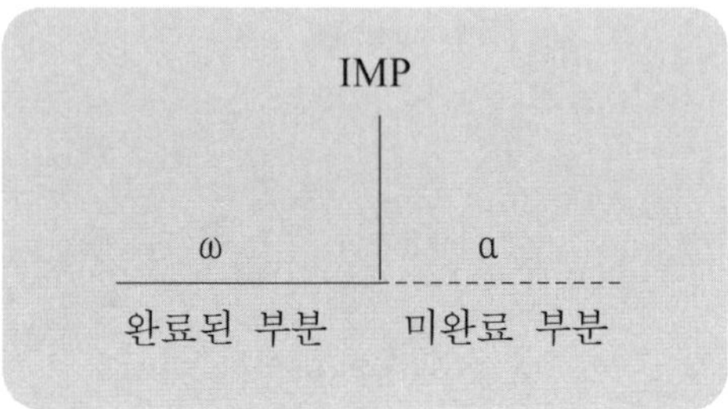

ω와 α로 구성된 반과거는 완결된 사건을 나타내는 데에는 부적합하다. 단순과거가 사건을, 반과거가 상태를 나타내는 데 적합하다는 주장은, 회화에 비유하자면 단순과거는 전경(premier plan)에 반과거는 후경(arrière-plan)에 해당된다.[25] 단순과거가 이야기의 큰 줄기를 전개시키는 데 기여한다면, 반과거는 이야기의 배경 묘사를 하기 때문에, 단순과거는 "presto", 반과거는 "lento"의 리듬감을 갖는다라고 말할 수도 있겠다.[26]

"A six heures du matin, le docteur sortit de la maison, fit quelques pas dans la rue et monta dans son automobile. Il faisait ce jour-là, un temps splendide et aucun nuage n'entrouvrît la sérénité. Le docteur fut enchanté de partir par un si beau jour."

---

23) Confais, J-P., *Temps, mode, aspect*, p. 219.
24) Martin, R., *Temps et aspect*, p. 94.
25) Weinrich, H., *Le temps*, p. 114.
26) Confais, J-P., *Temps, mode, aspect*, p. 218.

이야기의 핵심인 일련의 행동이 “sortit”, “fit”, “monta”, “fut enchanté”라는 단순과거로 표시되었고, 이 행동의 배경인 날씨는 “faisait”라는 반과거로 되어있다. “imparfait descriptif”는 “passé simple narratif”의 전형적인 예이며, “imparfait descriptif”는 “passé simple narratif”와 동시성의 관계에 있다. “반과거의 미완결, 진행상 때문에 사행이 실제로 진행되고 있는 듯한 환상을 갖게 한다. 이 사행은 오래전에 끝이 난 사행이 아직 진행되고 있는 듯한 감을 화자에게 주고, 이 시칭은 사행을 하나의 전체로서가 아니라, 그 내부에서 관찰한 것이기에 이야기 전개에 필수적이 아닌 것에 적용되며, 이야기에 관한 의견, 설명, 서술에 이용되는 시칭이다. 한마디로 말하여 후경의 시칭이다.[27]

반과거는 ω와 α로 구성된 분할적, 미완결적, 지속적 시상을 갖지만, 완결 시상의 단순과거를 대치할 경우도 있다. 그러나 단순과거와 동일한 기능을 갖지는 않는다. “En 1944, les troupes alliés débarquaient en Normandie”에서 복합과거나 단순과거 대신에 쓰인 반과거는, 분할적 성질 때문에 단일한 행동의 전체 모습이 아니라, 행동의 한 가운데로 관심을 집중시킨다. 이야기가 본격적으로 전개되기 전에 사행이 “정지(arrêt)”되어 독자의 관심이 집중된다.[28] 회화적 반과거(l'imparfait pittoresque), 극적 반과거(l'imparfait dramatique), 단절적 반과거(l'imparfait de rupture), 또는 종결의 반과거(l'imparfait de clôture)라는 여러 이름으로 불리우는 이 반과거를, 상태가 아닌 사건과 관계되기 때문에 “역동적 반과거(l'imparfait dynamique)”라고 부른다.[29] “Maintenant, l'homme était beaucoup plus loin. Il ne fallait surtout pas lui laisser le temps de recharger son arme. Le commissaire sortit son sifflet et donna le signal. Comme s'il avait compris, l'homme se redressa et se réussit à courir. Mais au même moment, une balle l'atteignait à la jambe. Il étouffa un cri et il s'affaissa.”에서 “sortit”에서 “s'affaissa”까지의 일련의 사건은 단순과거의 형태를 취하고 있고, 반과거의 “atteignait”도 순서적인 일련의 사건 중 하나이다. 이

---

27) Martin, R., *Temps et aspect*, p. 97.
28) Martin, R., *Temps et aspect*, p. 98.
29) Confais, J-P., *Temps, mode, aspect*, p. 219.

러한 의미에서, 달리 말하여 단순과거가 갖는 "+dynamique"의 성질을 갖고 있기 때문에 "l'imparfait dynamique"라 부르고 있으나, 이 경우에 이 사행만을 반과거로 표시하여, 사행을 안에서 관찰하게 만들어 부각시킨다.

단절의 반과거란 일련의 순서적 사건들이기에 단순과거의 형태를 취해야 하나, 일탈하여 반과거로 표시되었기 때문이다. 이 반과거를 완결적 반과거(l'imparfait perfectif)라 부르는 학자도 있으나[30], 반과거는 이 경우에도 미완결의 성질을 잃지 않는다.

반과거는 부사가 결합하여 반복상(l'itératif)을 나타낸다. "Tous les jours, il quittait son bureau à six heures"에서, "tous les jours"의 도움으로, "quittait"는 지속상이 된다. "Quand j'étais jeune, j'étais timide"에서 지속적인 "나의 수줍음"의 상태를 반과거로 표시하였으나, 위의 문장에서의 "6시에 퇴근"하는 행위는 단속되었다가 다음 날에 다시 반복되는 반복적 지속상을 갖는다. 반복상의 특징이 여기에 있다.

Ⅲ. 양상적 반과거(l'imparfait modal)

양상(modalité)을 "문장 전체"에 관계되는 요소라 정의한다면, 문장 전체에 관계되는 요소로는, 첫째로 문장의 내용을 의문문, 서술문, 명령문의 형태로 전환시키는 수행문의 장치, 둘째로는 문장 내용에 관계하는 화자를 중심으로 결정되는 시,공간적 위치, 셋째로는 문장 내용에 대한 화자의 진리치 판단이 있다.[31]

시제(temps)를 사행의 시간적 순서, 시상을 사행의 내적 구조라 한다면, 본 논문에서 양상을 광의의 양상이 아니라, 문장 내용에 대한 "화자의 진리치 판단"이라는 협의적 의미로만 사용하겠다. 문장에는 화자의 진리치 판단이 부수

---

30) Maingueneau, D., *Approche de l'énonciation en linguistique française*, p. 68.

31) Martin, R., *Inférence, autonymie et paraphrase*, p. 133.

된다. “형의 위치가 대통령 동생에게 더 짐이 된다”는 이 문장이 “진”이기 때문에 발화된 것이고, “북한이 핵을 보유하고 있는가?”는 문장 내용의 진리치에 대한 화자의 의심이 깃들어져 있고, “성깔 좀 죽여라”는 하나의 진리치, 즉 진을 청자에게 강요하는 것이다. 반과거 동사도 진리치와 밀접한 관계가 있다. “반과거는 시제 지시 관계보다도 현재와 관계된 진리치에 관한 더 중요한 정보를 제공하기도 한다. 현재는 동사로 표시된 사실이 발화순간에 진의 진리치를 갖는다는 통상적 전제를 갖고 있으나, 반과거는 동사로 표시된 사실이 발화순간에 진이 되지 않음을 나타낸다.”[32] “Il allait se jeter dans la rivière”와 “il alla se jeter dans la rivière”에서 분할상의 반과거 동사의 사행은 미완결 부분 α가 생기며, 따라서 실제로 그 사람이 강에 투신하였는지 불분명하기에 이 문장은 강에 투신하려는 의도로 해석된다. 따라서 이 문장에 “...lorsqu'un passant le retint”을 결합시켜도 비문이 되지 않는다. 그러나 단순과거의 동사는 사행을 하나의 전체로 보고 있기 때문에 “투신 행위”는 이루어졌기 때문에 여기에 “...lorsqu'un passant le retint”을 결합시키면 비문이 된다. 반과거의 양상적 용법에는 조건법, 실현 직전의 상태(imminence contrecarré), 애칭적 용법(emploi hypocoristique), si를 문두에 위치시킨 감탄문, 겸손의 용법이 있으며, 본 논문에서는 조건절, 절박성의 소실, 애칭적 용법을 주로 다루겠다.

직설법 현재 동사와 반과거는 과거의 일부인 ω와 미래의 일부인 α로 구성돼 있으며, 이 두 기준점을 바탕으로 두 소시제가 형성된다.[33] 이 두 소시제는 발화시점을 기준점으로 한, $r_x=s$의 W_1의 세계와, 발화시점을 선행하는 $r_x<s$의 W_2 세계가 구축된다. W_1로 표시되는 세계는 발화 시점의 순간에 우리의 의식 속에 진입되고 있는 실제 세계(monde actuel)라면, W_2는 의식 속에 이미 드러나 있으나 지나가 버린 비실제 세계(monde inactuel)라고 할 수 있겠다.[34] 직설법 현재와 반과거는 분할상을 갖고 있으므로 둘 다 ω와 α라는 부분을 갖고 있으나, “과거 속의 현재”라 불리우는 반과거는 현재와 의미 특징이 다르다.

---

32) Larreya, P., *Enoncés performatifs, présupposition*, p. 83.
33) Vet, C., *Temps, aspects et adverbes de temps en français contemporain*, p. 35.
34) Martin, R., *Langage et croyance*, p. 128.

"Il sort"에서, "그의 나올 가능성"은 대단히 크기 때문에 발화자는 이 문장에 진의 진리치를 부여한다. "Il sortait"에서, "il sortait"는 "il sortait quand on l'appela au téléphone"에서 보는 바와 같이 "나올 의사"의 표시[35]이기 때문에 위일 가능성이 크다. 현재와 반과거의 구성요소인 α의 성질이 다르다. 현재는 화자가 의식하고 있는 사행과 발화 순간의 일치를 의미하고, 화자가 직접 의식하고 있는 사행의 α에 대한 확실성이 크지만, 반과거는 이미 사라져 버린 것이기에 반과거의 α에 대한 화자의 태도는 확실성이 결여된다. 달리 말하여 현실세계의 α와 비현실세계의 α에 대한 화자의 태도가 같을 수 없다. si+현재, 또는 si+반과거에서 지적할 것은, s'il pleuvra, s'il pleuvrait에서 보는 바이지만, si와 미래, 또는 조건법 현재는 비문이 된다는 사실, 즉 조건절 표지 si는 "일정한 조건이 이루어지면, 일정한 결과가 빚어진다"는 연결 장치로 미래의 뜻이 함축되어 있기에, 미래 표지 /-r-/은 잉여적이어서 배타적 관계에 있으며, 또한 si는 미래와 현재의 ω를 무력화시킨다는 주장도 있다.[36]

si p, q 형식의 조건절에서, p는 전건(antécédent), q를 후건(conséquent)이라 한다면, 조건절은 실질 함의(implication matérielle)와 다를 바 없다. "Si Pierre a assez d'argent, il achètera une moto"라는 문장은 전건과 후건으로 구성되며, 전건의 진리치가 진이고, 후건도 진이면, 문장 전체의 진리치도 진이라는 결과를 얻는다. 실질 함의 진리표의 첫째 조합과 일치된다. 화자의 단언(posé)은 물론 "Pierre a assez d'argent, donc il achètera une moto"이나, 실질 함의에서는 문제시되지 않았으나, si로 연결되어 제시된 조건은 "발화자의 태도"와 밀접한 관계가 있다는 사실을 고려해야 하다. "Si Pierre a assez d'argent, il achètera une moto"와 "Si Pierre avait assez d'argent, il achèterait une moto"에서, 화자는 "p"(피에르가 상당한 돈을 갖고 있다)가 진이면, 따라서 "q"(그는 오토바이를 살 것이다)도 진이 됨을 말하고 있으나, p와 q에 대하여 "p"가 진일 때에, "q"에 대한 화자 자신의 태도는 "진" 또는 "위"의 결정을 내리지 않고 중립적(neutre)이다. "Si Pierre avait assez d'argent, il achèterait une moto"에서도

---

35) Martin, R., *Langage et croyance*, p. 129.
36) Martin, R., *Temps et aspect*, p. 124.

"p"가 진이면 "q"도 진임이 제시돼 있으나, 화자는 이 조건이 위이거나 또는 실현될 가능성이 없음을 알고 있다. si 조건문의 표면적 진리치를 단언(posé), 이 화자가 조긴문에 부여하는 진리치를 전제(présupposition)로 구분하여, 명제의 진리치와 전제의 진리치가 상충되지 않을 때에 개방적 조건(condition ouverte), 충돌할 때에 폐쇄적 조건(condition fermée)이 성립된다고 한다. 요약하자면, 한 명제는 단언적 진리치와 전제적 진리치를 갖고, 두 진리치가 동일, 중성적, 차별적인가에 따라 "동일 전제" (présupposition identique), "영의 전제(présupposition zéro), 차별적 전제(présupposition différentielle)가 빚어진다.[37]

"S'il était assez riche, il achèterait une moto"에서, 반과거의 사용으로 차별적 전제가 빚어지는 이유가 무엇인지는 설명이 되지 않고 있다. "si"는 가정을 나타내고, 가정이란 "명확하지 않은 사실을 일단 있는 것으로 정하는" 추정의 작업이다. 따라서 반과거 동사의 ω와 α 가운데, ω는 이미 실현되어 명확성을 갖기 때문에 "si"와 상충되어, 반과거의 ω는 거의 무력화되어, 반과거는 현재를 의미하게 된다.[38] 이미 언급한 바이지만, "엄밀하게 말하여 반과거는 과거시제"[39]가 아니라, "r_x=s에 바탕을 둔 현실세계가 아니라, r_x<s에 기초한 W_2의 비현실세계"에 속한다. si+반과거가 약성 잠재력(potentialité faible)을 갖는 이유는, 반과거의 비현실성 때문이다. 반과거는 si의 도움이 없이도 비현실적 사실을 나타낸다. "반과거의 애칭적 용법(emploi hypocoristique de l'imparfait)"이 이 경우에 해당된다. "Alors, on avait bobo, mon petit"에서 반과거가 사용되었으나, "아픈 것"은 지금 현재의 일이다. "아픔"을 "비현재적 세계" 속에 위치시킴으로 화자는 사건이 자신과 당사자에 무관한 것처럼, 사건에 거리감을 갖게 하는 양상적 용법의 예이다.[40] si+반과거에서, 사행은 발화시점에서 실현될 가능성이 없는 위의 진리치가 부여되나, 반사실세계(monde contrefactuel)에서 진이 될 수 없다.[41]

37) Larreya, P., *Enoncés performatifs, présupposition*, p. 70.
38) Martin, R., *Temps et aspect*, p. 124.
39) Maingueneau, D., *Précis de grammaire*, p. 154.
40) Larreya, P., *Enoncés performatifs, présupposition*, p. 81.
41) 본 논문에서는 반과거만이 대상이기에, 조건절에 관한 전반적 연구는 다른 논문에

반과거의 양상적 용법은 조건문이나 애칭적 용법에 국한되지 않는다. "Alors là, le train déraillait"에서 기차는 "탈선의 절박한 위기"에 놓여있다. 반과거로 표시된 사행은, 일정한 시점에서 이미 완료된 기차의 질주라는 ω와 일정한 시점을 넘어서면 "탈선"된다는 α로 구성된다. 반과거를 "과거의 현재"라 부르는 이유는 현재 동사가 갖고 있는 ω와 α의 구조가 반과거에서도 발견되기 때문이지만, 현재의 α와 반과거의 α에 대한 화자의 태도는 다르다. "Il sort quand le téléphone sonne"에서, 현재형의 "sortir"는 "나가려는 동작" ω와 일정한 경계선을 넘으면 "나갔다"라는 α로 구성되며, 현재형의 α에 대하여 화자는 책임을 진다. 달리 말하자면 α는 진의 가치를 갖는다. "Il sortait quand le téléphone sonna"에서, 반과거형 동사로 된 사행의 α에 대하여 화자는 책임을 지지 않는다. 따라서 반과거형 동사의 사행이 실현되지 않았을 가능성이 크다. "기차의 탈선"은 화자의 현실 세계에서는 위이나, 화자의 상념의 세계에서는 진일 수도 있다. "Il sort quand le téléphone sonne"에서, 현재형의 사행은, 화자가 α에 대한 책임을 지기 때문에 진이다. α에 대한 책임의 유무는, 현재 동사는 발화 순간에 화자가 생생하게 체험하고 있는 반면에, 반과거 동사의 사행은 이미 사라져서 직접 체험이 아닌 회상을 통하여 재현되기 때문이다. 단순 미래와 조건법 현재는 ω가 결여된 α만을 갖고 있다. 단순 미래가 확실성을, 조건법 현재가 불확실성을 수반하는 이유는, 단순 미래는 발화 순간을 기반으로 한 시칭이고, 조건법 현재는 화자가 직접 체험하고 있는 발화 순간이 기점이 되어 있지 않기에, α에 대한 책임이 달라지기 때문이다.[42] "Il travaillait chez Renault"에서, 그는 더 이상 르노 자동차 회사에서 일을 하지 않거나 또는 화자가 그가 르노에서 아직 일하고 있는지 모르고 있다.

반과거의 양상적 용법에는 공손의 반과거(imparfait de politesse)가 있다. "Je voulais vous demander un service"에서, 동사는 반과거로 되었으나, 시제적으로는 현재를 지시하고 있다. "애칭적 용법"에서 지적한 바이지만, 반과거는 비현재적 세계와 관계된다. 화자의 욕망을 반과거화하여, "나는 당신에게 청

서 다루겠다.

42) Martin, R., *Pour une logique du sens*, p. 160.

을 하고 싶었으나 그렇게 해야 할지 모르겠다"라는 시제적 용법과 양상적 용법의 결합으로 빚어진 공손의 반과거 용법으로 불확실성(l'incertain)을 나타낸다.43)

Ⅳ. 맺음말

직설법 반과거는 현재 이전에 일어난 사건을 나타내나, 엄밀하게 말하여 반과거는 과거의 사행을 지시하지 않고, 사행과 발화순간 이전의 과거 기준점과의 동시성을 나타낸다.44) "Juliette marchait sur la route bien à midi"에서 "bien à midi"라는 상황보어와 반과거 사행은 동시 관계에 있다. 다른 요소의 도움이 없이는 과거를 지시하지 못하기 때문에, 반과거의 기본 의미는 시제가 될 수가 없다.

반과거에서 시제를 기본 의미에서 제외시킬 때, 남은 것은 시상과 양상적 의미이다.

시상적 관점에서 반과거는 직설법 현재 동사와 마찬가지로 ω와 α로 구성되지만, 미완료 부분인 α에 대한 화자의 태도는 현재와 반과거에서 차이가 난다. "Il range sa bibliothèque", "il rangeait sa bibliothèque"에서, 대체로 현재 동사로 쓰였을 때 "서재 정돈" 작업이 끝을 보게 마련이나, 반과거로 쓰였을 때에 "서재 정리 작업"은 끝나지 않았다. 이 차이는 직설법 현재와 조건법 현재의 차이와 같다. "Il tombera malade"와 "il tombrait malade"에서 미래는 확실을, 조건법 현재는 불확실성으로 의미가 전개된다. 반과거의 α에 대하여 화자는 책임을 지지 않는다. 반과거 시상적 구조에서 양상적 용법이 파생되는 하나의 예다.

si + 반과거의 조건 문장에서, si가 갖는 추정성 때문에 반과거 동사의 ω는 거의 작용하지 못한다. ω는 이미 완료된 부분이기에 추정성과 상충한다. 반과거의 ω가 거의 작용하지 못하면, si의 반과거는 현재를 지시한다. si + 직설법 현재 동사에서, 현재 동사의 ω가 거의 작용하지 못하게 되어 미래를 지시하는 이치와 같다. 그러나

---

43) Larreya, P., *Énoncés performatifs, présupposition*, p. 81.
44) Maingueneau, D., *Enonciation en linguistique française*, p. 68.

ω가 거의 실효되어 현재를 지시하나, α에 대한 화자의 태도는 불확실하다. 따라서 si + 반과거 동사의 조건문은 진일 가능성이 거의 없다.

반과거 동사가 제공하는 정보가 많지만, 가장 중요한 것은 시상적 의미이고, 양상적 의미는 파생적 의미임을 밝혀두는 바이다.

참고문헌

Benveniste, E. (1966), *Problèmes de linguistique générale,* Ⅰ, Gallimard.

Curat. H. (1991), *Morphologie verbale et référence temporelle en français moderne*, Droz.

Confais, J-P.(1995), *Temps, mode, aspect*, Presses univ. du Mirail.

Judge, A. et Healey F. G. (1983), *Reference grammar of modern French*, Edward Arnold.

Larreya, P. (1979), *Enoncés performatifs, présupposition*, Nathan.

Maingueneau, D. (1981), *Approche de l'énonciation en linguistique française*, Hachette Univ.

Maingueneau, D. (1991), *Précis de grammaire*, Bordas.

Maingueneau, D. (1991), *Enonciation en linguistique française*, Hachette.

Martin, R. (1971), *Temps et aspect*, Paris, Klincksieck.

Martin, R. (1983), *Pour une logique du sens*, PUF.

Martin, R. (1987), *Langage et croyance*, Pierre Mardaga.

Martin, R. et autres (1981), "Le temps grammatical", *langages* 64, Larousse.

Riegel, M. et autres (1994), *Grammaire méthodique du français*, PUF.

Schogt, H. G. (1968), *Le système verbal du français contemporain*, Mouton.

Sensine, H. (1926), *L'Emploi des temps en français*, Payot.

Vet, C. (1980), *Temps, aspect et adverbes de temps en français contemporain*, Droz.

Vet, C. et autres (1985), "La pragmatique des temps verbaux", *Langue française* 67, Larousse.

Vetters, C. (1993), *Le temps de la phrase au texte*, Presses univ. de Lille.

Weinrich, H. (1973), *Le temps*, Edition du Seuil.

Weinrich, H. (1989), *Grammaire textuelle du français*, Didier/Hatier.

Sur le verbe (1986), sous direction de S. Rémi-Giraud et M. Le Guern, Presse universitaire de Lyon.

Points de vue sur l'imparfait (1984), présentés par Le Goffic, Centre Linguistique de l'université de Caen.

8 미래시칭에 관한 고찰

8 미래 시칭에 관한 고찰

시간은 대체로 물리적 시간(temps physique), 역사적 시간(temps chronique), 언어적 시간(temps linguistique)으로 구분된다.[1] 물리적 시간이란 "무한하고, 선적이며, 임의로 분할할 수 있는 균일 연속체(continu uniforme)"이고, 역사적 시간이란 "사건이라는 뭉치가 계속적으로 배열되는 장치"이고, 언어적 시간이란 "말하는 순간을 기점으로 삼고 사건의 순서를 매기는 수단"이다.

달력으로 대표되는 역사적 시간도 기점을 갖고 있다. 그 기점은 유동적이지 않고 고정돼있다. 실제로 발생한 특정된 사건을 기점으로 하여 사건들을 선, 후, 동시적 관계로 순서를 정한다. 따라서 특정된 사건의 위치가 불안정하면 다른 모든 사건들의 순서가 확정되지 않는다. 언어적 시간의 기점은 말하는 순간이고, 말하는 순간은 말을 할 때마다 만들어지기에 역사적 시간의 기점과는 달리 유동적이며, 이 기점을 중심으로 순서 관계의 자리가 잡혀 사건은 과거, 현재, 또는 미래로 결정된다.

일정한 기점을 중심으로 사건의 순서 관계를 정한다는 점에서 역사적 시간과 언어적 시간은 공통되나, 역사적 시간은 예수의 탄생과 같은 실제의 사건을 기점으로 순서 관계가 결정되었기 때문에, 1945년 8월 15일은 현재인지, 또는 과거인지, 또는 미래인지 알 수가 없다. 현재, 과거, 미래는 오로지 발화 순간과 관계되어 정해지는 개념이고, 발화순간은 화자를 전제하지 않고는 성립되지 않는다.

---

1) Benveniste, E., *Problèmes de linguistique générale* II, Gallimard, p. 70.

일정한 기점을 중심으로 순서 관계를 정한다는 것은 시간만이 갖고 있는 특성이 아니다. “한 혜성의 첫 번째 출현은 두 번째 출현 전에 있었고, 두 번째 출현은 나뭇잎이 떨어짐과 동시에 이루어졌고, 세 번째 출현은 두 번째 출현 후에 일어났다... 일련의 이 사건은 선시적, 동시적, 후시적 관계를 의미한다. 한 사건이 이미 일어났고, 일어나고 있으며, 일어날 것이다라는 것은 이 사건이 과거 또는 현재, 또는 미래라는 뜻이다. 첫 번째 출현이 두 번째 출현에 선행한다면, 두 번째 출현은 첫 번째 출현을 선행할 수 없고, 첫 번째 출현이 두 번째 출현을 선행하고, 두 번째 출현이 세 번째 출현을 선행한다면, 첫 번째 것은 세 번째 것을 선행한다. 끝으로 첫 번째 출현이 첫 번째 출현을 선행한다고 주장할 수 없다. 이 사실은 일정한 형식적 속성, 비대칭성(asymétrie), 이행성(transitivité), 반재귀성(irréflexivité) 특성을 갖는다.[2] 그러나 이 속성은 시간의 고유한 것이 아니다. 앞, 뒤, 왼쪽, 바른쪽과 같은 공간적 표현에서도 이 속성이 발견된다.

시간만이 갖는 속성으로는 방향성(direction)이 있다. 혜성의 출현의 예에서, 방향성이란 첫 번째 혜성의 출현에서 세 번째 혜성의 출현으로 성립되며, 세 번째에서 첫째 번으로 방향이 성립되지 않는다. 방향성이 없다면 과거, 현재, 미래의 구분이 이루어질 수가 없다. 여기에 추가해야 하는 필수불가결한 요소는 의식의 주체(sujet conscient), 달리 말하여 화자(sujet parlant)의 존재이다. 훈더리히(Honderlich)는 “의식의 주체가 인식하는 현재(maintenant)는 분석이 불가능한 원초적 개념”이라 부르고 있으나[3], 언어학적 입장에서 현재는 화자의 말하는 순간이고, 이 순간이 기점이 되어 과거와 미래가 만들어진다.

기점이 되는 발화시점에서 화자는 사건에 대하여 네 가지 태도를 취할 수 있다.[4] 발화시점에서 사건을 체험하든가, 또는 발화시점에서 체험한 사건을 회고하거나, 또는 발화시점에서 의식 속에 들어오지 않은 사건을 예견할 수 있

---

2) Honderlich, T., "Relations temporelles et attributs temporels", *Le temps et les philosophes*, Payot, pp. 139-141.

3) Honderlich, T., "Relations temporelles et attributs temporels", *Le temps et les philosophes*, Payot, p. 143.

4) Bull, W., *Time, tense and the verb*, University of California Press, p. 17.

다. 또한 발화시점에서 추상적인 차원에서 사건을 상상할 수 있다.

발화 순간 이전에 일어난 사건과 앞으로 일어날 사건은 발화 순간에 존재하지 않는다. 따라서 현재 시칭만이 존재한다는 주장을 할 수 있으나, 사건과 지각의 일치로 이루어지는 동시성은 선시성(antériorité)과 후시성(postériorité)이 없이는 성립되지 않는다. 아우구스티누스(Augustin)는 참회록에서 과거의 사건은 사라지고, 미래의 사건은 아직 존재하지 않지만, 기억 속에 존재하는 과거적 현재, 직접 지각 속에 존재하는 현재의 현재, 예견 속에 존재하는 미래의 현재를 구분하고 있다.5)

아직 실현되지 않았기 때문에 불확실성이 수반되는 미래는 가능성과 밀접한 관계를 갖고 있다. 이미 일어난 과거 사건은 비교적 추량의 대상이 될 확률이 적으나, 일어나지 않은 미래의 사건은 추론과 추량의 대상이다. 추측의 대상이라는 말은, 미래 사건은 가능성과 관계를 맺기 때문에 진리치 문제를 다루는 양태(modalité), 시제(temps), 시상(aspect)의 측면에서 고찰할 수 있다는 것이다.

Ⅰ. 양태와 미래

언어는 의사전달의 도구라고 흔히 정의되지만, 이 언어 행위는 화자, 청자, 언어외적 세계에 관한 화자의 주장을 전제로 한다. 좀 더 구체적으로 말하자면 그 어떤 사물에 관하여, 화자는 언어기호를 결합하여 하나의 문장을 만들어 청자에게 발화함으로써 의사전달행위가 이루어진다. 문장 안에 담겨진 언어외적 세계의 상황, 즉 내용이 명제가 된다. 화자가 이 명제를 청자에게 전달할 때에 은연중에 명제에 대한 화자의 입장 또는 태도가 드러난다. "철이가 집에 있다" 또는 "철이가 집에 없다"에서, 화자는 명제를 "진"인 것으로 화자에게 제시하고 있고, "철이가 집에 있겠다"에서 화자는 명제의 가능성을 청자에게 제시하고 있다. "양태란 문장이 긍정, 부정, 필연성, 가능성, 우연성, 불가능성에 따라

5) Augustin, S. *Confession*, XV: 20.

갖게 되는 문장의 성질이다."[6]

양태라고 할 때에 명제가 필연성, 가능성, 우연성, 불가능성의 수식을 받게 되는 협의의 경우와, 부사 또는 보충문의 도입으로 명제가 변화할 때의 경우도 포함되는 넓은 의미의 양태도 있다.[7] 오늘날 고전 논리학에서의 양태 개념까지 포함되는 광의의 개념으로 양태는 해석 적용되고 있다.

퀼리올리(Culioli)의 양태론을[8] 토대로 부스카렌(Bouscaren)과 쉬케(Chuquet)는 네 유형의 양태를 설정하고 있다.[9] 첫 번째는 단언적 양태(modalité de l'assertion)로서, 술어관계에 나타난 명제 내용에 관하여 발화자는 부정 또는 긍정의 단언문을 이용하여 진리치를 부여한다. "그 책이 두껍다" 또는 "선희는 마음씨가 좋지 않다"에서 발화자는 술어 내용에 진의 진리치를 부여하며, 술어 내용에 진리치를 부여하지 못할 경우에 의문문이 성립된다. 단언적 양태에는 수행문, 서술문, 명령문 등의 문장 형식이 들어간다.[10] 둘째 번의 양태는 인지적 양태(modalité épistémique)이다. 발화자는 명제 내용에 진리치를 부여하지 않고, 진리치를 부여할 수 있는 가능성을 평가한다. 확실성의 부재로 기인되는 개연적 술어 내용에 대하여 화자는 진리치를 부여하지는 않지만 "진"의 진리치에 가까운 것으로 인식하고 있으며, 명제의 내용이 우발적(contingent)일 때에 화자는 진리치의 "부여" 또는 "비부여", 두 기회가 다 가능하다고 간주한다. 이 양태를 나타내는 표지는 "아마도", "확실히", "혹시" 등의 부사와 "양태 조동사"가 있다. 셋째 번의 "평가적 양태(modalité appréciative)"에서 화자는 진리치와는 상관이 없는 명제 내용의 윤리적 판단과 관계된다. 화자는 명제 내용이 "좋다", "나쁘다", "다행이다", "정상이다", "비극이다" 등의 질적 판단을 내린다. 네 번째는 규범논리적 양태(modalité

6) Bannour, A., *Dictionnaire de logique pour linguistes*, PUF, p. 112.
7) Gardies, J-L., "La notion de sémantico-logique de modalité", in Actes publiés par J. David et G. Kleiber, Klincksieck, p. 14.
8) Culioli, A., *Transcription séminaire de D.E.A*, Université de Paris VII, pp. 69-74.
9) Bouscaren, J. et Chuquet, J., *Grammaire et texte anglais, Guide pour l'analyse linguistique*, Ophrys, pp. 36-37.
10) Martin, R., *Inférence, antonymie et paraphrase*, Klincksieck, p. 131.

radicale)이다. 이 양태에서 진리치는 문제가 되지 않는다. 발화자는 욕구, 욕망, 요구, 압박을 통하여 문장 주어에 영향을 끼친다. 명령, 허가, 욕구, 암시 등의 의무적 가치(valeurs déontiques)와 관계되는 양태이다.

양태는 학자에 따라 다르게 분류할 수도 있고, 새로운 양태를 설정할 수도 있으나, 어느 경우에도 양태는 명제의 부분이 아닌 전체를 수식한다.[11] "아마도 5시는 되었을 텐데" 또는 "틀림없이 선희가 했을 거다"의 /아마도/, /틀림없이/는 명제 전체를 수식, 가능성과 필연성을 나타낸다. 명제를 수식한다는 주장은 명제에 그 어떤 것이 첨가되어 명제의 성질을 결정한다는 것인데, 달리 말하여 양태를 나타내는 어휘적 또는 문법적 요소는 "술어의 술어"라 할 수 있다.[12] 앞서 열거한 네 종류의 양태 이외에 동사와 결합하는 시제 형태소도 즉 술어의 술어 역할을 한다.

시제란 발화 순간과 일치하는 현재를 기점으로 성립되는 지시 체계이다. "그 열차가 도착한다", "그 자동차가 도착했다", "그 비행기가 도착하겠다"에서 현재, 과거, 미래는 진리치의 문제와 연관된다. 발화시점과 일치하는 세계 또는 상황에서 첫째 문장 진리치는 진이고, 둘째 문장은 발화시점에서 선행하는 세계 내에서 진이고, 셋째 문장은 발화시점에 후행하는 세계에서 진리치가 결정된다. 라이언스(Lyons)는 사실성(factivity)과 비사실성(non-factivity), 원격성(remoteness)과 비원격성(non-remoteness)을 이용하여 현재, 과거, 미래로 된 명제의 양태를 설명한다.[13] 현재 시칭의 문장을 사실성과 비원격성, 과거 시칭의 문장은 사실성과 원격성, 미래 시칭의 문장은, "미래는 현재의 연장선상에 있고 아직 실현된 것이 아니기 때문에 비사실성과 비원격성의 특징을 갖는다"라는 주장을 펴고 있다.

"전통적으로 미래 시칭으로 사용되고 있는 것은 미래에 관한 서술, 예측 또는 미래에 관한 사실적 질문을 하는 데만 사용되지 않는다. 미래는 추측, 추론, 원망, 의도, 욕망을 포함하는 언술에서도 사용이 된다."[14] 미래는 아직 실현되

---

11) Davidson-Nielsen, N., *Tense and mood in English*, Mouton de Gruyter, p. 45.
12) Martin, R., *Langage et Croyance*, P. Mardaga, p. 128.
13) Lyons, J., *Semantics* 2, Cambridge, p. 820.

지 않은 세계이기 때문에 그 본질은 가능성과 관계된다. “아직 현실에 나타나거나 실현되지 않은 것...”이 가능성의 정의라면, 미래가 여기에 해당된다. 동사에 “will”, “-겠-”, “-r-”이 결합 또는 첨가되어 문장 전체가 양태화되어, 진리치는 진도 아니고 위도 아닌 것이 되어, 확실성에서 벗어난다. 이 세 요소는 라이언스의 비사실적 연산자(non factive operator)에 해당되며[15], 명확한 언술을 하기 꺼리는 화자의 태도가 표시된 주관적 양태(subjective modality)이다.[16]

발화시점 이후에 화자의 의지와는 관계없이 무한대의 가능성이 펼쳐진다. 가능성이란 필연성과 밀접한 관계에 있는 개념으로서, 위가 될 수 있는 필연성이 부정될 경우이다. 필연성이란 어느 경우에서나 진의 가치를 갖지만, 가능성이란 여러 세계 가운데, 한 세계에서만 진이 된다. “사람은 동물이다”는 과거, 현재, 미래의 어느 시칭에서도 진이지만, “내일 비가 오겠다”는 “내일 날씨가 청명하다”, “내일 구름이 낀다”, “내일 눈이 온다” 등의 미래에 수반되는 여러 가능성 가운데 하나가 실현된다는 뜻이다. 실현된 가능성이 과거이고, 가능성이 실현 과정에 있는 것이 현재라면, 미래는 무엇인가? 미래는 이미 실현되었으나, 우리가 아직 발견하지 못한 은하수와 같은 것인가?...”[17] 언어학자의 입장에서, “-겠-”, “will”, “-r-”을 동사와 결합하여 사용했다는 것은 시사하는 바가 있다. 미래에 관한 지식을 가질 수가 없기 때문에, 미래형 문장은 미래의 상태를 서술한 것이 아니라 미래에 관한 화자의 믿음, 즉 추측일 뿐이다. 한국어의 /-겠-/이 추정의 의미를 보여주는 좋은 증거는 과거형 어미를 나타내는 /-었-/과 결합하여 “기차가 파손되었겠다”에서 하나의 “과거”를 나타내고, /-겠-/은 의심의 여지없이 추정의 뜻을 갖는다. /-겠-/이 과거형 어미뿐만 아니라 현재형 어미와 결합하였을 때에도 “추정”의 뜻을 갖는다. 양태의 뜻이 결여된 순수한 미래를 나타낸다고 한다면 /-과거형 어미 + 미래형 어미-/ 또는 /-현재형 어미 + 미래형 어미-/는 시제 논리적(logique du temps) 입장에서 해석이 안 되기 때문이

14) Lyons, J., *Semantics* 2, Cambridge, p. 816.
15) Lyons, J., *Semantics* 2, Cambridge, p. 795.
16) Lyons, J., *Semantics* 2, Cambridge, p. 799.
17) Askin, Y. F., "Le concept philosophique du temps", *Le temps et les philosophes*, Payot, p. 131.

다. 그러나 "추정"을 토대로 /-겠-/의 시제적 기능인 미래의 기능을 부인한다는 것은 합리적이지 않다. 미래란 발화 시점에서 실현이 되지 않을 가능성의 세계이기 때문에 본질적으로 추정을 내재한다. "will", "werden", "-r-"로 표시되는 영어, 독어, 불어의 미래도 미래의 기능과 추정의 기능을 동시에 갖고 있다.[18]

미래는 아직 실현되지는 않았지만, 앞으로 실현될 세계이기 때문에, 앞으로의 화자의 의지, 능력, 기대, 예측 등의 의미를 나타낸다. "나는 떠나겠다", "네가 그 일을 할 수 있겠느냐?", "30분 후엔 우주선이 달에 착륙하겠습니다" 등의 예가 위의 기능에 해당되지만, /-겠-/이 시제적 기능의 형태소와 결합할 때에 시제적 기능이 상실되고 양태적 기능의 "추정"의 의미를 갖는 이유는 /-겠-/이 나타내는 미래가 가능 세계이고, 가능 세계는 추정의 장이기 때문이다. /-었겠-/에서 /-었-/은 과거, /-겠-/이 미래를 나타낸다면 논리적 해석이 봉쇄되기에, /-겠-/은 시제기능을 상실한 나머지의 특성 즉 추정의 의미를 갖는다. "내일 비가 오겠겠다"가 비문이 되는 이유는 이미 미래로 된 문장을 또 하나의 /-겠-/을 사용하여 미래화할 수 없기 때문이다.

Ⅱ. 미래와 시제

발화시점과 동시적인 현재를 기점으로, 사행의 동시성, 선행성, 후행성을 정하는 지시적 장치가 시제이다. 예스페르센(Jespersen)의 현재를 기점으로 한 시제 체계가 하나의 예이다.[19]

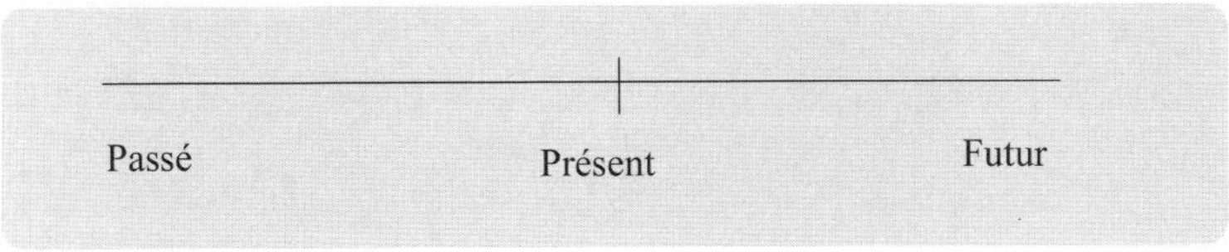

---

18) Lyons, J., *Semantics* 2, Cambridge, p. 815.
19) Jespersen, O., *Modern English Grammar in historical principles*, Part IV, George Allen & Unwin, p. 1.

현재를 기점으로 과거와 미래가 생기고, 과거의 미래는 또 하나의 기점이 되어서 소시제체계가 형성된다.20)

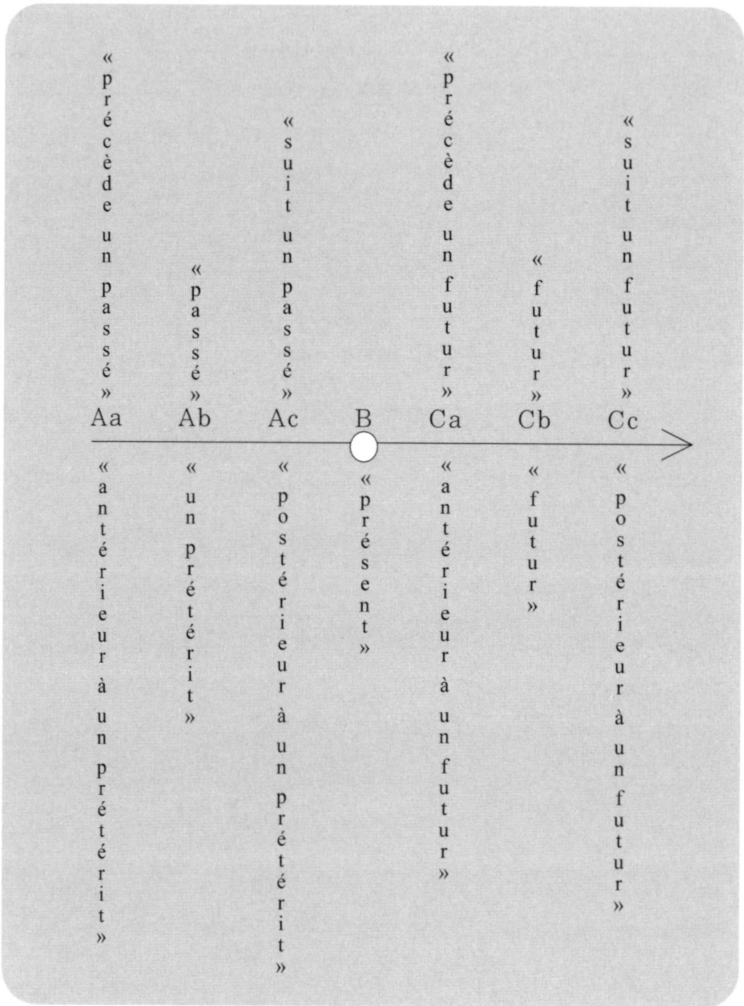

20) Jespersen, O., *Philosophie de la grammaire*, p. 362.

현재를 토대로 과거와 미래가 생성됨과 마찬가지의 이유로, 과거와 미래는 또 하나의 기점이 되어 전후관계를 나타낸다. 예스페르센의 현재, 과거, 미래를 기점으로 한 시제 구분이 이상적으로 보일지 모르나, 자연 언어의 시제와 일치하지 않는다. 이 방식대로 자연 언어의 시제를 분석할 경우에, 영어의 현재 완료, 불어의 복합과거에 해당하는 사항이 배제되며, 미래가 기점이 되어 선후관계를 나타낸다. 하지만 미래의 미래는 어느 말에서나 표시할 수 있는 장치가 없다. 제시된 이론이 자연어에 부합하지 않는다는 사실은 이론에 결함이 있음을 시사한다.

예스페르센의 이론을 시정한 마르탱(Martin)은, 미래는 기점의 역할을 할 수 없으며, 현재와 현재를 토대로 결정된 반과거만이 기점이 된다는 주장을 함으로써 현재 완료와 미래가 빈칸으로 남아있는 예스페르센의 결함을 시정하고 있다.[21]

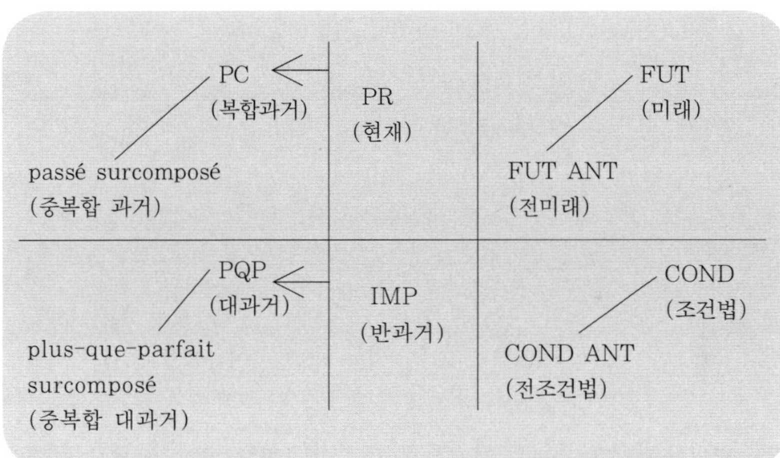

두 개의 기점만을 인정할 때, 복합과거와 미래라는 빈칸은 채워지고, 미래의 미래라는 인위적 구분은 사라진다. 이 이분법적 시제체계에서 미래는 기점으로서의 역할은 사라지고 현재에 후행하는 사건을 표시할 뿐이다.

예스페르센의 현재를 기점으로 한 미래와 과거의 구분에 반대하는 주장이

21) Martin, R., *Temps et aspect*, Klincksieck, p. 155.

있다. "국어 문법에 있어서도 일반적으로 구미에서와 마찬가지로 예스페르센식의 시제 개념에 의해 문법 범주로서의 시제를 설명하고 있다. 국내의 모든 문법서가 현재, 과거, 미래의 용어를 쓰며, 이 삼분시가 불가변의 기본적 필수 개념인 것으로 생각하고 있는 것이 그 예이다."[22] 시제가 지시체계인 한, 기준점이 있어야 하고, 이 기준점은 화자의 발화시점과 동시적인 현재가 된다는 점에는 누구나 동의하고 있다. 또한 기준점이 현재라면, 현재를 중심으로 한 선행, 또는 후행 관계가 자동적으로 도출되게 마련이다. 현재를 중심으로 한 과거, 미래는 보편적 현상이다. 단지, 현재, 과거, 미래가 문법화되었는가 또는 어휘화되었는가는 다른 차원의 문제이다. 현재라는 기준점을 중심으로 과거와 미래가 도출되지만, 과거와 미래는 대칭적 존재가 아니다. 과거는 또 하나의 보조 기점이 되어 선행, 후행의 관계를 성립시키지만, 미래는 보조 기점의 역할을 하지 못한다. "Il va avoir peur"(그는 두려워할 것이다)라는 미래로 된 문장을 "Il ira avoir peur"로 다시 한 번 미래화하면 비문이 된다는 사실은 미래는 보조 기점의 역할을 할 수 없음을 보여주고 있다.

영어의 미래는 통시적으로 "의지"를 나타내는 "will"을 이용하여 표시된다는 점에서, "시간의 체험과 개념차라는 관점에서 미래는 과거와 같지 않다. 미래는 결코 순수한 시간 개념이 아니다. 미래에는 필연적으로 추정적 요소 또는 이와 관계되는 양태 개념이 포함된다"라고 라이언스는 주장한다.[23] "어린애라도 그것은 풀겠다"나 "그가 혼났었겠다" 등의 예문을 바탕으로 "-겠-"으로 표현된 사실을 시제 범주가 아닌, 양태와 관계된 미확인 법으로 간주하는 이도 있다.[24]

미래는 아직 실현된 것이 아니기에 불확실성이 내재해 있고, 미래는 말하는 시점에서 정확하게 알 수 없는 것이기에 추정적이고, 미래는 화자의 소원과 관계되는 장이다. 따라서 "과거와 현재의 차이점은 시제의 차이점이나, 미래와 과거, 또는 미

---

22) 남기심, "국어 문법의 시제 문제에 관한 연구", 『국어학 연구 선서』 6, 탑 출판사, p. 4.
23) Lyons, J., *Semantics* 2, Cambridge, p. 677.
24) 남기심, "국어 문법의 시제 문제에 관한 연구", 『국어학 연구 선서』 6, 탑 출판사, p. 23.

래와 현재의 차이는 시제의 차이이기 보다는 양태의 차이이다."[25] 컴리(Comrie)의 주장은 현재는 화자가 의식하고 있는 시제이고, 과거는 화자의 의식 속에 이미 자리잡고 있으나, 미래는 아직 화자의 의식과 관계가 없기 때문에 추정의 대상이고 따라서 양태와 관계된다는 말이라고 생각된다.

그러나 실제로 미래를 표현하는 형태소 또는 어휘는 양태만을 나타내지는 않는다.

"지금 밖에는 비가 오겠다" (추측)
"나는 무슨 일이 있어도 영희와 결혼하겠다" (의지)
"이제 더 이상 못 살겠다" (능력)
"이 일을 할 수 있겠니?" (공손)
"대통령께서 입장하시겠습니다" (계획된 미래)[26]

한국어의 "-겠-"에 관한 연구가 주안점은 아니지만, 추측, 의지, 능력, 공손한 표현 이외에도 "-겠-"은 양태에서 벗어난 순수한 미래도 나타낸다. "계획된 미래"의 경우는 사건이 실현될 개연성이 대단히 크다. /-r-/로 표시되는 불어의 단순 미래도, 확정되지 않은 미래를 나타내기 때문에 양태적 용법과 동시에 시제적 용법에 쓰인다.

Nous avouerons que notre héros était fort peu héros en ce moment. (공손)
(우리의 주인공이 영웅스럽지 못함을 고백하겠다.)
Quoi! Une autoroute traversera ce bocage. (분노)
(뭐라고! 고속화도로가 이 숲을 지나간다고!)
J'ai trouvé ce livre sur le bureau : ce sera le cadeau d'une admiratrice. (추정)
(책상 위에서 이 책을 발견했다. 흠모하는 사람의 선물이겠지.)

---

25) Comrie, B., *Tense*, Cambridge text books in English, Cambridge, p. 44.
26) 위의 예문은 박연재의『한국어 양태 의미 연구』에서 인용.

Vous receverez le récépissé. (의지) (명령)

(영수증을 받으세요.)

Je reviendrai. (약속)

(나는 돌아오겠어요.)

Le concert aura lieu ce soir. (가정)

(오늘 저녁에 연주가 있겠습니다.)

불어와 한국어의 /-r-/과 /-겠-/의 의미 분포가 완전히 일치하지 않지만, 불어의 /-r-/의 의미를 "공손", "분노", "추정", "의지" 또는 "명령", "시제적 용법"의 순으로 제시하였다. /-겠-/의 용법에서 "추측", "능력", "공손"은 양태와 "계획된 미래"는 시제와 관계되고, /-r-/의 용법에서도 "공손", "분노", "추정", "의지", "명령"은 양태와, "가정"은 시제와 관계된다. "미래는 본질적으로 가능의 개념을 갖고 있고 미래의 용법은 여기에 바탕을 두고 있기 때문에"[27], /-r-/을 동음이의적 형태소로 간주하지 않고 다음의 가설을 세운다.[28] "미래는 비록 가능성, 잠재성, 불확실성과 관계를 갖고 있지만, 가능성에서 출발하여 확실성으로 향하는 의미적 특성을 갖는다." 미래가 갖고 있는 가능, 잠재, 불확실성은 양태적 측면이고 확실성은 시제적 용법이다. 미래가 갖고 있는 "겸손", "분노", "추정", "의지", "약속" 등의 양태적 용법도 확실성을 지향하고 있다.

미래의 의미적 특징은 가능세계에서 현실세계로 방향을 잡고 있다.[29]

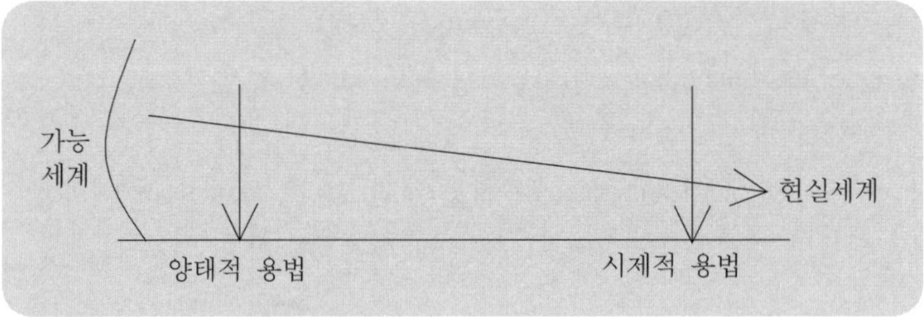

27) Martin, R., *Pour une logique du sens*, PUF, p. 141.
28) Martin, R., *Pour une logique du sens*, PUF, p. 144.
29) Martin, R., *Pour une logique du sens*, PUF, p. 144.

미래에 내재한 불확실성 때문에, 미래 동사는 말하고자 하는 바를 덜 단정적으로, 다시 말하여 부드럽게 만든다. 말하고자 하는 바가 부드럽게 표시돼 있다 하여도, 말하고자 하는 바는 사실이고, 따라서 확실성을 지향한다. "Une autoroute traversera ce bocage"(고속도로가 이 숲을 지나간다고)의 "분노의 미래"에서 화자는 미래형 동사를 이용하여, 사실이 가능 세계의 것으로 간주하나, 사실은 확실성을 지닌다. 현재 진행되는 사실을 미래로 표시하여 추정을 나타내지만, 이 경우에도 추정된 사실은 확실성을 지향하고 있다. "약속이나 의지의 미래"도 행위가 미래에 이루어지지만, 화자의 약속과 의지에 관계되는 행위이기에 가능 세계가 아닌 현실 세계의 확실한 행위로 간주된다. "예언적 또는 결언적"의 경우도, 화자의 이성적 또는 비이성적 신념체계에서 이루어진 것이기에, 확실성과 더욱 관계된다. 한국어의 "계획된 미래"에서도 양태적 요소는 거의 찾아 볼 수 없고, 오로지 시제적 요소만 존재한다.30)

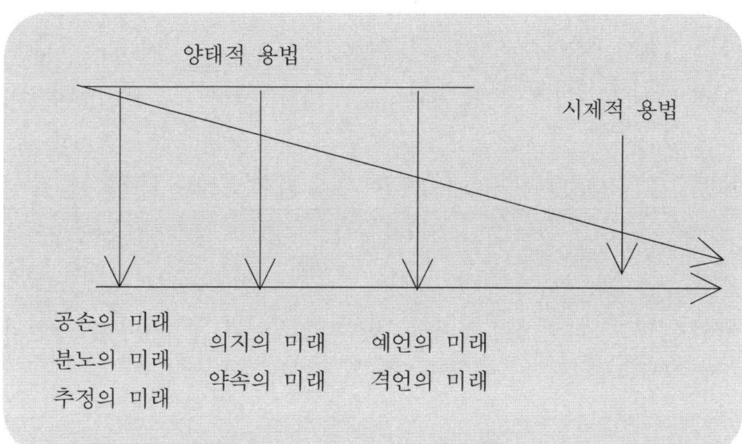

한국어의 /-겠-/이 불어의 단순 미래 어미 /-r-/과 분포가 일치하지 않지만, "추측", "의지", "능력", "공손"의 용법은 양태와 관계된 가능성에 바탕을 두고 있으나, 표시된 사행은 가능 세계에서 현실 세계로 방향을 잡고 있다. 사행의

30) Martin, R., *Pour une logique du sens*, PUF, p. 145.

양태적 특징은 "계획된 미래"에서 거의 소멸되고 확실성이 자리 잡는 시제적 특성이 실현된다.

미래를 표시하는 장치는 양태적이고 시제성은 부차적인 것이라고 주장하는 학자들이 있다. "우리가 미래를 알 수 있는 위치에 있지 않다는 사실은 언어학적으로 중요하다. 그리고 이러한 이유 때문에 많은 언어에서 미래의 언어외적 상황에 관한 언급은 시제보다는 양태의 범주 속에 문법화 되어 있다. 이른바 인구어에서의 미래 시제는 부차적 발전의 산물이다."[31] 영어의 "shall"이나 "will"이 통시적으로 양태와 관련되었지만, "shall"과 "will"의 시제적 특성이 부인될 수가 있을지 의문이다. 라레이아(Larreya)도 "몇몇 언어에서 미래의 통사적 형식이 비사실성을 바탕으로 발전해 나왔음을 부정하기 어려우나, 이 형식이 미래의 표지로 변화하였을 경우에 비사실성이 그대로 보존되고 있다는 결론을 내릴 수 없다"고 말한다.[32]

"shall"과 "will"은 통사적으로는 비사실성, 즉 양태적 성질을 가졌으나, 또한 미래라는 시제적 속성을 부여받는다. "They will win the match"와 "They may win the match"에서 두 사행은 현재 이후에 일어나지만, "-may win the match"에서 "-may-"가 미래 기능을 갖고 있다고 보는 사람은 없다. "-may-"는 오로지 가능성을 나타낼 뿐이다. "shall"은 "현재 이후의 사행, 즉 미래를 표시하고 미래성(futurité)을 갖는다".[33] 미래성이란 사행의 사실성(factualité)과 진의 가치판단을 갖는다는 뜻이다. "진"의 가치판단을 부여받는다는 주장은 마르탱에서 "양태적" 용법에서 벗어난 실현 개연성이 짙은 "시제적" 용법의 미래와 유사한 개념이다.

---

31) Lyons, J., *Semantics* 2, Cambridge, p. 815.
32) Larreya, P., *Le possible et le nécessaire*, Nathan Recherche, p. 194.
33) Larreya, P., *Le possible et le nécessaire*, Nathan Recherche, p. 195.

Ⅲ. 미래와 시상

"사건은 시간 안에서 발생하고, 사건의 발생에는 일정한 길이의 시간이 필요하고, 이 길이는 시작, 중간, 끝이 있기 마련이다."[34] 기준점을 중심으로 결정되는 시제와 달리, 시상이란 사건, 달리 말하여 사행이 갖고 있는 내적 구조이다.[35] 마르탱도 『시간과 시상』에서 외연적 시간(temps expliqué)과 내연적 시간(temps impliqué)을 구분하고, 시상이란 내연적 시간이라 주장한다.[36] "사건이 발생하자면 일정한 길이의 시간이 필요하고 일정한 길이는 시작, 중간, 끝이 있다"라는 주장을, 기욤(G. Guillaume)의 영향을 받은 마르탱의 방식대로 재해석할 수 있다. 동사에 내재된 "움직임이나 상태"를 긴장(tension)과 이완(détension)의 작용으로 표시할 수 있으며, 동사의 처음 단계에서는 긴장, 끝 단계에는 이완의 특성이, 중간 단계에는 긴장과 이완의 상태가 공존한다.[37]

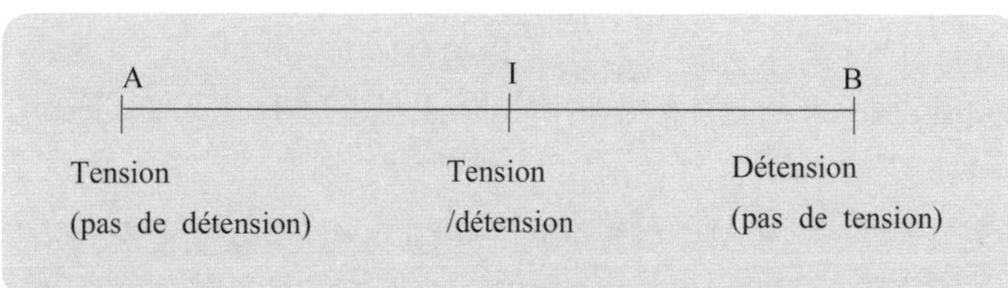

완료상(aspect de l'accompli)이란 이완의 측면에서 관찰한, 달리 말하여 더 이상 수행할 부분이 없는 사행의 상이고, 과거분사로 표시된다. 미완료상(aspect de l'inaccompli)이란 긴장, 또는 긴장과 이완의 공존의 상태에서 관찰된 동사의 상이고, 동사 원형과 현재 분사로 표시한다. j'ai chanté/je chante, j'aurai chanté/je chanterai, j'avais chanté/je chantais의 대립도 완료상과 미완료상의 대립이다. 불어에서 완료상과 미완료상의 대립은 문법적 장치로 표시된다.

---

34) Bull, W., *Time, tense and the verb*, Univ. of California press, p. 17.
35) Comrie, B., *Aspect*, Cambridge textbooks in English, p. 5.
36) Martin, R., *Temps et aspect*, Klincksieck, p. 52.
37) Martin, R., *Temps et aspect*, Klincksieck, p. 52.

문법적 장치로 표시되는 완료상과 미완료상 이외에, 미래상의 고찰에는 완결상(perfectif)과 미완결상(imperfectif)의 문제가 제기된다. "완결상이란 사행을 단일한 하나의 전체"로서 파악한 것이고, "미완결상이란 사행의 내적 구조에 관한 언급"이다.38) 벳트(Vet)의 정의를 빌린다면, "완결상의 경우에 화자는 사행 전체의 진리치에 책임을 지나, 미완결상의 경우에 화자는 사행 일부에 대한 진리치에 책임을 진다."39)

일반적인 현상이지만, 완료상은 불어에서 "avoir, être의 현재형 + 과거분사"의 형식으로 이루어진 복합과거로 표시된다. 이 복합과거는 발화 순간 이전에 일어난 사행을 표시하는 시제적 기능과 사행의 끝을 알리는 시상적 기능을 갖고 있다. 복합과거는 시간적 기능과 시제적 기능을 가지고 있다고 전통 문법에서 주창되고 있으나, 벳트는 복합과거의 완료상이란 일정한 기준점 이전에 끝난 사행을 나타내는 사행이라 말한다.40) 일정한 기준점 이전에 완료된 사행과 일정한 기준점 이전에 일어난 사행의 엄밀한 구분이 용이하지 않기 때문에, 벳트는 완결상(aspect perfectif)과 미완결상(aspect imperfectif)라는 구분을 한다.41) 완결상에서 사행 전체에 대하여 화자가 책임을 진다. "Jeanne a jauni le papier(잔느가 종이를 노랗게 물들였다)"에서 사행은 세 부분으로 구성된다. "종이는 원래 노랗지 않다"라는 전제 부분, "종이가 노랗게 물들여지는" 과정, "종이가 완전히 노랗게 변한" 상황의 세 부분 전체에 대하여 화자는 책임을 지고 있다. "Jeanne jaunissait le papier(잔느가 종이를 노랗게 물들이고 있었다)"에서 화자는 중간 단계의 과정에 대한 책임을 지고 있기 때문에 미완결상이다.

발화시점을 후행하는 미래란 아직 우리의 의식에 들어온 것이 아니어서 미완료

---

38) Comrie, B., *Aspect*, Cambridge textbooks in English, p. 24.

39) Vet. C., *Temps, aspect et adverbes de temps en français contemporain*, Droz, p. 75.

40) Vet. C., *Temps, aspect et adverbes de temps en français contemporain*, Droz, p. 79.

41) Vet. C., *Temps, aspect et adverbes de temps en français contemporain*, Droz, p. 62. 일반적으로 동작이 일단 끝나면 다시 시작할 수 없는 "태어나다", "나가다" 등의 동사와 "걷다", "먹다" 등의 다시 시작이 가능한 동사를 완결 동사와 미완결 동사로 구분하고 있으나, 벳트는 "전이 동사(verbe transitionnel)"와 "비전이 동사(non transitionnel)"라는 용어를 대신 사용한다.

상(inaccompli)을 갖는다. "Demain, dès l'aube, à l'heure où blanchit la campagne, je partirai.(내일 들판이 희멀겋게 밝아오는 새벽에 떠나겠다.)"에서 떠나는 동작은 아직 일어나지 않았기에 미완료상이다. 단순 미래가 갖는 상을 크럼(Klum)은 비지속상(non duratif)이라 주장하나[42], 용어가 다를 뿐 같은 견해라 생각된다.

단순 미래로 표시되는 상은 완결상이다. 동사가 갖게 되는 처음, 중간, 끝을 가리지 않고, 동사가 표시하는 전체의 사항에 대하여 화자는 책임을 진다. "savoir(알다)" 동사는 "모르는 상황에서 아는 상황으로 이전하는" 전이 동사이다. "Jeanne sait la réponse.(쟌느는 대답을 알고 있다.)"에서 화자는 발화 순간에 관계된 상황에 책임을 지고 있으나, "Jeanne saura la réponse demain.(쟌느는 내일 대답을 알게 될 것이다.)"에서 화자는 이 문장의 전제인 "모르고 있다"와 함의인 "알게 된다"에 대하여 책임을 지고 있으며, 따라서 완결상(aspect perfectif)이 성립된다.

Ⅳ. 맺음말

한국어, 영어, 불어, 기타 여러 나라 말의 미래를 나타내는 표현에는 양태적, 시제적 기능이 중첩되어 있다. 랑그(langue) 차원에서, 양태적 의미와 시제적 의미 가운데 어느 것이 우선하는가라는 문제의 결정은 쉬운 일이 아니다. "발화 순간의 후행"을 미래라 하지만, 이 정의만으로 미래성이 설명되지 않는다. "He can/may/must/ ought to/mean't/daren't to go"도 "He will go"와 동일한 미래의 사실을 표시하나 미래로 보지 않는다.

라레이아는 "will"과 "다른 양태 조동사의 차이점을 의도(intention)와 소원(souhait)으로 구분한다."[43] 의도는 비록 아직은 아니지만 언제고 현실화될 의지(volition)이다. 이런 관점에서 소원이라 불리우는 다른 형태의 의지와 의도

---

42) Klum, A., *Verbe et adverbe*, Almquist & Wickel, Stockholm, p. 70.
43) Larreya, P., *Le possible et le nécessaire*, Nathan Recherche, p. 198.

는 대립한다. "소원이란 실현성이 의심스러운 사건에 관계되거나, I wish I knew, I wish to go에서처럼 소원을 하는 사람이 소원을 실현시킬 힘이 없기 때문에 실현성이 확실치 않은 사건에 관계된다."

바꾸어 말하여 영어의 미래는 소원이 아닌 의도를 나타내기 때문에 사실성이 강하게 부각된다는 주장이다. 의도가 사건의 실현을 암시한다면, "철이는 갈 생각이나 가려고 하지 않는다"라는 의도가 표시되었음에도 사실성이 부정된 문장을 어떻게 해석하겠는가? 이 문장이 가능한 이유는 문장 주어가 아닌 발화자의 판단이 우선되기에 가능하다.[44] 발화자는 "철이는 가려고 하지만..."의 의도성을 무효화시킬 수 있다. 그러나 문장 주어와 발화자가 동일할 경우에, "나는 내일 갈 생각이나 가려고 하지 않는다"는 모순된 문장이 된다.

라이언스의 "사실성", 라레이아의 "의지가 수반된 사실성", 마르탱의 "긍정의 미래"는 미세한 차이는 있으나, 단순 미래 동사가 갖는 공통점이다. 이미 마르탱의 도표에서 제시된 바이지만, 미래형 동사가 시제성을 상실할 경우에 양태적 특성이 강하게 나타나고, 양태적 특성의 부각이 덜 할수록 시제와 사실성이 부각된다. 미래를 나타내는 어휘소 또는 형태소는 미래가 갖는 "불확실성"과 "불가지성" 때문에 양태적 특성과 시제적 특성을 갖게 된다. 양태적 특성과 시제적 특성 가운데 어느 것이 랑그 차원의 의미인가의 문제는 쉽게 결정될 수가 없다. 불어에서의 미래 형태소의 양태성을 강조한 나머지, 시제성을 부인하고 "추정법"을 설정한 학자는 있었으나, 그렇다고 하여 단순 미래의 시제성이 부인되지 않는다.[45]

양태적 의미가 랑그 차원의 의미라 결론 내린다 하더라도, 양태적 의미 가운데 어떤 의미가 여기에 해당하는지 결정하여야 한다. 영어의 통시적, 공시적 연구를 토대로 "will"의 랑그 차원의 의미는 "의도"라 라레이아는 결론을 내리고 있지만, 영어가 아닌 다른 언어에서 미래형의 랑그 차원의 의미는 "추정"이 될 수도 있다. "의도", "추정", "예측" 등의 의미는 사건의 실현성이 높으나 아직은 실현되지 않은 사건에 관계될 것이기에 "가능성"이라는 개념에 포함시켜

44) Larreya, P., *Le possible et le nécessaire*, Nathan Recherche, p. 198.
45) Martin, R., *Pour une logique du sens*, PUF, p. 120.

미래와 관계를 갖게 할 수도 있다.

미래형 동사의 시상은, 아직 사행이 이루어지지 않은 것이기에 미완료상이지만, 화자가 사행 전체에 책임을 지기 때문에 완결상이라는 벳트의 주장은, 시상 문제를 화자의 책임과 관련 지은 연구가 드물기에, 주목을 받을 만하다. 동사를 전제와 함의가 포함된 전이 동사와 비전이 동사로 구분하지만, 이 동사가 미래형으로 쓰였을 경우에 두 유형의 동사는 완결상을 갖는다.

참고문헌

김차균 (1990), 『우리말 시제와 상의 연구』, 태학사.

김용경 (1994), 『국어의 때 매김법』, 서광학술자료사.

남기심 (1978), "국어 문법의 시제 문제에 관한 연구", 『국어학 연구 선서』 6, 탑 출판사.

박재연 (2006), 『한국어 양태 의미 연구』, 국어학회, 국어학 총서 56.

이정 (1983), "현재 시칭 연구", 『한글』180호.

_________ (1988), "서법의 정의와 분류", 『말』3, 연세대학교.

이재성 (1987), 『한국어 시제와 상』, 국학자료원.

Askin, Y. F. (1978), "Le concept philosophique du temps", *Le temps et les philosophies*, Payot.

Bally, C. (1965), *Linguique générale et linguistique française*, Francke Berne.

Bannour, A. (1995), *Dictionnaire de logique pour linguistes*, PUF.

Benveniste, E. (1974), *Problèmes de linguistique générale* II, Gallimard.

Bouscaren, J. et Chuquet, J. (1987), *Grammaire et texte anglais, Guide pour l'analyse linguistique*, Ophrys.

Bull, W. (1971), *Time, tense and the verb*, University of California Press.

Confais, J-P. (1995), *Temps, mode, aspect*, Presses univ. de Mirail.

Comrie, B. (1978), *Aspect*, Cambridge textbooks in English, Cambridge.

_________ (1985), *Tense*, Cambridge textbooks in English, Cambridge.

Culioli, A. (1976), *Transcription séminaire de D.E.A*, Université de Paris VII.

_________ (1990), *Pour une linguistique de l'énonciation*, T. 2, Ophrys.

David, J et autres (1980), *La notion d'aspect*, Klincksieck.

David, J et Kleiber, G. (1983), *Tentative d'une définition de modalité*, Klincksieck.

Davidson-Nielsen, N. (1990), *Tense and mood in English*, Mouton de Gruyter.

Gardies, J-L. (1975), *La logique du temps*, PUF.

Groussier, M-L. et Rivière, C. (1990), *Les mots de la lingustique*, Ophrys.

Guéron, J. (1993), "Temps et aspect dans la phrase française", *Langue française*, No. 100.

Hordick, P. (2000), *The many worlds of logic*, Oxford Univ. Paris.

Hunderlich, T. (1978), "Relations temporels et attributs temporels", *Le temps et les philosophies*, Payot.

Imbs, P. (1968), *L'emploi des temps verbaux en français moderne*, Klincksieck.

Jespersen, O. (1965), *A Modern English Grammar in historical principles*, Part IV, George Allen & Unwin.

________ (1971), *Philosophie de la grammaire*, les Editions de Minuit.

Klum, A. (1961), *Verbe et adverbe*, Almquist & Wickel.

Koschmieuer, E. (1996), *Les rapports temporels fondamentaux et leur expression linguistique*, Press Univ. de Septentrion.

Larreya, P. (1984), *Le possible et le nécessaire*, Nathan Recherche.

Lyons, J. (1977), *Semantics* 2, Cambridge.

Martin, R. (1971), *Temps et aspect*, Klincksieck.

________ (1976), *Inférence, antonymie et paraphrase*, Klincksieck.

________ (1983), *Pour une logique du sens*, PUF.

________ (1987), *Langage et Croyance*, P. Mardaga.

________ (2002), *Comprendre la linguistique*, PUF.

Palmer, F. R. (1986), *Mood and modality*, Cambridge textbooks in linguistics, Cambridge.

Ricoeur, P. et autres (1978), *Le temps et les philosophies*, Payot.

Riegel, M. et autres (1994), *Grammaire méthodique du français*, PUF.

Vet, C., (1980), *Temps, aspect et adverbes de temps en français contemporain*, Droz.

9 조건법 동사에 관한 고찰

9 조건법 동사에 관한 고찰

Ⅰ. 들어가는 말

전통문법의 관점에서 조건법은 서법(mode)을 나타내는 문법적인 장치이다. "주절에 표시된 한 상태의 존재 또는 행동의 실현이 조건이라 불리는 사실에 계속(繫屬)됨을 알려주는 법"이 조건법(conditionnel)이다.[1)]

(1) Nos fusées atteindraient Vénus si nos savoirs étaient capables de calculer leur trajectoire.

"궤도 계산에 로켓의 금성 착륙"이 계속(繫屬)된 전형적 조건문이지만, 조건법 동사는 "si 조건문"과 언제나 관계되어 사용되지 않는다.

(2) Je pensais que Paul viendrait.

(2)에서 조건법은 법이 아니라, 과거 미래(futur dans le passé)로 사용된, 법의 특성이 없는 시제적 용법으로 사용된 예이다. 조건법 동사에는 시제적 용법과 서법적 용법이 있음은 누구나 알고 있는 바이지만, 시제성과 서법성 가운데 어느 것이 더 기본적 의미인가의 논쟁을 여기서 추적하지 않겠다. 조건법을 별도의 추정법(le suppositif)으로 설정하자는 주장과 직설법의 한 형태일 뿐이라는 주장의 우열은 이미 결정이 난 것이기에, 논쟁의 역사를 재론하지 않겠지

---

1) Dagneaud, R., *Le vocabulaire grammatical*, Sedes, p. 68.

만, 지적하여야 할 사항은 시제적 용법보다도 서법적 용법의 예가 수적으로 비교가 안 될 정도로 많다는 사실이다. 언어통계학적으로는 문제가 되겠으나, 미래에서 가능성은 추출이 되나 가능성에서 미래의 추출은 어렵다.

조건법 동사의 통사적 특징을 토대로 시제적 또는 서법적이라는 분류를 한다. 시제적 조건법은 종속절에서, 서법적 조건법은 주절과 독립절에서 사용된다. 통사적 특징으로 시제적, 서법적 조건법의 분류를 하기 어려운 이유는 서법적 조건법이 주절뿐만 아니라, 종속절 특히 관계절에서도 발견되기 때문이다.

조건법 동사를 설명하려는 또 하나의 시도는 "récit"와 "discours"의 구분을 토대로[2] 동사의 시칭을 설명하려는 작업이다. 단순과거와 복합과거의 설명은 이분법에 적합할지 모르겠으나, 조건법은 "récit"에서뿐만 아니라, "discours"에서도 사용되기에 이 구분은 적합성이 없다. "récit"와 "discours"의 이론을 더욱 발전시킨 "récit"와 "commentaire"를 토대로 한 이론도 조건법 설명에는 큰 도움이 되지 않는다.[3] "commentaire"에 속한 시칭으로 현재, 복합과거, 미래, "récit"에 속한 시칭으로 반과거, 단순과거, 대과거, 조건법이 속해 있지만, "commentaire"와 "récit"의 정의가 너무 포괄적이고, 조건법 동사가 언제나 "récit"에서만 사용이 되는지 의문이기 때문에 본 논문에서는 제외하였다.

형태적으로 조건법 현재 동사는 단순 미래와 같은 방식으로 만들어진다. 동사 원형에 미래 형태소 /-r-/과 현재를 표시하는 형태가 결합하여 미래가 형성되지만, 조건법 현재는 같은 형태소 /-r-/과 반과거 형태소의 결합이다. 통사적 측면에서 조건법 현재 동사만의 고유한 특징은 없으나, 형태적 측면에서 단순 미래와 반과거는 조건법 현재에 지대한 영향을 끼치고 있다.

조건법 동사는 "시제적(temporel)", "조건적", "인용적(reprise)", "완화적(atténuation)"의 네 용법으로 분류되나, 더 크게는 시제적 용법과 서법적 용법으로 나뉜다. 시제성과 서법성 가운데 어느 것이 더 기본적인 의미인가의 문제는 잠시 언급이 되겠으나 본 논문의 주안점이 아니기 때문에 제외하고, "si 조건절"의 분석 결과를 조건법 동사 전체에 적용시킨 화용적 연구와 심리 역학

2) Benveniste, E., *Problèmes de linguistique générale*, 1, Gallimard, p. 248.
3) Weinrich, H., *Grammaire textuelle du français*, Didier, p. 124.

이론과 믿음의 세계 이론을 결합 설명하고 있는 논리 의미론의 바탕에서 논지를 전개시키겠다.

Ⅱ. 시제 의미론적 고찰

조건법 동사는 형태적, 의미적으로 반과거와 미래의 결합이다. 조건법을 구성하는 미래와 반과거는 직설법 단순 미래와 반과거와 마찬가지로 두 변이 기능을 갖는다.[4] 단순 미래가 c)시제적 기능과 d)서법적 기능을 갖고 있듯이, 반과거 또한 a)시제적 기능과 b)서법적 기능을 갖고 있다. 조건법 동사는 이미 말한 바이지만, 미래와 반과거의 결합 산물이기 때문에 다음의 조합으로 이루어진다. ac, ad, bd의 조합이 가장 흔히 볼 수 있는 예이다.[5]

(3) Il a dit qu'il viendrait jeudi. (ac)

(4) Elle serait malade, pensait-il. (ad)

(5) Il viendrait, s'il pouvait. (bd)

(6) Toi, tu serais la mère, moi, je serais l'enfant. (bc)

불어에서 동사가 제공하는 정보 가운데, 시제(temps)와 시상(aspect)은 의미 파악에 없어서는 안 되는 요소이다.

(7) Il n'est pas venu à la soirée et cependant je l'avais invité.

(8) À minuit, il travaillait encore.

(7)은 대과거를 이용하여 "파티에 오지 않은 것"을 선행하는 "그를 초대하였다"를 나타내는 시제적 용법이다. (8)은 사행의 순서 관계가 아니라, 동사로

---

4) Schogt, H., *Le système verbal du français contemporain*, Mouton, p. 44.
5) Schogt, H., *Le système verbal du français contemporain*, Mouton, p. 45.

표시되는 사행의 내적 구조를 알리는 시상에 관계된다. (8)에서 "일하다"라는 사행은 자정이라는 시점에서 아직 계속되고 있다. 진행상(duratif)이기 때문에, 일정한 시점을 기준으로, 이 경우에는 "자정"이 되겠지만, 사행은 자정 이전에 이뤄졌던 부분과 이후에 이루어진 부분으로 나뉜다. 자정에 행하여진 부분을 ω, 이후의 부분을 α라 한다면, 이 사행은 둘로 분할되기에 분할상(aspect sécant)이라 부르기도 한다.

(9) Je sais qu'il viendra.
(10) Je savais qu'il viendrait.

(9)와 (10)에서 "venir"는 "savoir"를 후행하기 때문에, "savoir"가 현재면 미래, 반과거이면 조건법 현재를 사용하지만, "venir"의 구조는 아직 이루어진 사행이 아니기에 α만으로 구성된다. 하나 덧붙일 사항은 주문장의 동사가 과거일 때, 후행하는 사행은 조건법 현재이지만, 후행하는 사행이 발화 시점과 일치하거나 후행할 수도 있다.

(11) Je savais qu'il viendrait bien aujourd'hui/ demain.

조건법 현재 동사는 "과거 미래"로 쓰이지만, 과거 미래란 발화 시점과 발화 시점 이후의 순간도 해당이 된다. "과거 미래"이고, "α"만으로 구성된 이 시제적 조건법은 주절이 과거 동사로 되어 있을 때 종속절에서 쓰인다.

반과거의 구성요소인 ω와 α는 균제한 모습을 지니고 있지 않다.

(12) Quand je revins, il était malade.
(13) Depuis vingt ans, il était malade.
(14) Désormais il était sauvé.

(12)에서 ω와 α는 중요성이 같으나, (13)에서는 ω가 α보다 더 강조돼 있고,

(14)에서는 α가 ω보다 더 부각되어 있다.[6] 다음의 예를 보자.

(15) S'il avait de l'argent, il achèterait une voiture.

"si 조건법"에서, "si" 때문에 반과거 동사의 ω는 무력화되어 현재의 의미를 갖는다. 더욱이 α만으로 구성된 조건법 현재는 과거와 연결된 미래뿐만 아니라 아직 실현이 되지 않은 현재와 미래를 나타낸다.[7] 단지 α의 성질이 단순 미래의 α와 다를 뿐이다.

시제적 조건법은 종속절에 쓰이나, 주절과 종속절의 연결 장치는 "si"와 "que"이고, 이 연결사로 인도되는 종속절의 후행적 사행은 조건법 현재형으로 사용되지만, "si 조건법"에서는 주절의 동사가 조건법 현재형으로 나타난다.[8] si 조건절은 함의 관계(implication)의 테두리를 주절에 제공한다.

(16) Si tu viens dimanche, je serai content.
(17) Si tu venais dimanche, je serais content.
(18) Si tu étais venu dimanche, j'aurais été content.

(16), (17), (18)은 si절에서 현재, 반과거, 대과거, 주절에서 미래, 조건법 현재, 조건법 과거를 사용하며, 전통 문법에서 언급되는 "잠재성(potentiel)"과 "반사실성(irréel)"을 나타낸다. (16)과 (17)의 차이는 강 잠재성(potentialité forte)과 약 잠재성(potentialité faible)의 차이다. 일정한 시점에서 사행이 실현될 개연성이 있을 때 강 잠재적, 개연성이 있으나 실현에 의심이 수반될 때 약 잠재적, 사행의 실현이 상상할 수 없으면 반사실적이라는 사실은 주지하는 바와 같다.[9]

---

6) Martin, R., *Temps et aspect*, Klincksieck, p. 97.
7) Martin, R., *Temps et aspect*, Klincksieck, p. 125.
8) Maingueneau, D., *Précis de grammaire*, Bordas, p. 150. "si절과 주절의 관계는 종속의 관계가 아니라 함의의 관계다."
9) Martin, R., *Pour une logique du sens*, PUF, p. 140.

si 조건절은 주절의 사행이 전개되는 테두리의 역할을 하지만, 함의 연산자의 역할도 한다. si 조건절을 A, 주절을 B라고 할 때, A가 진이면 B도 진이고 문장 전체도 진이 되는, 실질 함의 진리치도 표의 제1항에 해당되는 조건문이 (16), (17), (18)이다.[10)]

이 조건언 "A이면 B이다"에서 고려되어야 할 사항은 이 조건언 전체와 화자와의 관계이다. (16)은 "그가 올 확률"이 크기 때문에 "강 잠재성"의 조건문이지만, 화자는 진의 진리치를 부여하지 않고 중립적 태도를 취하고 있고, (17)은 "약 개연성"의 조건언으로, 실현될 확률이 크지 않은, 화자의 사행의 실현에 대한 의심이 수반되는 비개연적(non probable) 조건언이고, (18)은 실현성이 전혀 없는 위인 조건문이다. 조건문 자체의 내용을 명제(posé)라고 할 때, 조건절 자체에 대한 화자의 태도를 전제(présupposition)라 할 수 있다.[11)]

조건절 자체의 진리치와 화자의 태도는 반드시 일치되지 않는다. (16)은 조건언이 진일 때 화자는 중립적 태도를, (17)은 조건언이 진일 때 화자는 비개연적 태도를, (18)은 조건언이 진일 때 화자는 위라는 태도를 취한다. 중립적일 때에 전제의 진리치는 없기 때문에 열린 조건(condition ouverte), 비개연적 조건언과 반사실적 조건언을 닫힌 조건(condition fermée)이라 한다.[12)]

"si"는 진위의 문제에서는 어떠한 역할도 하지 않기 때문에[13)], 열린 조건과 닫힌 조건을 빚어내는 요소를 (16), (17), (18)에서 보는 바와 같이, 현재, 미래, 반과거, 접속법 현재, 대과거, 접속법 과거라는 동사 형태에서 찾아볼 수 있지 않을까 생각된다. 반사실성은 대과거의 조건법 과거형에만 국한되지 않고, 반과거, 조건법 현재형과도 문맥에 따라 관련을 맺고 있다. 조건법 현재 동사는 미래와 반과거

---

10) Herrick, P., *The many world of logic*, Oxford Univ. Press, p. 43.

p	q	p≡q
T	T	T
T	F	F
F	T	F
F	F	T

11) Larreya, P., *Le possible et le nécessaire*, Nathan-Recherche, p. 56.
12) Larreya, P., *Le possible et le nécessaire*, Nathan-Recherche, p. 56.
13) Le Goffic, P., *Grammaire de la phrase française*, Hachette, p. 407.

의 결합이기 때문에 반과거와 조건법 현재의 관계, 일정한 시점을 후행하는 미래와 조건법 현재의 관계는 조건법 연구에 중요하다.

"조건절 표지 si와 -r-의 형태소로 될 동사형은 서로 배척한다(*S'il pleuvra, *S'il pleuvrait). 또한 si와 -r-은 반과거 어미 내용에 영향을 끼쳐 구성요소 ω를 무력화하고 작용을 못하게 하는 공통점을 갖고 있다."[14] 형태소 /-r-/의 영향으로 ω가 배제되고, α만이 조건법 현재에서 작용한다. α는 아직 실현되지 않은 부분이기 때문에 잠재적이고, 잠재성이란, 실현되지 않은 가능성이다. 화자와의 관계에서 이 잠재적 α는 시칭에 따라 차이가 빚어진다.

(19) Pour un peu, je l'épouse.

(20) Pour un peu, je l'épousais.

(21) Pour un peu, je l'épouserais.

(22) Je travaillait chez Renault.

(19)의 현재형 épouser는 완결동사(verbe perfectif)로서[15], "sortir" 동사가 문을 경계로 하여, 문을 나서기 이전의 상황을 ω, 나선 후의 상황 α로 구분하는 것처럼, 결혼 이전의 상황 ω와 이후의 상황 α로 구성된다. 직설법 현재 동사에서 α는 실현확실성이 크다. 아직 나갈 준비도 하지 않았음에도 "je sors"라 말한다. 아직 여기 있으면서 "je pars"라 현재형으로 말한다. 현재형 동사는 미래형 동사보다도 실현 가능성이 확실한 사행을 나타낸다. (19)는 좀 더 상황이 진척되면 결혼한다는 뜻이다. (20)의 반과거형 문장의 α는 진이 될 수 있었으나 실현되지 않은 절박성을 나타낸다. (22)는 지금 발화 순간에서는 진이 아니고, (21)은 조건법 문장 사행에 의심이 수반된 경우이다.

일정한 기점을 후행하는 사행을 서술한다는 공통점을 단순 미래와 조건법은 갖고 있기 때문에, 학자에 따라서는 단순 미래를 "Futur I", 조건법 현재를

---

14) Martin, P., *Temps et aspect*, Klincksieck, p. 124.

15) 완결동사란 동사의 어휘 의미를 토대로, sortir, entrer, mourir, naître 등과 같이, 일정한 경계 지점을 넘으면 다시 계속할 수 없는 동사이다. 들어온 다음에 또 들어올 수 없고, 태어난 다음에 다시 태어날 수 없다.

"Futur II"라 부른다.[16] 미래와 조건법 현재는 구성 내용이 ω가 결여된 α뿐이다. 아직 실현되지 않은, 앞으로의 사행과 연관되기 때문에, 시제성과 상관이 없이 서법성을 갖는다.

(23) Pierre n'est pas ici. Il dînera chez ses parents.

(24) Ne faites pas cela. L'enfant s'éveillerait.

일정한 시점 이후에 일어날 사행은, 앞으로 일어날 사행이기 때문에 "가설과 불확실성"이 수반되게 마련이다. 단순 미래도 si 가설과 불확실성이 따르나 그 강도가 약하다.[17]

(25) J'espère que tu viendras me chercher.

(26) Tu copieras cette page pour demain.

(27) Nous avouerons que notre héros était fort peu héros en ce mement.

(28) Une autoroute traversera ce bocage.

(29) J'ai trouvé ce beau livre sur le bureau : ce sera le cadeau d'une admiratrice.

(25)의 예문은 시제적 용법, (26)에서 (29)의 예문은 서법적 용법의 예문으로서, (26)은 명령, (27)은 어조 완화, (28)은 추측을 나타내는 단순 미래이다. 사행의 실현가능성의 강도가, 어조 완화와 추측의 미래에서 약속의 미래를 거쳐 시제적 미래에 이르러 최고에 달한다.[18] 단순 미래는 확실성을 지향(指向)하고 있다.

조건법 현재 동사는 일정한 지점을 후행하는 시제성을 갖고 있지만 지향하는 바는 단순 미래와는 다르다. 조건법 현재는 미래 사행에 내재한 불확실성을

---

16) Baylon et Fabre, *Grammaire systématique de la langue française*, Nathan, p.123.

17) Riegel et autres. *Grammaire méthodique du français*, PUF, p. 312.

18) Martin, R., *Pour une logique du sens*, PUF, p. 132.

단순 미래처럼 감소시키지 않고 오히려 증가시킨다. 조건법 현재란 가정적 미래(futur hypothétique)이기 때문에 화자는 α에 대한 책임을 지지 않는다.[19]

(30) Il m'a dit qu'il reviendrait le plus tôt possible.

(31) S'il avait assez d'argent, il voyagerait.

(32) Le président de la République se rendrait en Corée.

(33) Je voudrais vous parler.

(30)은 시제적 용법의 조건법이다. 서법성이 가장 약한 조건법 용례로서, 동사로 표시된 사행의 실현성 여부는 문맥에 좌우된다. (30)의 조건법 현재 사행은 일반적으로 실현성이 큰 사행이나, "je croyais qu'il viendrait"는 "croire" 동사 때문에 실현성이 거의 없는 조건법 현재이다.

(31)은 조건언으로, 명제의 내용과 전제의 진리치가 다른 반사실적 조건언이다. 상상적 반사실 세계(anti-univers)에는 실현 가능한 사행이다.

(32)는 제3자의 의견이나 주장을 되풀이하는 조건법이기 때문에 화자가 아닌 제3자의 세계가 관여하고 있고, 화자가 명제 내용을 부인하지 않으나 화자의 책임이 따르지 않는다. 이 조건법은 "si 조건언"과 관계가 없으며, 따라서 "condition sans condition(조건절 없는 조건법)"으로서 "si 조건절"에서 문제가 되는 잠재성(potentiel)과 반사실성(irréel)의 대립이 성립되지 않는다.[20]

(33)은 "si 조건절"과 명시적이지는 않지만 관계가 있다. 조건언이 명시적으로 제시되어 있지 않을 수도 있다. "À Paris, je parlerais français"에서처럼, 조건언이 명시적으로 제시되어 있지 않으나 대신 "À Paris" 때문에 조건법 동사가 사용되고 있다. (33)에 연결되는 조건절은 "si je pouvais me permettre"가 적합하다. "사행이 실현될 조건이 이루어져 있지 않으나, 발화 순간에 발화자는 사행이 가능하다"라는 잠재성의 특징을 갖고 있다. (33)은 물론 전통문법에서 말하는 "어조완화의 정중한 조건법"이지만, 본 논문과 직접 상관이 없으나

---

19) Guillaume, G., *Langage et science du langage*, Nizet, p. 202.

20) Riegel et autres, *Grammaire méthodique du français*, PUF, p. 319.

지적할 사항이 있다. "정중함을 나타내는 문법 장치에도 순서가 있다. 순서의 원칙이란, 요구사항이 상상적이고 현실과 거리가 있을수록 청자는 자신에게 행해진 요구를 덜 부담스럽게 생각한다."[21] (33)은 닫힌 조건의 비개연적 조건절이다.

(33)은 잠재적 특징을 갖는 불확실성(incertain)의 사행이다. (33)의 "je voudrais une tasse de café"는 긍정적 또는 부정적 결과 가운데 어떠한 결과도 무관하다는 함축을 갖고 있다. (30)의 과거 미래, (31)의 조건언의 반사실성, (32)의 불확실한 정보의 인용, (33)의 정중함의 표시에서의 공통점은 발화 순간에 실현되지 않은 사행이기에 불확실성(incertitude)을 갖고 있다. 실현가능성의 강약에 따라 위의 예문을 분류한다면, 약 가능성 강도에 따라 1) 비현실성, 2) 불확실한 정보, 3) 정중함의 표시, 4) 과거 미래라는 순서를 정할 수 있다. 조건법 현재는 불확실성이 가장 약한, 달리 말하면 과거 미래의 확실성에서 반사실성은 불확실성으로 이어지는 지향점을 잡고 있다.[22]

Ⅲ. 끝맺음

"조건법 동사의 사행은 현재, 과거, 미래 어느 순간에도 실현되지 않는다... 사행은 화자의 지적 산물이다."[23] 화자의 지적 산물이란 사행이 화자의 추측이거나 또는 상상력의 소산이라는 말일 수도 있다. 이러한 이유로 조건법은 "가정적 미래(futur hypothétique)"[24] 또는 "상상적 서법(mode de l'imaginaire)"[25]이라 불린다.

조건법 현재 동사가 직설법에 속하는가 또는 별도의 "추정법(suppositif)"

21) Judge et Healey, *Reference Grammar of modern French*, Arnold, p. 166.
22) Martin, R., *Pour une logique du sens*, PUF, p. 148.
23) Le Guern et autres, *Sur le verbe*, Presses univ. de Lyon, p. 54.
24) Guillaume, G., *Langage et science du langage*, Nizet, p. 202.
25) Arrivé et Peytard, *Grammaire du français contemporain*, Larousse, p. 356.

체계를 구성하는가의 수십 년에 걸친 논쟁을 여기서는 재고하지 않겠지만, 단순 미래가 제외된 추정법은 설득력도 없고, 문법 체계를 더욱 복잡하게 만들 뿐이다. 조건법 현재는 단순 미래와 같이 직설법의 한 체계이다. 단지 동사로 표시되는 사행이 단순 미래는 화자가 책임지는 확실성(certitude), 조건법은 화자가 거리를 두는 불확실성(incertitude)을 지향하고 있다.

직설법 현재 동사는 조건절과 언제나 연결되지 않는다. "si 조건절"의 특징인 반사실성과 잠재성의 원칙이 적합성을 잃는 경우이다. 그러나 "잠재성"과 "반사실성"이란 "비개연적(non probable)", "위(faux)" 진리치를 전제하고 있는 것이고, 비개연성과 위의 진리치를 "불확실(non certain)"이라는 큰 틀 안에 포함시킨다면, "Le Premier ministre se rendrait au Japon"은 조건절과 관계없으나, "... mais il se peut qu'il ne s'y rende pas (car nous ne pouvons garantir nos renseignements)"이 되지 않을까 생각한다. 전제가 되는 명제의 진리치가 "미확정적"이다. 달리 말하여 "si 조건절"의 특성을 가지고 조건법 현재 동사의 모든 용례를 설명할 수도 있지 않을까 생각되지만, 좀 더 철저한 용례의 검토와 세밀한 이론 정립이 필요하다.

심리 역학(psychomécanique) 이론에 믿음의 세계(univers de croyance)와 가능 세계(monde possible) 이론을 접속하여 조건법을 규명하려는 이론은, 과거 미래에서 믿음의 세계의 변화, 불확실한 정보의 조건법에서 화자는 화자의 세계에 책임을 지지 않는 문제, 또는 si 조건절과 반사실세계(anti-univers)와 연관 관계, 조건법 연구에서 종래 다루지 않던 수사적 의문문(interrogation rhétorique)의 규명은 새로운 시도이지만, 조건법 현재의 불확실성이 어디에서 오는가의 근원 문제에 대한 좀 더 철저한 설명이 아쉽다.

조건법에 관한 비록 과학적이지 못하나 시사하는 바가 많은 오래된 주장을 인용함으로써 결론을 대신하고자 한다. "조건법과 미래는 발화 시점에서 실현되지 않은 일을 표시한다는 점에서 공통점을 갖고 있다. 그러나 이 동사 형태의 사용에서 빚어지는 불확실성의 성질에는 차이가 있다. 조건법의 경우에, 실현성은 문맥에 명시적 또는 비 명시적으로 내재한 많은 요소에 좌우된다. 직설법 미래에서 미래와 연관된 불확실성은 인간 조건에 내재한 것이기에 조건법과 다르다. 인간 자신이 일정한 장소와 시점에서 행하려는 일이 실제로 실행이 될 수 있는지, 어느 누구도 확신하지 못한다. 환언하여 직설법 미래는 "si Dieu le veut(일이 순조로우면)"에 좌우된다. 미래의 불확실성은 언어적이 아니라 철학적인 것이다. 이러한 특징을 가졌기 때문에 미래는 조건법보다 덜 불확실하다. 다음의 두 문장 il sera déjà arrivé / il aura fait ses bagages와 il serait déjà arrivé/ il aurait fait ses bagages를 비교하자. 두 번째 문장은 "...말에 의하면 또는 그가 하려는 계획하는 바에 의하면"의 뜻을 함의하고 있다. 조건법은 기본적으로 인간 조건과 관계된다. 그러나 첫 번째 문장에서 당사자는 목적지에 도착하였다고 확신한다. 단지 예측할 수 없는 요소가 그의 도착에 방해가 될 수도 있다."26)

26) Judge and Healey, *Reference Grammar of modern French*, Arnold, p. 164.

참고문헌

Baylon et Fabre. (1973), *Grammaire systématique de la langue française*, Nathan.

Benveniste, E. (1966), *Problèmes de linguistique générale*, 1, Gallimard.

Chevalier et autres. (1964), *Grammaire du français contemporain*, Larousse.

Confais, J.-P. (1975), *Temps, mode, aspect*, Presses univ. du Mirail.

Deloffre, F. (1975),*La phrase française*, Paris.

Guillaume, G. (1973), *Langage et science du langage*, Nizet.

Judge and Healey. (1983), *Reference Grammar of modern French*, Edward Arnold.

Larreya, P. (1979), *Enoncés performatifs, présupposition*, Nathan.

Larreya, P. (1984), *Le possible et le nécessaire*, Nathan-Recherche.

Le Goffic, P. (1993), *Grammaire de la phrase française*, Hachette.

Le Guern et Rémy-Giraud. (1986), *Sur le verbe*, Presses univ. de Lyon.

Maingueneau, D. (1991), *Précis de grammaire*, Bordas.

Martin, R. (1971), *Temps et aspect*, Klincksieck.

Martin, R. (1983), *Pour une logique du sens*, PUF.

Martin, R. (1987), *Langage et croyance*, Mardaga.

Riegel et autres. (1994), *Grammaire méthodique du français*, PUF.

Sensine, H. (1966), *L'emploi des temps en français*, Payot.

Schogt, H. (1968), *Le système verbal du français contemporain*, Mouton.

Vet, C. (1980), *Temps, aspects et adverbe de temps en français contemporain*, Droz.

Weinrich, W. (1973), *Le temps*, Seuil.

Weinrich, W. (1989), *Grammaire textuelle du français*, Didier.

10 마르텡의 의미론

10 마르텡의 의미론

Ⅰ. 의미와 의미론

의미의 정의에 따라서 의미론은 달라진다. 로베르 마르텡(Robert Martin)은 종래의 의미론을 넓게 셋으로 구분한다. 첫째로 한 언술(énoncé)의 의미는 상황(situation)에 따라 결정된다는 행동주의(behaviorisme) 철학에 바탕을 둔 분포주의 언어학이다. 언어행위를 자극(stimulus)과 반응(réaction)으로 설명하는 블룸필드(L. Bloomfield)는 언술의 의미를 화자가 언술을 말하고, 그 언술이 청자에게 반응을 일으키는 상황이라고 정의한다.[1] 의미를 추상적 또는 구체적인 언어외적 세계(univers extralinguistique)의 상황이라 정의하였을 때, 의미 파악에 앞서서 언어외적 상황에 관한 완벽한 분류가 따라야 한다는 문제가 제기된다. 그러나 완전한 상황 분류도 불가능하겠지만, 그 이전에 상황 분류를 하기 위한 원칙에서도 합의는 이루어지기 어려우리라 생각된다.

둘째로 언술의 의미는 문맥(contexte)에 따라서 결정된다는 주장이 있다. 불어의 "어둡다"라는 의미를 가진 "sombre"와 "obscur"는 같은 문맥에서 흔히 사용되기도 하지만 문맥을 달리할 경우도 적지 않다. 장소를 나타내는 단어와 결합하여 '어두운 곳' 또는 '어두운 방'의 의미로 "un endroit sombre ou obscur" 또는 "une pièce sombre ou obscure"로 사용되나, '어두운 색'의 의미로 "une couleur sombre"는 쓰이나 "une couleur obscure"는 쓰이지 않는다. 모든 문맥을 조사한다는 것도 쉽지 않지만, 문맥만으로 의미가 결정되지는 않는다.

---

1) Bloomfield, L., *Langage*, p. 27.

셋째로 한 언술의 의미는 변환작업(traduction)이 결정한다는 주장이 있다. 변환에는 두 가지 유형이 있다. “할 수 있다”라는 의미의 불어 “pouvoir”는 영어의 “to be able”, 독어의 “können” 등의 다른 언어로 변환이 가능하지만, 또한 “avoir la possibilité de”라는 동일 언어로 옮겨질 수도 있다. 한 언술을 같은 또는 다른 언어로 변환할 때 불변하게 남아있는 요소(invariant)를 의미라고 주장하지만, 이 이론은 순환적 모순에 빠져 의미를 파악할 수 없다. “pouvoir”는 “avoir la possibilité de”로 바꾸어지지만, “avoir la possibilté de”를 알기 위하여는 “possibilité”의 파악이 전제되어야 하며, “possibilité”는 “ce qui peut se réaliser”(실현될 수 있는 것)라는 pouvoir 동사의 삼인칭 단수 변화형의 도움으로 옮겨지기 때문에, 결국 “pouvoir”의 의미 파악에는 “pouvoir”를 알아야 한다는 순환적 모순에 빠지게 된다.

마르텡은 의미론은 부분적이 아닌 포괄적(global) 목표를 갖고 있어야 한다고 주장한다.[2]포괄적 목표란 명시적, 형식적 규칙을 이용하며, 화자가 의식하고 있는 한 언술의 직관적 의미를 재구성하고, 나아가서 이 직관적 의미와 상황적 의미를 해석을 통하여 일치시키는 데 있다. 그러나 상황적 의미까지 포함된 의미론의 설정이 현재 시점에서는 어렵다고 마르텡은 생각한다.

1. 문장 의미(sens)와 상황 의미(signification)

문장이 갖는 의미는 문장 의미(sens littéral)와 상황 의미(signification)로 나눌 수 있다. “C'est réussi”(성공한다)라는 문장의 의미는 “résultat favorable”(좋은 결과)이지만, 일정한 상황이 부여되면 “échec”(실패) 또는 “revers”(역전)이라는 반대의 의미를 갖는다. 상황 의미는 화자의 의도를 떠나서 청자가 문장에 부여한 의미이다. 상황에 따라 청자가 다르게 부여하게 되는 이 상황 의미는 랑그를 토대로 한 의미론으로는 예측이 불가능하다.[3]

---

2) Martin, R., *Inférence, antonymie et paraphrase*, p. 2.
3) “랑그”(langue)란 “언행”(parole)과 대립되는 용어로 사용하였다.

따라서 마르텡은 의미론을 문장 의미를 다루는 의미 논리부(composante sémantico-logique)와 상황 의미를 다루는 의미 해석부(composante sémantico-interprétative)로 나누고 있다.[4)]

2. 문장 의미와 정보(information)

문장은 문장 의미와 상황 의미를 가지고 있으며, 또한 정보를 갖게 된다. 정보란 청자(récepteur)에게 새로운 내용이다. "Nixon a démissioné"(닉슨이 사직하였다)는 의미를 가지고 있으나, 청자에게 새로운 내용을 전하기 못하기 때문에 정보가 되지 않는다. 그러나 "Mitterand a démissioné"는 의미와 동시에 청자에게 새로운 내용을 전하기 때문에 정보도 지니고 있다.

이미 제시된 예인 "C'est réussi"에서 문장 의미는 "좋은 결과"이고, 상황 의미는 "실패"이지만, 화자에게 새로운 내용인가 또는 아닌가에 따라서 이 문장의 정보성이 결정된다.

정보란 청자가 알고 있는 내용이냐 아니냐에 따라 결정된다. "Mon fils s'est acheté une Jaguar"(나의 아들이 재귀어 차를 샀다)에서, "Mon fils s'est acheté une voiture de course"(나의 아들이 스포츠 카를 샀다), "Mon fils s'est acheté quelque chose"(나의 아들이 무엇을 샀다), "Mon fils est en état d'acheter une Jaguar"(나의 아들이 재귀어 차를 살 능력이 있다), "J'ai un fils"(나는 아들이 있다) 등의 상황에 따라 새로운 여러 정보를 청자는 얻을 수 있다. 문장의 정보는 전제(présupposition)와 함의(implication)와 밀접히 관계를 맺고 있다. 위의 문장 "Mon fils s'est acheté une Jaguar"를 p, 그리고 나머지 문장들을 순서에 따라 p_1, p_2, p_3, p_4라 정한다면, p_1이 진이면 p_2도 진이고, p_2가 진이면 p_3도 진이고, p_3가 진이면 p_4도 진이 된다. p와 나머지 문장 사이에는 논리적 함의 관계(implication logique)가 성립된다.

정보는 문장 의미와 상황 의미와 밀접한 관계를 맺고 있으나, 마르텡은 넓게 정보

---

4) Martin, R., 같은 책, p. 17.

에 관계된 의미론을 담화 의미론(sémantique discursive)에 위치시키고 있다.[5)]

3. 함축(connotation)

"bouc"의 의미는 "chèvre"(염소), "mâle"(숫컷)이라는 의소(sème)로 분석되나 두 의소가 이 단어 의미의 전부는 아니다. "bouc"라는 단어에는 "salacité"(외설성)라는 의미가 연결된다. "blanc"은 흰색을 나타내지만 결합하는 명사에 따라서 "pâle"(파리한), "sans timbre"(특징 없는), "propre"(깨끗한)를 의미하기도 한다. 함축이란 한 단어가 갖는 본래의 의미인, 외연적 의미(sens dénotatif)에 부수되는 이차적 의미이다.

"chaise"(팔 없는 의자)의 의소(sème)는 "pour s'asseoir"(앉기 위한 것), "sur pied"(다리가 있는), "pour une personne"(일인용), "matériel rigide"(고체로 된)로 분석된다. 한편 "fauteuil"의 의소에는 "chaise"의 모든 의소가 다 포함되나, 별도로 "avec bras"(팔이 있는)라는 의소가 추가된다. 위에 열거한 의소들은 "chaise"와 "fauteuil"가 존재하기 위한 최소의 필수적인 요소이다. 그러나 "chaise"와 "fauteuil"의 대립관계를 구분시키는 의소는 "avec bras"라는 자질의 유무에 좌우된다. 따라서 같은 필수적인 의소이지만, "avec bras"는 변별성(distinctif)을 갖는다.

함축의 경우는 의소와 성질을 달리한다. "papa"(아빠)와 "père"(아버지)는 같은 의미 내용을 갖고 있다. 경찰이 살인범을 찾고 있다. 경찰의 심문에서 "가"라는 사람이 "C'est le père de Pierre"(피에르의 아버지다)라고 답하였을 때의 "père"와, "Pierre"가 "C'est le papa"(아빠입니다)라고 답하였을 때의 의미는 같으나 함축은 다르다. "papa"는 외연적 의미 말고도 화자와 아버지의 관계에 관한 정보를 제시한다. 함축은 문장 의미와 상황 의미와는 달리 언술의 참여자(actant)가 아닌 언술 행위(énonciation)의 참여자에 관하여 그 무엇을 가르쳐 주는 의미 현상이다.[6)]

---

5) 같은 책, p. 18.

함축은 의소와는 달리 필수적, 변별적 성질을 가지고 있지 않으나, 외연적 언어(langue de dénotation)와 대립되는 언어[7], 또는 기본적 체계(système)를 토대로 빚어진 부차적 체계(système second)[8]에 속하기 때문에, 의미 이론에서 배제되어서는 안된다는 주장을 마르텡은 하고 있다.[9]

함축이라는 개념의 도입으로, 의미론은 문장 의미를 다루는 의미 논리부, 상황 의미를 다루는 의미 해석부 이외에 또 하나의 갈래를 갖는다. 함축과 문장 의미, 상황 의미와의 관계를 도식으로 나타내고 있다.[10]

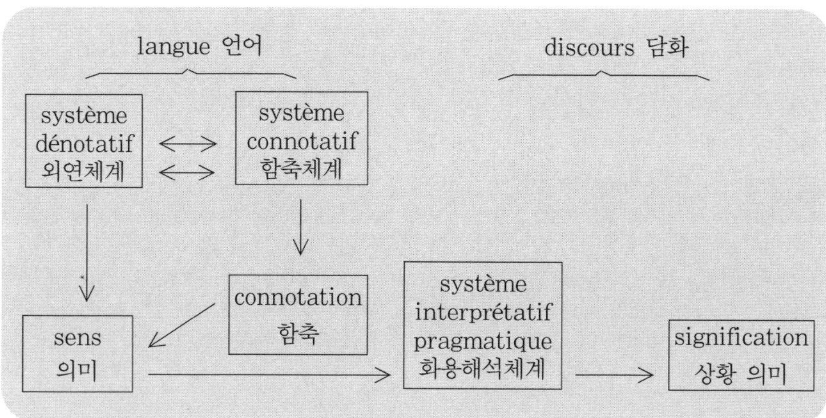

Ⅱ. 마르텡의 의미론 체계

마르텡이 생각하고 있는 이상적인 의미론의 큰 윤곽은 이미 언급한 바와 같이, 문장 의미를 다루는 외연체계(système dénotatif)와 이를 바탕으로 한 함축체계(système connotatif), 그리고 화용해석체계(système pragmatique d'interprétation)

6) 같은 책, p. 96.
7) 같은 책, p. 90.
8) 같은 책, 같은 쪽.
9) 같은 책, p. 94.
10) 같은 책, p. 96.

로 구성된다. 함축체계는 외연체계에서 비롯된 부차적 소산물이지만, 마르텡의 함축체계에 관한 체계적 이론 형성이 진행 중이기 때문에, 외연체계와 화용체계를 중심으로 마르텡이 생각하는 의미론의 윤곽을 좀 더 상세히 언급하겠다.

1. 화용부

"Pierre est revenu"(피에르가 돌아왔다)는 상황에 따라 여러 의미(signification)를 빚어낸다. 피에르를 애타게 기다리던 부인에게는 고난의 종말을, 피에르의 성격을 혐오하는 아버지에게는 불화의 시작을, 피에르의 끈질긴 노력을 믿고 있는 어머니에게는 성공을 뜻한다. 화자의 시간, 공간적 좌표에 따라서 상황 의미(signification)도 달라진다.

그러나 "피에르의 돌아옴"이 부인, 아버지, 어머니에게 다른 상황 의미를 빚어내지만, 이 세 경우에 불변한 요소(invariant)가 있다. 이는 "Pierre est de retour"(피에르가 귀환하였다)라는 의미이다. 언술(énoncé)과 문장의 차이점은 바로 여기에 있다. 언술은 언술행위의 결과로서 구체성을 지니고 있다. "J'ai mal à la tête"라는 문장을 일정한 상황에서 일정한 화자가 발설할 때에 비로소 언술이 된다. 문장이란 "추상적, 잠재적이며, 다양한 담화적 현실에서 언어학자가 재구성, 발견한 불변소"[11]이다. 다양한 상황과 관계되는 언술이 빚어내는 상황 의미와는 다르다. 상황에 따라서 "C'est beau"(아름답다)할 수도 있으나, 이런 현상은 예측과 측정이 가능한 의미 관계를 다루는 의미론의 대상이 될 수 없다. 상황 의미는 화용론의 대상이고, "화용론은 의미론의 한 부분일 수 없다."[12]

화용부(composante pragmatique)와 대립되는 의미부(composante sémantique)에는 진리 조건의 장(lieu de condition de vérité)이 되는 문장 기능(fonction phrastique)과 문장을 담화 속에 삽입하는 담화적 기능(fonction discursive)[13]

11) Martin, R., *Logique du sens*, p. 227.
12) 같은 책, p. 14.

이 있다. "Pierre est de retour"는 불어 사용자라면 누구라도 문법적으로 구성되어 있고, 의미적으로 해석이 가능한 완전한 문장이라고 인정한다. 이 문장은 진리 조건(condition de vérité)의 장이 된다. "피에르가 돌아왔다"는 "일정한 시기에 피에르가 여기 있었다, 사라져서, 다시 나타났다"를 함의한다. "일정한 시기에 피에르가 여기 있었다가 사라졌다"라는 전제가 없이는 이 문장은 성립되지 않는다. 문장이 진리 조건의 장이 된다는 주장의 좋은 예이다.

문맥의 주제가 한국 경제이다. 수출의 부진, 실업자의 증가, 물가의 상승, 대통령의 난처한 입장이 주제인 문맥(contexte) 속에 비록 문법적, 의미적으로 완전한 문장이지만 "Pierre est de retour"의 삽입은 어색하다. 담화적 기능이 용인되지 않는다. 쉽게 말하여 문맥적 일관성(cohérence textuelle)에 위배되기 때문에 이 문장의 삽입은 불가능하다. 담화 주제의 통일성은 문맥적 일관성이라 불리우는 담화적 기능에 의해 이루어진다.

마르텡은 문장에서 언술에 이르기까지의 과정을 다음과 같이 도식화하고 있고, 문맥적 문장까지만 의미론에 포함시키고 있다.[14]

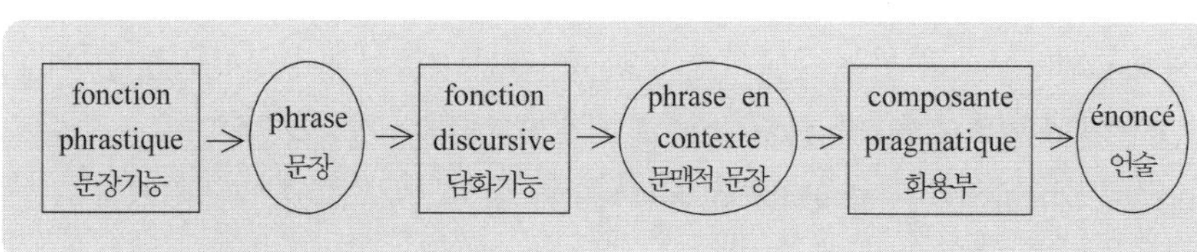

추상체로서의 문장은 진리 조건의 장이 되나, 진리치를 갖지는 않는다. 문장이 화자의 입을 통하여 말하여진 다음, 상황과 결합하여 언술이 됨으로써 비로소 진위의 가치를 부여받는다. 진위의 가치를 부여받는다는 것은 언어 외적 사실에 부합함을 뜻하지 않는다. 한 예로서 평서 언술(énoncé déclaratif)이란 언어 외적 사실과 부합될 수도 또는 안 될 수도 있지만, 화자가 진(vrai)이라고 믿는 것을 제시한 언술이다. 언어외적 사실이 아닌 화자의 믿음과 관계되는 진이기 때문에 상대적인 것이다.

---

13) 같은 책, p. 11.
14) 같은 책, p. 16.

구체적 상황과 밀접하게 관련되어 빚어지는 언술이야 말로 화용론의 연구 대상이다. 마르텡은 언술화용론(pragmatique de l'énoncé)을 "해석 화용론" (pragmatique de l'interprétation)과 "재해석 화용론" (pragmatique de la réinterprétation)으로 나누고 있다.[15] 화자가 말한 언술에는 화자의 믿음, 생각, 확신이 담겨진다. 반면에 화자의 언술은 화자와는 다른 믿음, 생각, 확신을 가진 청자의 검토 대상이 된다.

"Ils se sont mariés bien qu'ils n'aient pas d'enfants"(아이가 없음에도 그들은 결혼하였다)라는 언술에서, "bien que"라는 양보 형태소의 존재 때문에 "결혼하면 아이를 갖는다"라는 해석이 제시된다. "Il reste, malgré le retour de Sophie"(소피가 돌아옴에도 불구하고 그는 남아있다)와 "Il ne reste pas, malgré le retour de Sophie"(소피가 돌아옴에도 불구하고 그는 남아있지 않는다)의 두 언술에서, 첫째의 언술을 통하여 "소피가 돌아오면 그는 남아있지 않을 수도 있다", 둘째 언술에서는 "소피가 돌아오면 그는 남아 있을 수도 있겠다"라는 해석이 제시된다. 해석 화용론에는 언술에 담겨져 있는 화자의 믿음, 생각, 확신, 신념을 찾아내어 설명하는 역할이 부여된다.

재해석 화용론의 방법은 반대이다. "결혼은 유산 계급의 가증스러운 징표"라고 믿고 있는 피에르가 결혼하였다. 로베르의 "피에르는 결혼하였다"라는 경멸조의 언술은 "피에르는 불쌍하게도 유산계급화 되었다"를 의미한다. 원래의 의미에 새로운 상황 의미가 첨가된다. 달리 말해서 피에르가 결혼하였다는 해석에 피에르가 유산계급화 되었다라는 청자의 새로운 해석이 다시 첨가된다.

마르텡은 해석과 재해석의 과정을 거치는 언술을 화용론과 관계지어 다음의 도식으로 나타내고 있다.[16]

15) 같은 책, p. 233.
16) 같은 책, p. 232.

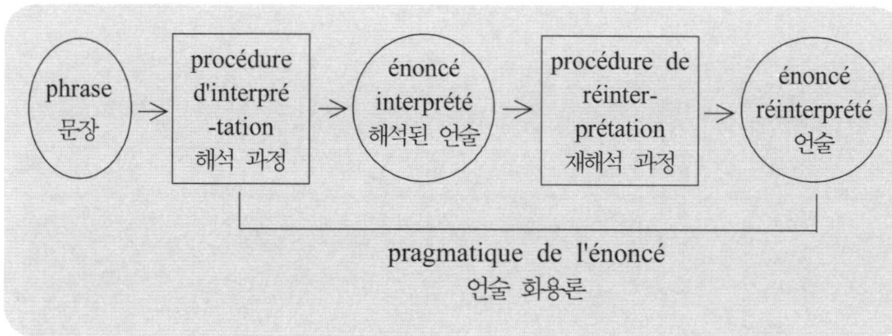

2. 외연부(composante dénotative)

모든 문장의 기저에는 "논리 의미"(sens logique)의 중심층 구조(structure très profonde, 重深層構造)를 결정하는 논리 의미부(composante sémantico-logique)가 자리를 잡는다. 논리 의미부는 세 갈래로 나누어진다. 첫째는 서술문, 의문문 등의 문장 형태, 화자의 현재와 관계되어 결정되는 문장의 시・공간적 위치, 문장의 진리치 등의 요소와 관계되는 양상소(modalisateur), 둘째는 어휘체(lexique) 구성에 필수적인 개념체 체계(noème), 셋째는 심층격(cas profond)이 생성되는 함수체계(système fonctoriel)이다.

중심층 구조의 논리 의미는 어휘 문법부를 거쳐 주제 의미(sens topicalisé)로 인도된다. 바꾸어 말하면 양상소, 개념소, 함수(fonction)가 중심층부를 이루고 있으며, 어휘 문법부는 경심층부(structure peu profonde, 經深層部)를 이룬다. 경심층부는 변형부를 통하여 표층부의 선화된 의미(sens linéarisé, 線化 意味)를 빚어낸다. 이 표층 구조는 형태 음운부(composante morpho-phonologique)의 규칙으로 해석되어 초점 의미(sens focalisé)가 마지막으로 나타난다.[17]

---

17) Martin, R., *Inférence, antonymie et paraphrase*, p. 125.

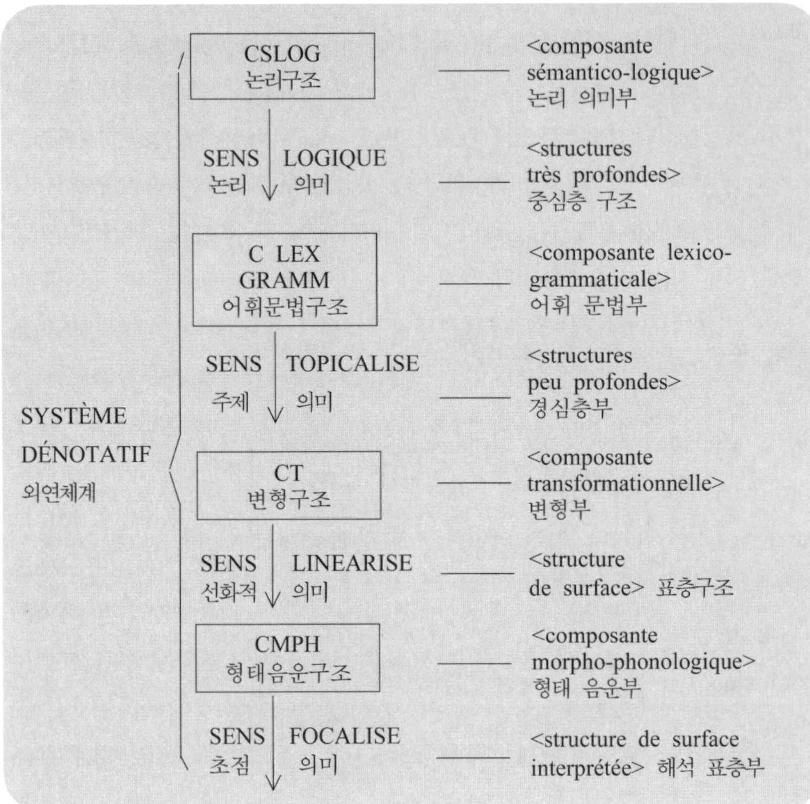

3. 논리의미부의 구조

이미 언급한 바와 같이 논리의미부는 양상(modalisation), 의미원소체계(système de primitifs sémantiques), 함수 체계(système fonctoriel)로 구성된다.

마르텡은 양상을 "언술행위의 산물"[18], "화자의 신계(univers de croyance, 信界)[19]와 연결시켜 다루고 있기 때문에 전통적 논리학의 입장에서 양상을 다

---

18) 같은 책, p. 131.

19) Martin, R., *Logique du sens*, p. 92. 나중에 다루고 있지만 신계란 universe of belief에 해당된다.

루고 있지는 않다.

전통적인 관점에서의 양상이란, 필연(nécessaire)과 가능(possibilité)의 양상 연산자(opérateur)를 명제의 내용과 결합시키는 작업이다. "Il pleut"(비가 온다)는 현재의 일기 상황, 논리학의 용어를 빌린다면 하나의 세계에 관한 언술이다. 그러나 "il se peut qu'il pleuve demain"(내일 비가 올지도 모른다)에서, 발화자는 내일 날씨가 어떻게 될지 모른다. 내일 날씨가 비가 올 수도 있겠고, 흐릴 수도 있고, 청명할 수도 있고, 안개가 낄 수도 있다. 여러 가지 가능성, 논리학적 용어를 빌린다면 여러 가능세계 가운데 비가 올 것이라는 가능세계를 화자는 제시한다. "Il est certain qu'il pleuve demain"(내일 틀림없이 비가 올 것이다)이라는 언술에서는 위의 예와는 달리 어느 가능 세계에서도 비가 올 것임을 나타낸다. "비가 오다"라는 명제와 필연성이 결합된 언술이다.

마르텡은 양상을 필연, 가능, 불가능, 우연에 국한시키지 않는다. 모든 언술은 화자의 산물이기 때문에 화자의 자취가 언술에 담기게 된다. 이 "자취"(marque)는 언술을 구성하는 한 부분이 아닌 언술 전체와 연관을 갖는다. 언술 전체에 관계되는 요소를 양상소(modalisateur)라 한다. 양상소는 언술을 떠나서 존재하지 않으나, 또한 언술은 언술 행위(énonciation)를 전제하지 않고는 성립되지 않는다. 언술행위는 화자인 나(moi), 나의 공간적 위치(ici), 나의 시간적 위치(maintenant)를 토대로 이루어진다. 마르텡은 나(moi), 여기(ici), 지금(maintenant)을 발화 공간(espace énonciatif)을 구성하는 넓은 의미의 연산자로 보고, 이를 발화연산자(EN)라고 부른다.[20] 언술에 대한 진위판단은 언술에 직접 관여하는 당사자의 믿음과 관계되고, 이 당사자는 자체 믿음 세계를 구축하고 있다. 이 믿음 세계를 마르텡은 "신계(univers de croyance, 信界)[21]라 부른다. 언술 연산자는 신계가 표출되는 언술의 테두리를 정해 준다. 언술 연산자(opérateur) 이외의 다른 연산자는 이 테두리 안에서 작용을 하게 된다. 피에르에게 진인 것은 폴에게는 진이 아니다라는 말은 달리 말하여 피에르에게 진인 것은 피에르의 신계에 한정됨을 뜻한다. 마르텡은 언술 행위

20) 같은 책, p. 93.
21) 같은 책, p. 94.

의 좌표인 화자, 여기, 지금을 넓은 의미의 양상소에 포함시켜 다음의 도식을 제시하고 있다.[22]

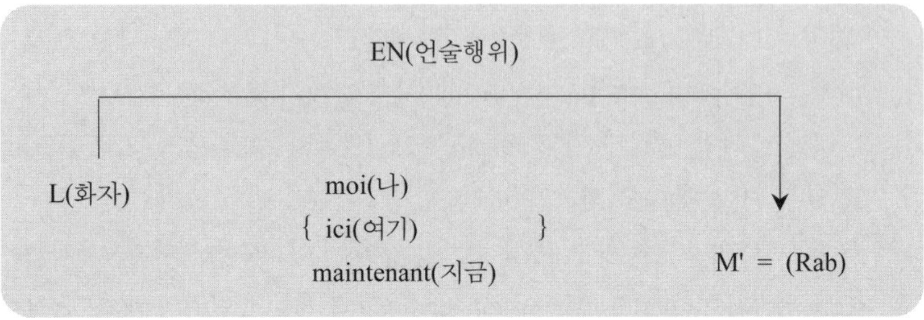

"나", "여기", "지금"의 좌표를 중심으로 언술 행위가 수행되며, 그 결과로 언술이 산출된다. 위의 도식에서 M'은 "나", "여기", "지금" 이외의 언술 전체에 관계되는 양상소이다. 모든 언술은 구성 요소의 결합으로 이루어지나, 구성 요소의 단순한 총화만으로는 언술이 되지 않는다. 구성 요소 a와 b 사이에는 관계가 성립된다. a가 주어, b는 목적어의 관계를 맺을 수도 있고 그 반대일 수도 있다. M'=(Rab)은 a와 b 사이에 관계가 성립되며, 양상소는 a 또는 b에게 개별적인 영향을 주지 않고 a와 b의 전체 관계 R에 영향을 준다. "Est-ce que Paul se promène dans le jardin?"(폴이 공원에서 산보하고 있습니까?)에서 "Est-ce que"는 Paul이라는 단일 요소가 아닌 "Paul se promène dans le jardin"(폴이 공원에서 산보하고 있다)이라는 전체의 관계에 영향을 끼쳐 의문형을 만든다. "Il a mangé une pomme"(그는 사과 하나를 먹었다)에서 "a mangé"라는 과거형 동사 때문에, 동사만이 아닌 전체가 과거 사실을 나타낸다. "Il dit qu'elle est tombée malade"(그 여자가 병이 났다고 그는 말했다)는 "Elle est tombée malade"(그 여자가 병이 났다)와 "il dit"(그는 말한다)라는 큰 두 덩어리로 구성되어 있다. "Il dit"는 "elle", "est tombée", "malade"라는 세 요소 가운데 하나가 아닌 전체 덩어리에 영향을 준다. "Elle est tombée malade"는 "그 사람(il)"에게는 진이 되나 화자에게는 진일 수도 있고 위일 수

22) 같은 책, p. 93.

도 있다.

양상 문제에서 간단히나마 지적해야 되는 의문을 나타내는 [?], [k-], [si]의 역할이다. 이 보문소(complémentiseur)는 명제의 진리치를 중단시킨다. 명제가 의문형이 되었을 때 물론 명제 전체에 영향을 주지만, 동시에 의문형이기 때문에 진리치도 없게 된다. "Il s'imagine que P"(그는 P라고 상상하고 있다)에서 보문소 "que"는 p명제 전체에 영향을 주며 양상소의 역할을 하는 선행 동사에 진위 판단을 맡기게 된다. "Il s'imagine que P"는 "그 사람"에게는 진이나 화자에게는 위가 된다. "Si p, q"(p이면 q이다)에서도 "si"는 명제 전체에 관계되어 "p"와 "q"의 진리치는 동시에 중단된다. 명제 전체에 영향을 준다는 관점에서 마르텡은 보문소를 양상소 안에 포함시키고 있다.[23)]

논리 의미부의 두 번째 구성요소인 개념소(noème)에 관한 정의를 하기 이전에, 의소(sème), 구성소(composant), 잠재소(virtuème)의 구분을 하고 의소와 개념소와의 차이를 다루겠다

문장은 어휘(vocable)들의 일정한 관계로 이루어진다. 어휘가 일정한 관계로 문장 안에 자리를 잡음에 따라 각 어휘의 의미(acception, sémème)가 결정된다. "Il aime se promener dans le parc"(그는 공원에서 산보하기를 좋아한다)와 "Cette ville possède de très beaux parcs"(이 도시에는 아름다운 공원이 있다)에서 "parc"는 "공원"이라는 동일한 의미를 지니고 있다. 반면에 "Il aime les haricots verts très tendres"(그는 연한 강낭콩을 좋아한다)와 "Elle est la plus tendre des mères"(그 여자는 가장 자애스러운 어머니이다)에서 "tendre"는 "부드러움"과 "자애스러운"이라는 별개의 의미를 갖는다.

의미의 구성요소는 대체로 복합적이다. 흔히 드는 예로서 "tuer"(죽이다)의 구성요소는 "causer"(야기시키다)와 "mort"(죽음)로 이루어진다. "homme"(남자)는 "adulte"(성인)와 "masculin"(남성), "femme"는 "adulte"(성인)와 "femelle"(여성)이라는 더 작은 성분으로 이루어진다. 어휘 의미의 구성 요소를 구성소(composant)라 한다.

---

23) 같은 책, p.103.

구성소는 전칭적(universel)이다. 바꾸어 말하여 "homme"로 지칭되는 모든 개체는 "성인"과 "남성"이라는 속성을 갖는다. "homme"이면 "성인"이고 동시에 "남성"이라는 사실이 어느 화자에게나 진이기 때문에 구성소는 전칭적 술어(prédication universelle)이다.24)

의소(sème)는 구성소이지만, 변별성을 갖는 구성소이다.25) "tramway"(전차)와 "métro"(지하철)에서 전자는 "지상 위의 궤도를 달리는 운송 수단", 후자는 "지하의 궤도를 달리는 운송 수단"이라는 구성소를 갖고 있다. "지상", "지하", "궤도를 달리는", "운송 수단"이라는 구성소 가운데 전자와 후자를 구분시켜주는 구성소는 "지상"과 "지하"이다. 이 구성소는 최소의 식별 단위(unité minimale de différenciation), 달리 말하여 최소의 변별적 단위(unité minimale distinctive)이다.

의소를 변별적 구성소라 할 때, 구성소과 잠재소(virtuème)의 구분이 문제가 된다. 이미 언급한 바이지만, 구성소란 모든 화자에게 진인 한 어휘의 의미 성분들이고, 의소란 두 어휘를 다르게 만드는 역할을 가진다. "bouc"(숫염소)는 "chèvre"(염소)와 "mâle"(수컷)이라는 모든 화자에게 진인 의미내용을 갖는다. 그러나 "bouc"에는 "salacité"(호색)이라는 의미가 따라 붙을 수도 있다. 그러나 이 모든 의미 내용은 모든 화자가 아닌 일부 화자에게만 진이 된다. "chaise"(의자)는 "다리가 달린, 등이 있고, 일인용의 앉기 위한 것"이라는 의미 내용을 가지고 있으나, "en bois"(나무로 만들어진)만이 "chaise"의 구성소가 될 수는 없다. 이유는 다른 물질로 이루어진 의자도 있기 때문이다. "화자의 연상 작용에 잠재되어 있으며, 의사 전달 상황의 다양한 요소에 따라 실현되는 의미 내용"26)을 잠재소라 한다.

같은 잠재소이지만 "salacité"와 "en bois"의 차이는, 전자는 일부의 화자에게만 진이고, 후자는 "en bois", "en fer"(쇠로 된), "en plastique"(프라스틱으로 된)라는 여러 가능한 잠재적인 의미 성분 가운데 하나로 실행되었지만, 모

---

24) 같은 책, p. 137. X라는 조합에 속한 개개의 X의 속성 P가 모든 화자에게 진일 때, P는 X의 구성소이다.

25) 같은 책, p. 137.

26) 같은 책, p. 91.

든 화자에게 진이 되는 잠재소이다. 이러한 잠재소를 마르텡은 사회화된 잠재소(virtuème socialisé)[27]라고 부른다.

마르텡은 한 의미 단위가 갖는 여러 모습을 다음과 같이 도식화하고 있다.[28]

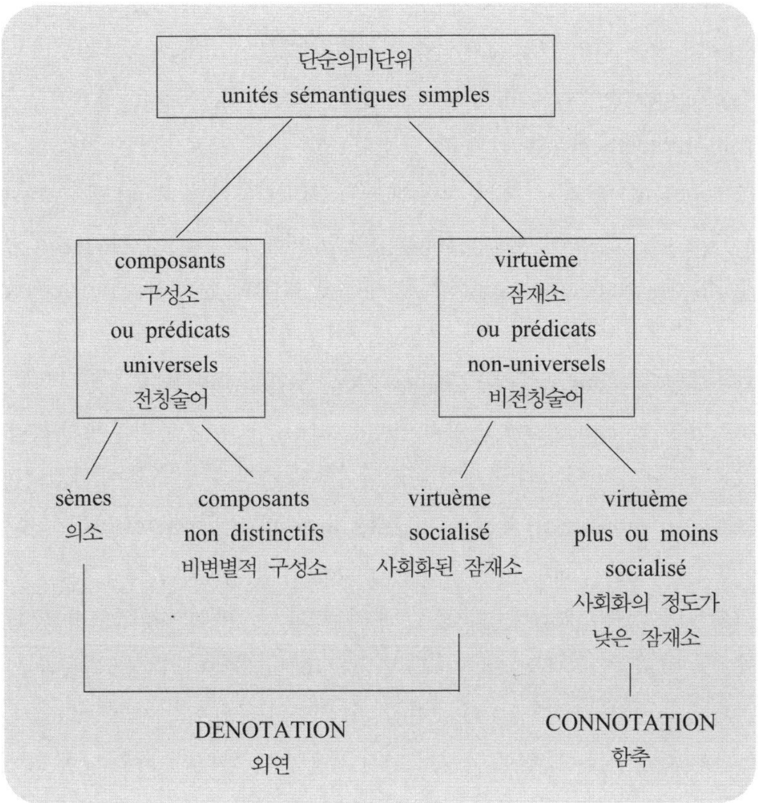

구성소, 의소, 잠재소는 어휘 문법부에 속한다. 의소는 최소의 변별 단위라 정의되나, 최소의 변별 단위가 더 이상 분석되지 않는 최소 의미 단위(unité minimale de signification)를 뜻하지 않는다. "métro"와의 관계에서 "tramway"의 의소는 "de surface"(지상의)이지만, "surface"는 "partie extérieure d'un

27) 같은 책, p. 140.
28) 같은 책, 같은 쪽.

corps"(한 물체의 바깥 쪽)라는 두 개 이상의 성분으로 분석된다.

더 이상 분석될 수 없는 의미 단위를 마르텡은 개념소라 부른다. "s'enfuir"(도망가다)는 Petit Robert 사전에서는 "s'éloigner"(멀리가다)와 "en fuyant"(사라지면서)라는 두 성분으로 분석하고 있다. 그러나 "s'éloigner"와 "en fuyant"은 더 작은 의미 단위로 분석이 가능하기 때문에 최소의 의미 단위가 아니다. "s'éloigner"는 "s'en aller loin..."(멀리 가버리다), "en fuyant"은 "en échappant rapidement"(빨리 빠져 나가다)라는 성분으로 구성되며, "s'en aller"는 "commencer à"(...하기 시작하다)와 "aller"(가다), "loin"은 "à une grande distance"(먼 거리로), "en échappant rapidement"에서 "échappant"은 "aller"(가다)와 "en peu de temps"(적은 시간 안에)으로 분석되는 rapidement과 더 이상 분석되지 않는 "en"의 결합으로 이루어진다. 위의 예에서 더 이상 분석이 되지 않는 "commencer à", "aller", "en"을 개념소라 한다.

의소는 한 어휘(sémème)의 의미적 특성을 가려주는 어휘문법부에 속하나, 개념소는 어휘화되기 이전의 단계인 논리의미부에 속한다. 논리부에 관계되는 개념소는 전칭적(universel) 특징을 지닌다. "jument"(암말)과 "cheval"(숫말)을 갈라놓는 의소는 "femelle"(여성)과 "mâle"(남성)이고, "auto"(자동차)와 "moto"(오토바이)를 갈라놓는 의소는 "네 바퀴"와 "두 바퀴"이다. 그러나 "네 바퀴"와 "두 바퀴"는 절대적 기준이 되지 않는다. 나라에 따라서는 "세 바퀴"의 오토바이가 존재하기 때문이다. "여성"과 "남성"의 의소는 이와는 다르다. 이 의소는 더 이상 작은 단위로 분석이 되지 않을 뿐만 아니라, 나라 말에 좌우되는 상대적인 것이 아니라 보편적 특징을 띠고 있는 개념소이다.

마르텡이 개념소를 설정하게 된 이유가 있다. 모든 사전의 어휘 정의는 순환적이다. "apte"(타고난 재간이 있는)는 "capable"(능력이 있는)로, "capable"은 "susceptible"(...할 수 있는)로, "susceptible"은 "apte"로 정의한다. 따라서 "apte"의 정의에는 "apte"를 알아야 한다는 결론이 나온다. 이 순환적 고리를 깨기 위해서는 어휘 문법차원이 아닌 논리 의미차원에서의 공리적 성질의 개념소 정립이 필요하다

소리 식별에 관계되는 어휘 "entendre"(듣다), "ouïe"(청각), "audible"(들을 수 있는), "son"(소리), "auditif"(청각적), "acoustique"(음향적), "oreille"(귀)

는 서로 밀접하게 연관된다. "entendre"는 "ouïe", "ouïe"는 "son", "son"은 "auditif"를 전제로 하며 다음의 고리가 그려진다.[29]

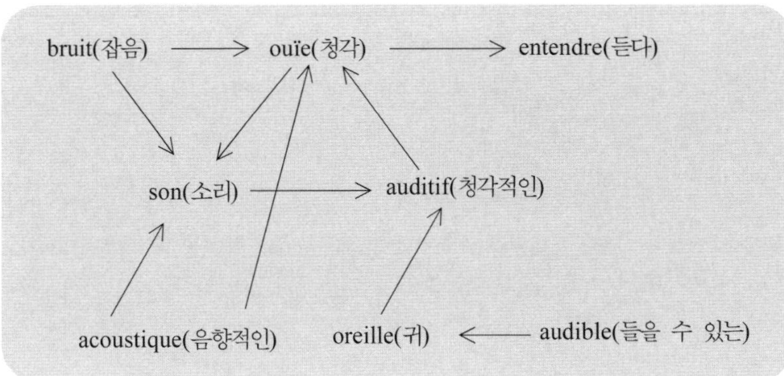

ouïe, son, auditif를 중심으로 고리가 형성된다. 이 셋은 서로를 전제하기 때문에 순환적이다. 이 순환적 고리를 벗어나기 위하여 물리 생물학적인 정의를 내릴 수 있다. 소리는 "물체의 진동으로 생긴 음파", "청각"은 "청신경이 대뇌에 전하여 일으키는 감각"이라 정의할 수도 있으나, 결국 이 경우에도 고리가 넓어졌을 뿐 순환성을 피할 수 없다.

"entendre"는 "perception"(지각)을 전제하지 않을 수 없다. 또한 지각에는 대상이 있어야 하기 때문에 "소리"가 전제된다. 또 지각이란 능력이고, 능력이란 생명체가 갖고 있는 가능성이다. 가능성이란 생명체의 신체 기관의 기능이다. 또한 잡음과 소리를 구분하려면 화음이 빠질 수 없다. 지각(perception), 소리(son), 가능(possibilité), 생명체(être animé), 신체 기관(partie du corps), 화음(harmonique)을 누구에게나 공통된 더 이상 분석되지 않는, 달리 말하여 증명할 필요가 없는 원초적 개념소로 설정하여, 이를 결합하면 다음의 결과가 얻어진다.[30]

29) 같은 책, p. 84.
30) 같은 책, p. 85.

entendre : perception + son

ouïe : capacité(possibilité + être animé) d'entendre

oreille : organe(partie du corps + fonction) de l'ouïe

auditif : qui se rapporte à l'ouïe

acoustique ：qui se rapporte au son

bruit : son non harmonique

audible : qu'il est possible d'entendre

개념소의 설정으로 순환적 고리가 수형도의 모습으로 바뀐다.

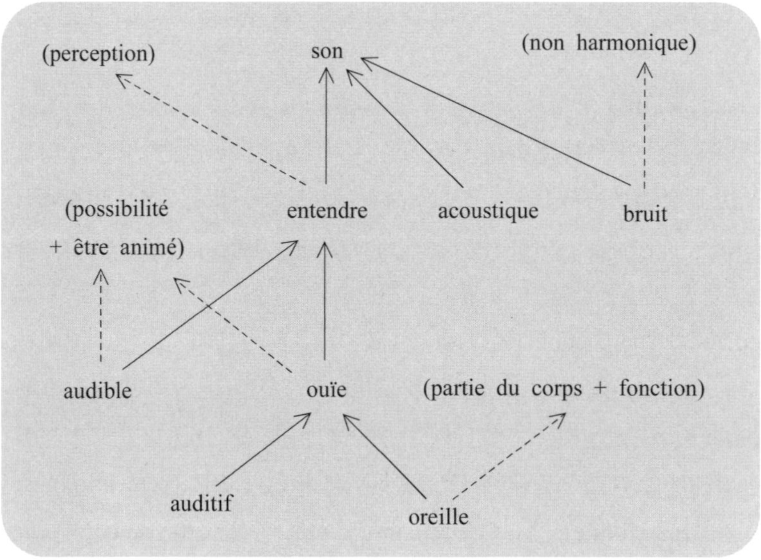

이러한 개념소는 선험적으로 존재하지 않는다. 개념소는 어휘체계를 분석하는 과정에서, 마르텡의 표현을 빌린다면 어휘 체계의 "해체와 복원"31)의 과정에서 얻어지는 인간의 심적, 물리적, 생리적인 체험과 일치되는 보편적인 체

31) 같은 책, p. 87.

험원소(primitif d'éxpérience)이다. 달리 말하여 개념소의 설정은 언어학자의 작업이다.

개념소 체계가 구축되고, 이 체계와 양상의 관계가 규명되었다 하더라도 의미의 문제가 해결된 것은 아니다. 문장의 의미는 구성 성분의 단순한 집합이 아니기 때문이다. "Albert parle"(알베르가 말하고 있다)는 "Albert"라는 지시 내용과 "parle"의 단순 결합이 아닌 두 성분의 상호 관계에서 의미가 빚어진다. 구성 성분의 의미를 바탕으로 새로운 의미 단위가 빚어지는 이 관계를 함수(fonction)[32]라 한다.

"Albert parle"에서 "Albert"자리에 "Robert", "Jean"과 같은 고유 명사, 또는 "le président"(대통령), "le facteur"(우편배달부)와 같은 보통 명사가 들어가도 문장은 성립된다. "parle"라는 동사의 성질 때문에 "Albert" 자리에 올 수 있는 것은 고유명사이건 보통명사이건 사람 이외에는 불가능하다. 달리 말하여 사람이라는 부류를 X로 표시한다면, X에 속한 개개의 모든 x가 이 자리에 올 수 있다. 이 자리를 차지할 수 있는 모든 요소를 개별적으로 모두 망라할 수 없기 때문에 "x parle"라고 형식화할 수 있다. 이 형식을 명제함수(fonction propositionnelle)라 한다. 물론 "X parle"에는 진리치가 없다. 이 X 대신에 구체적인 인물을 제시하는 "Albert" 또는 "le facteur"가 대입되면 진리치가 부여된다. X의 내용은 가변적이기 때문에 X를 변항(variable), 이 형식에 불변적인 "parle"는 상항(constant)이라 한다.

"X parle"에서 "parle"를 변항으로 만들 수도 있다. "parle"는 행위라는 부류에 속한다. "parle" 자리에 올 수 있는 모든 행위를 a라는 변수로 표시할 때, 이 형식의 상수는 X와 a의 술어관계(rapport prédicatif)가 된다. 이 문장의 의미 Σ1은 X와 a의 함수 관계에서 얻어진다. X와 a의 의존관계(dépendance), 좀 더 정확히는 동사가 명사에 걸치는 술어관계(relation prédicative)를 F로 표시하면, 문장 P의 의미는 구성 요소들의 의미와 함수 관계에서 빚어진다는 논리 형식이 도출된다.

32) 같은 책, p. 145.

$$\Sigma 1=F(x,a)$$[33]

문장의미가 구성성분들의 의미 함수 관계로 이루어지듯이, 한 어휘(sémème)의 의미도 이 어휘를 구성하는 의소(sème)들의 함수 관계로 성립된다. "siège"(자리), "avec dossier"(등이 있는), "sans bras"(팔걸이가 없는)의 세 성분이 서로 관계없이 단순 결합하여 "chaise"라는 의미 단위가 이루어지지 않는다. "avec dossier"와 "sans bras"는 "siège"에 의존한다. 세 의소의 관계에서 "siège"는 중심(support)의 역할을 한다.

의소 또한 개념소와 함수 관계를 맺는다. "siège"의 정의인 "ce qui sert à s'asseoir"(앉기 위한 것)의 "ce"(것)는 "inanimé"(무생명체)라는 개념소가 전제되며, 무생명체는 "volonté"(의지)의 결여를 특징으로 한다.

$$\text{INAN : Df.} \sim\Diamond\text{Vol.}$$[34]

의지의 결여는 "없다"이기 때문에 "부정"을, 또한 무생물체의 의지 결여는 당연한 현상이기 때문에 "필연성"을 내포한다. 따라서 "ce"는 ∃(존재), ~(부정), □(필연성), Vol(의지)라는 네 개념소의 함수 관계에서 빚어지며, 존재, 부정, 필연성, 의지는 더 이상 분석되지 않기 때문에 개념소이다.

Ⅲ. 관계(relation)

문장의 기본적 내용, 바꾸어 말하여 양상(modalité)이 제외된 세계에 관한 내용을 명제라 한다. 명제는 자연어 또는 인공어의 구성성분들이 결합하여 이루어지나, 다음의 세 조건이 충족될 때에 비로소 명제라 할 수 있다.[35]

---

33) 같은 책, p. 145.

34) 위 공식에서 INAN, Df, Vol는 inanimé(무생명체), définition(정의), volonté(의지)의 약자이고, ~, ◇ 는 부정과 가능성을 나타내는 기호이다. 이 공식은 무생물체의 경우에 의지가 있을 수 없다는 뜻이다.

1) 논리명제는 일정한 언어의 통사규칙에 일치되어야 한다.

2) 논리명제는 의미적으로도 해석이 가능해야 한다.

3) 논리명제는 진(vrai) 또는 위(faux)의 가치를 가져야 한다.

"Pierre est malade"(피에르는 아프다)는 논리명제이지만, "Je ferai mon cours dans cette salle toujours"(나는 언제나 이 강의실에서 나에게 강의하겠다)는 1)의 규칙, "Le ciel nuageux de cette pièce épouvante mes rires"(이 방의 구름진 하늘은 나의 웃음을 질리게 한다)는 2)의 규칙, "Pierre est-il malade?"(피에르는 병이 났습니까?)는 3)의 규칙에 각각 위배되기 때문에 논리 명제가 될 수 없다.

기본 내용을 지니고 있는 문장들은 서로 관계를 가질 수도 있고, 그 반대일 수도 있다.

p=Pierre est revenu. (피에르가 돌아왔다)
q=Sophie a mal à la tête. (소피는 머리가 아프다)

위의 두 문장 p와 q는 진 또는 위일 수 있으나 p의 진리치가 q에 영향을 주지 않는다.

p=Pierre est revenu. (피에르가 돌아왔다)
r=Pierre est de retour. (피에르가 귀환하였다)

위의 p와 r의 관계는 p가 진이면 r도 진이고, p가 위이면 r도 위가 된다. p와 r은 논리적 등치 관계(équivalence logique)에 있다. 의미론의 목표 가운데 하나는 이 진리 관계를 예측하는 데 있다.

의미와 진리는 겉보기에는 관계가 없는 것 같이 보인다. 사실상 많은 문법적 언술이 진리치를 가지고 있지 않다.

35) 같은 책, p. 27.

"Pierre est-il de retour?"(피에르가 돌아왔습니까?), "Que Pierre revienne!"(피에르를 돌아오게 해라!), "Je te promets de revenir"(돌아오겠다고 나는 너에게 약속한다)와 같은 의문, 명령, 수행 언술은 진리치를 가질 수 없다. 또한 미래 시제의 문장은 발화 시점에서 그 진리치를 측정할 수가 없다.

위의 언술들은 의미와 진리의 문제가 분리된 예이다. 그러나 진리치는 의미를 떠나서 성립되지 않는다. "Une paupière pavée paradait presbytéralement"(포장된 눈꺼풀이 목사처럼 걷고 있다)과 같은 의미가 성립되지 않는 단순한 어휘의 결합에는 진리치가 부여되지 않는다. 진리의 문제는 의미를 떠나 정립되지 않는다.

진리치와 의미가 밀접한 연관관계를 가지고 있다는 말은, 진인 언술만이 의미를 가진다는 뜻은 아니다. "Je gagne toutes les semaines au tiercé"(나는 매주 경마에서 상금을 탄다) 또는 "Je cours le 100m en moins de 10s"(나는 100미터를 10초 안에 달린다)라는 문법적으로는 하자가 없으나 위인 언술이라도 의미는 성립된다.

한 언술의 의미(sens)는 언어외적 세계와의 일치에 따라 결정되는 진, 위와는 상관이 없다. 의미가 성립된다는 것은 진, 위를 가리기 위한 조건을 밝힐 수 있다는 말과 같다. "철이는 어른이다"의 의미가 성립되기 위해서는 철이가 사람임과 동시에 남성 성인이라는 필요충분 조건이 충족되어야 한다. 이미 예로 제시된 "Une paupière pavée paradait presbytéralement"의 의미가 성립되지 않는 이유는 진, 위를 판별하기 위한 조건을 밝힐 수 없기 때문이다. 이러한 진, 위의 조건을 밝히는 의미론을 진리조건적 의미론(sémantique véri-conditionelle)이라 한다.

화자는 자신의 언어능력을 바탕으로 무한한 문장을 만들어내고 또한 이 문장들 사이의 관계를 식별한다. "Pierre est revenu"와 "Pierre est de retour" 사이에는 동의관계(paraphrase)가, "La France a battu l'Italie"(프랑스가 이탈리아를 이겼다)와 "La France a été battue par l'Italie"(프랑스가 이탈리아에게 졌다) 사이에는 반의관계(antonymie) 관계가 성립된다. 단일한 문장 p의 의미를 밝히는 것이 아닌, p와 다른 문장 사이에 어떠한 진리 관계가 성립되는가라는 문제의 규

명은 진리관계 의미론(sémantique véri-conditionnelle)의 임무이다.[36)]

문장들 사이에는 여러 관계가 성립되나 마르텡이 가장 중요시하는 추론(inférence), 반의(antonymie), 동의(paraphrase) 관계를 순서대로 풀어 나가겠다.

1. 추론관계(relation d'inférence)

일정한 전제에서 결론을 도출하는 작업을 추론이라 할 수 있다. 추론에는 두 유형이 있다. 하나는 상황적 추론(inférence situationnelle)이고, 또 하나는 언어적 추론(inférence linguistique)이다.

"Si ma montre retarde, alors Pierre aura certainement son train"(나의 시계가 늦는다면 피에르는 틀림없이 기차를 탈 것이다)는 "나의 시계가 늦는다"라는 p와 "기차를 탄다"는 q의 명제로 구성된 두 명제 p와 q는 Si..., alors ...(...이면, 따라서 ...이다)로 연결되어 있다. 피에르가 기차를 탈 것이라는 확신은 나의 시계가 늦는다는 조건에 연결되어 있다. 만약 나의 시계가 정확하다면, 물론 피에르는 기차를 탈 수도 있겠으나 타지 못할 가능성도 있다. 'p이면 q이다'라는 p⟹q의 관계는 시계가 늦는다는 상황에 좌우되는 상황적 추론이다.

"Pierre a dénoncé son camarde"(피에르는 자신의 친구를 비난하였다)라는 p명제와 "Son camarde a commis une faute"(그의 친구는 과오를 저질렀다)에서 p와 q의 관계는 상황에 좌우되지 않는다. 피에르의 친구에 대한 비난은 피에르의 친구의 잘못을 전제하지 않고서는 성립되지 않는다. 달리 말하여 상황이 어떠하건 q명제는 p명제를 바탕으로 하고 있다. p와 q의 관계는 p의 의미구조에서 도출되는 언어적 추론 관계이다. 이 언어적 추론 관계는 함의관계(implication)와 전제관계(présupposition)로 나누어진다.

"Pierre a empêché Marie de partir"(피에르는 마리가 떠나지 못하게 했다)라는 p명제에서 "Marie cherchait à partir"(마리는 떠나려고 했다)라는 전제(présupposé)가 되는 q명제가 도출된다. p와 q의 관계는, p가 진이면 q도 필연

36) Martin, R., *Logique du sens*, p. 23.

적으로 진이 된다. 또한 p를 부정하였을 때에도 q는 진이 된다. "Pierre n'a pas empêché Marie de partir"(피에르는 마리를 못 떠나게 하지 않았다)에서, "Marie cherchait à partir"라는 명제는 온전하게 남아있다. 'p이면 q이다'의 관계가 필연적이기 때문에 필연성을 나타내는 □로 표시하면 논리형식은 $\Box(p \Rightarrow q)$가 된다. 또한 p가 아니라도 q이다라는 관계가 성립되기 때문에 $\Box(\sim p \Rightarrow q)$가 성립된다. 종합을 하면 전제관계란 p가 진 또는 위이건 q는 언제나 진이 되는 관계이다.

$$\Box(p \Rightarrow q) \wedge \Box(\sim p \Rightarrow q)$$

"Pierre a vendu sa Pony"(피에르는 자신의 포니 차를 팔았다)라는 p명제에서 "Pierre a vendu une voiture"라는 q명제가 도출된다. p와 q의 관계는 p가 진이면 q도 진이다. 그러나 p가 위일 때에, q는 진일 수도 있고 위일 수도 있다. "Pierre n'a pas vendu sa Pony"(피에르는 자신의 포니 차를 팔지 않았다)라는 부정이 포니 차가 아닌 다른 차를 팔았다라는 의미일 때 "차를 팔았다"라는 q명제는 진이 되지만 어떤 차도 팔지 않았다라는 의미로 쓰였다면 q명제는 위가 된다. 전형적인 함의관계의 예이다. 함의관계에서 p가 진이면 q도 필연적으로 진이라는 형식은, 가능성을 의미하는 ◇와 부정을 의미하는 ~을 도입하여 다음과 같이 표시할 수 있다.

$$\Box(p \Rightarrow q) \Rightarrow \sim \Diamond(p \wedge \sim q)$$

p가 진이면 q도 필연적으로 진이라는 것은, p가 진일 때 q는 위일 가능성이 없다는 뜻이다. 그러나 p가 위일 때 q는 진 또는 위의 가능성을 다 가지고 있기 때문에 다음과 같이 정의된다.

$$\Box(p \Rightarrow q) \Rightarrow \Diamond(\sim p \wedge q)$$
$$\Box(p \Rightarrow q) \Rightarrow \Diamond(\sim p \wedge \sim q)$$

함의 관계일 때 p가 진이면 q도 진이다. 달리 말하여 (p ∧ ~q)는 불가능하다. 전제의 경우에는 p가 진일 때 q가 위이고, p가 위일 때 q는 위일 수 없다. 전제에서 q는 언제나 진이다. 따라서 추론의 함의와 전제는 다음과 같이 정의된다.[37]

<table>
<tr><td rowspan="4">inférence
(추론)</td><td>implication(함의) :</td></tr>
<tr><td>Df. □ (p ⇒ q) ⇒ soit(즉) ~◇ (p∧~q)</td></tr>
<tr><td>présupposition(전제) (p → q) :</td></tr>
<tr><td>Df. □ (p ⇒ q) ∧ □(~p ⇒ q) ⇒ soit ~◇~q</td></tr>
</table>

전제 q는 화자의 신계에서 부정될 수 없다. q가 부정이면 모순에 빠지기 때문이다. 그러나 화자가 아닌 대화자의 신계에서 q가 부정되어도 모순에 빠지지 않는다.

가 : Pierre a dénoncé Marie. (피에르가 마리를 비난했다)
나 : Mais Marie n'a commis aucune faute.
(그렇지만 마리는 잘못을 저지르지 않았었다)

따라서 화자의 신계에서는 언제나 참이지만, 청자의 신계에서는 위가 될 수 있다는 것을 다음과 같이 정의할 수 있다.

(p→q) ⇒ □ q dans l'univers du locuteur. (화자의 신계에서)

그러나

(p→q) ⇒ ◇~q dans l'univers de l'interlocuteur. (청자의 신계에서)

37) Martin, R., *Inférence, antonymie et paraphrase*, p. 39.

전제 q는 의문 또는 명령으로 바뀌어도 진리치는 언제나 진이다.

Pierre a empêché Marie de partir.
(피에르는 마리를 떠나지 못하게 하였다.)

Pierre n'empêche pas Marie de partir.
(피에르는 마리가 떠나는 것을 막지 않는다.)

Pierre empêche-t-il Marie de partir?
(피에르는 마리를 못 떠나게 합니까?)

Pierre n'empêche-t-il pas Marie de partir?
(피에르는 마리가 떠나는 것을 막지 않습니까?)

Que Pierre empêche Marie de partir!
(마리가 떠나는 것을 피에르가 막게 하라!)

Que Pierre n'empêche pas Maris de partir!
(마리가 떠나는 것을 피에르가 막지 말게 하라!)

⇒ Marie cherche à partir. (마리는 떠나려고 한다)

2. 반의관계(relation d'antonymie)

반의관계에는 $\square(p\ w\ q)$, $\square(p \mid q)$, $\square(p \vee q)$로 각각 표시되는 배타적 이접(disjonction exclusive, 排他的 離接), 양립불능(incompatibilité, 兩立不能), 포괄적 이접 관계(disjonction inclusive, 包括的 離接)가 있다.[38]

p: “Jean est marié”(장은 결혼했다)와 q: “Jean est célibataire”(장은 독신이다)에서, 장은 기혼자이거나 또는 독신자일 수는 있어도, 기혼자이면서 독신자

38) 같은 책, p. 59.

일 수는 없다. 배타적 이접의 한 예이다.

p: "Ce devoir est bon"(이 과제는 좋다)와 q: "Ce devoir est mauvais"(이 과제는 좋지 않다)에서, 좋다는 나쁘지 않다, 나쁘다는 좋지 않다를 뜻하나, 동시에 좋고 또한 나쁠 수도 없다. 그러나 좋지도 않고 나쁘지도 않을 수도 있다. 논리적 양립 불능(incompatibilté logique)의 예이다.

p: "Dans cette classe, un élève au moins réussira au baccalauréat" (이 방에서 적어도 한 학생은 예비고사에 합격할 것이다), q: "Dans cette classe, un élève au moins échouera au baccalauréat" (이 방에서 적어도 한 학생은 예비고사에 불합격할 것이다)에서, 두 언술은 동시에 진일 수도 있고, 또는 모든 학생이 합격하거나 또는 모든 학생이 불합격한다면, 두 언술 중에 하나만이 진이 된다. 그러나 이 방에서 한 학생만이 예비고사에 응시한 것이 전제가 되지 않는 한 두 언술이 동시에 위일 수는 없다. 포괄적 이접의 예이다.[39)]

반의 현상에 들어가는 배타적 이접, 양립불능, 포괄적 이접을 규명하려면, 반의의 근원이 되는 부정(négation)과 역환(inversion, 逆換) 연산자의 구분이 필요하다.

부정 연산자는 이가적(binaire, 二價的) 특징을 갖는다. 진과 위는 배타적 속성을 지닌다. 이가적 틀 안에서 명제는 진이든가 위일 뿐이다. "Pierre est heureux"(피에르는 행복하다) 또는 "Pierre n'est pas heureux"(피에르는 행복하지 않다)라는 언술에서 한 언술이 진이면 다른 언술은 위이다.

역환 연산의 경우, 진리치는 상대적이다. 한 명제가 진이 아니면 위가 되는 이가적인 특성을 가지지 않고 어느 정도 진 또는 그 어느 정도 위일 수 있다. 진의 정도가 감소하면 위의 정도가 증가한다.[40)]

역환에서는 p명제(피에르는 행복하다)와 p'명제(피에르는 불행하다)의 진리치를 정할 수 없는 중간 지역이 생긴다. 역환 연산자의 논리형식은 진, 중간, 반대(contraire)의 세 가지 이상의 가치를 용납한다.

---

39) 같은 책, p. 60.
40) 같은 책, p. 60.

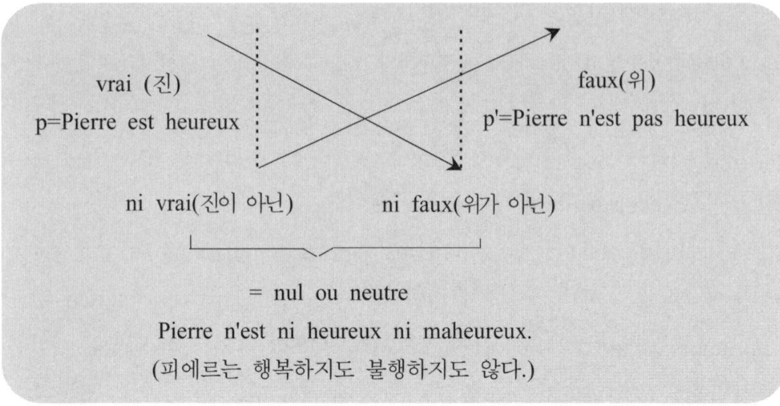

"Pierre sort"(피에르가 외출한다)라는 p명제는 "Pierre entre"(피에르가 들어온다)라는 역환 명제가 진이면 위가 되지만 또한 중간적 성질의 "Pierre ne bouge pas"(피에르는 움직이지 않는다)가 진이 될 때에도 위가 된다.

부정 연산자를 단칭 명제(proposition singulière)에 적용하여 p'이라는 명제를 만들어 내면, p가 진이면 p'은 필연적으로 위가 되고, p가 위이면 p'은 필연적으로 진이 된다.

역환 연산자를 명제 p에 적용하여 p'이 산출되었을 때, p와 p'이 무가(nul, 無價)인 경우를 제외하고 p가 진이면 p'은 필연적으로 위이고, p가 위이면 p'은 필연적으로 진이 된다.

부정 연산자는 진에서 위로, 역환 연산자는 진에서 반대로 이르게 한다.[41]

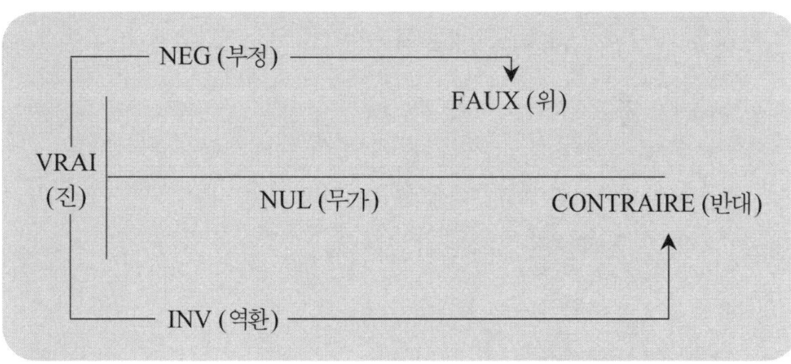

41) 같은 책, p. 61.

반의의 문법적 장치로는 부정 형태소, 논항(argument)의 위치 이동, 수동 등이 있으나, 대표적으로는 부정 형태소와 어휘적 반의(antonymie lexicale)의 관계를 검토하기로 한다.

"entrer"(들어가다) 동사는 "mouvement"(운동)과 "direction qui va de l'extérieur vers l'intérieur"(외부에서 내부로 이어지는 방향)이라는 S_1과 S_2로 표시할 수 있는 의미 성분을 가지고 있다. "entrer"에 부정형태소를 결합시킨 "ne pas entrer"(들어가지 않다)에서 부정형태소가 "운동"과 "방향"에 작용될 때 "rester à l'extérieur"(밖에 남아 있다)라는 의미가 이루어지나, 부정형태소의 작용이 의소 S_2(움직임의 방향)에만 미치게 되면 S_2는 역환되어 "ne pas entrer"는 "sortir"(나가다)의 뜻이 된다.[42]

<table>
<tr><td rowspan="2">entrer

S_1 <mouvement>

S_2 <direction de mouvement></td><td colspan="2">ne pas entrer
NEGATION GRAMMATICALE</td><td>ANTONYMIE GRAMMATICALE</td></tr>
<tr><td>=rester
~S_1
NEGATION LEXICALE</td><td>=sortir
~S_2
INVERSION LEXICALE</td><td>ANTONYMIE LEXICALE</td></tr>
</table>

3. 동의관계(paraphrase)

모국어 사용 능력을 가지고 있는 화자는 직관적으로 p문장 "Voilà la clé qui ouvre le coffre-fort"(금고를 열 수 있는 열쇠가 저기 있다)와 p1문장 "Voilà la clé avec laquelle s'ouvre le coffre-fort"(금고가 열리는 열쇠가 저기 있다)라는 두 문장은 같은 의미를 가지고 있기 때문에 동의적이라고 생각한다.

언어학자의 입장에서 동의관계는 문장들 사이에 불변적 의미(invariance de sens)가 존재할 때 동의관계가 이루어진다고 보지만, 이 경우에 우선 해결되어야 하는 문제는, 의미를 갖는다는 것이 무엇을 말하는가를 규명해야 한다. 대

42) 같은 책, p. 65.

체로 동의관계에 관한 언어학자의 입장은 둘로 구별된다. 기표(signifiant) 차원에서 빗어진 작은 변화는 필연적으로 의미 차원에서 변화를 초래하기 때문에 동의관계란 성립되지 않는다고 주장하는 학자들이 있다. 한 문장의 억양이 달라져도 의미의 변화가 일어나는데, 하물며 문장의 한 기호를 다른 기호로 대치하였을 때 동의관계는 이루어질 수는 없다. 정어(bon usage, 正語)에 속하는 "médecin"과 친근어(familier, 親近語)에 속하는 "toubib"(의사)는 의미가 같지만, "J'ai fait venir le médecin"(의사를 불러왔다)와 "J'ai fait venir le toubib"는 같은 조건에서 사용되지 않는다. "Il faudrait aller consulter un rhumatologue"(신경통 전문의에게 진찰받아야 한다)와 "C'est un rhumatologue qu'il faudrait aller consulter"(진찰은 신경통 전문의한테 받아야 한다)는 같은 의미를 구성하지 않는다. 첫째 문장에서는 "진찰을 받아야 한다"를, 두 번째 문장에서는 "신경통 전문의"가 강조되어 있다. 음성적인 미세한 차이, 기호의 대치, 어순의 변화 등은 필연적으로 의미변화를 초래하기 때문에 동의성이란 존재하지 않는다라는 입장을 기욤학파가 견지하고 있다.[43)]

화용론(pragmatique)은 기욤학파의 이론에 반대되는 입장을 취한다. 한 문장은 상황(situation)에 따라 무한수의 동의문을 가질 수 있다. "Tu sais que Pierre est malade?"(피에르가 병이 난 것을 알고 있니?)는 "우리가 피에르를 기다리고 있다", "피에르는 예비고사에 응시해야 한다", "피에르가 군대에 복무중이다"라는 세 상황에서 각각 순서대로 "Pierre ne viendra pas, parce qu'il est malade"(병이 나서 피에르는 오지 못할 것이다), "Pierre ne pourra pas, sans doute, se présenter à l'examen,"(피에르는 시험에 응시하지 못할 것이다), "Pierre sera réformé"(피에르는 제대할 것이다)라는 문장과 동의적 관계에 있을 수도 있다.

두 반대되는 입장을 종합하여 기표상의 변화는 의미의 변화를 일으키나 상황에 따라서는 동의적 관계가 성립될 수도 있다라는 주장을 펼 수 있다. 이럴

---

43) G. Guillaume(1883-1960)의 이론을 바탕으로 discours 차원에서의 기호의 잡다한 의미를 langue 차원의 일관된 원리로써 설명하고 있는 학파로서, 이 학파의 언어 이론을 정신기제론(psycho-mécanique)이라 부른다.

때에 파생되는 문제는, 동의 관계를 정립하려면 상황의 분류가 이루어져야 한다는 것이다. 그러나 상황의 분류는 언어학자의 작업이 아니다. 또한 상황과 어떠한 관계가 없이도 “Pierre a ôté son manteau” (피에르가 외투를 벗는다)와 “Pierre a enlevé son manteau”(피에르가 외투를 떼어 놓는다)는 동의관계가 성립된다.

마르텡은 동의관계를 다음과 같이 정의한다.[44)]

“두 문장 pi와 pj는, 어느 화자에게나 어떤 상황에서건 p_i가 p_j와 논리적으로 등치(équivalance)일 때 동의관계에 있다.”

$$\Box\ (p_i \Leftrightarrow p_j)$$

논리적으로 등치는 두 문장 가운데 하나가 진이면 나머지 문장도 필연적으로 진이고, 하나가 위이면 나머지 하나도 필연적으로 위가 됨을 말한다.

동의관계는 재귀적(réflexive, 再歸的), 대칭적(symétrique, 對稱的), 이행적(transitive, 移行的) 특징을 갖는다.[45)]

동의관계는 외연적(extension)으로도 정의될 수 있다. “x est mortel”(x는 죽는다)라는 문장은 “x n'échappera pas à la mort”(x는 죽음을 피할 수 없다)와 동의관계에 있다. 동의관계가 성립되는 이유는 x는 숙명성을 지닌 개체의 집합에 속하고, 또 다른 x는 죽음을 피할 수 없는 개체의 집합에 속하기 때문이다. 달리 말하여 A=B=x의 관계가 성립된다. p_i 술어가 적용되는 논항들의 집합과 p_j술어가 적용되는 논항들의 집합이 동일할 때 p_i와 p_j는 동의관계에 놓이게 된다.

그러나 외연적 정의의 문제점은 같은 논항집합에 적용되더라도 p_i와 p_j가 반드시 동의관계에 있지 않을 경우도 생겨난다는 데 있다. “animaux raisonnables”

44) Martin, R., *Inférence, antonymie et paraphrase*, p. 85.

45) 같은 책, p. 85.
재귀적이란 p_i가 p_i에 대하여 p_i R p_i의 관계를 맺고 있으며, 대칭적이란 $p_i \Leftrightarrow p_j$라는 관계는 $p_j \Leftrightarrow p_i$임을 함의하고, 이행적 관계란 p_i R p_j $\wedge$ p_j R p_k라는 관계를 함의하고 있음을 뜻한다.

(이성적 동물들)과 "animaux qui vivent en société et communiquent par le langage articulé"(사회 생활을 하면서 분절 언어로 의사전달을 하는 동물들)는 동일한 것을 지시하나 의미가 다르다. 또한 외연적 정의로는 상황적 동의(paraphrase situationnelle)와 언어적 동의(paraphrase linguistique)의 구분이 불가능하다. 일정한 상황에서 "Marie porte le deuil"(마리가 상복을 입고 있다)라고 가정하자. 이 때에 x라는 집합에 속한 논항은 마리 하나이기 때문에 "Marie pleure"와 "Marie porte le deuil"는 동의 관계에 놓이게 된다.

또 하나의 정의는 키난(Keenan)의 내포적 정의(intension)이다.[46] "p_i와 p_j의 추론과 단언이 동일할 때 p_i와 p_j는 동의관계에 있다." "Pierre a ôté son manteau"와 "Pierre a enlevé son manteau"는 "Pierre portait un manteau"(피에르는 외투를 입고 있었다)라는 같은 전제와 "Pierre ne porte plus de manteau"(피에르는 외투를 입고 있지 않다)라는 같은 단언(posé)을 가지고 있기 때문에 동의 관계에 있다. 그러나 같은 추론과 단언에 바탕을 둔 이 정의는, 바로 이 "같은 추론과 단언"이라는 원칙 때문에 한계성을 가진다. p_i : "Pierre a ôté son manteau"와 p_j : "C'est son manteau que Pierre a enlevé" (피에르가 벗은 것은 외투이다)에서 p_i의 전제는 이미 말한 바와 같이 "Pierre portait son manteau"(피에르는 그의 외투를 입고 있었다)이고, p_j의 전제는 문장의 구조 때문에 "피에르는 그 무엇을 벗었다"이다. 따라서 이미 언급한 p_i와 p_j의 전제가 다르기 때문에 p_i와 p_j는 이 정의를 따른다면, 동의관계를 맺을 수가 없다. 그러나 p_i와 p_j는 마르텡의 정의에 따른다면[47] 필연적인 논리적 동치관계에 있다. 상황이나 화자와 상관없이 p_i가 진이면 p_j도 진이고, p_i가 위이면 p_j도 위가 되기 때문이다.

논리적 의미의 동일성을 바탕으로 한 동의관계에는 여러 유형이 있다.

첫째는 "동일한 의소 내용"(identité des contenus sémiques)과 "대응적 사행 참여구조"(correspondance des schèmes actanciels)에서 동의관계가 빚어진다.

---

46) 같은 책, p. 86.
47) 같은 책, p. 86.

"On ouvre le coffre-fort avec cette clé" ⇔ "Cette clé ouvre le coffre-fort"
(이 열쇠를 가지고 금고를 연다) (이 열쇠는 금고를 연다)

둘째는 동일한 사행참여구조와 대응적 의미내용에서 비롯되는 동의관계이다.

"Pierre ôte/enlève son manteau"

셋째로 논리적 내용에 영향은 없으나 p_i와 p_j가 동의관계를 이루면서 사소한 차이를 빚어낼 수 있다. p_i : "Pierre a été reconnu par le policier"(경찰관이 피에르를 알아보았다) p_j : Pierre a été reconnu par le flic(순사 놈이 피에르를 알아보았다)에서, p_i와 p_j는 동의관계를 이루나 함축의 면에서 차이가 난다. "Les brigands ont dévalisé la banque"(강도가 은행을 털었다), "La banque a été dévalisée par les brigands"(그 은행은 강도에게 털렸다), "Ce sont les brigands qui ont dévalisé la banque"(그 은행을 턴 것은 강도이다)에서, 내용은 동의관계에 있으나 단지 주제화(topicalisation)에서 차이가 빚어진다.

넷째로 p_i와 p_j가 변형과정에서 차이를 보이나 동의관계를 이루는 경우이다. "Il ne viendra jamais plus"(그는 결코 더 이상 오지 않을 것이다)와 "Il ne viendra plus jamais"(그는 더 이상 결코 오지 않을 것이다)의 두 문장은 좋은 예가 된다.

다섯째로 동의관계를 이루나 표층 해석에서 차이가 생길 수 있다. "Jean est malade"(쟝은 병이 났다)에서 억양(accent)이 "est", 또는 "malade"에 수반되느냐에 따라서 강조하는 바가 다르게 된다.

Ⅳ. 유동적 의미(sémantique flou)와 은유(métaphore)

1. 유동성의 정의와 원인

한 술어(prédicat)의 의미관계를 명확하게 설정할 수 없을 때가 흔히 있다. "être jeune"를 "나이가 젊고 혈기왕성하다"라고 정의하였을 때 나이의 한계는 어디까지인가? 30세가 한계라 하였을 때 '30세 + 1일'은 "être jeune"에 해당되지 않는가? 80세의 사람이 60세의 사람에게 "아직 젊고 혈기도 왕성하구만"이라 말했을 때, 60세의 사람은 젊은이에 속하는가?

"Pierre est jeune"(피에르는 젊다)에서 "젊음"의 내포(intension)를 완벽하게 결정할 수 없기 때문에, 진일 수도 위일 수도 있다. "être jeune" 또한 화자의 신계에 좌우된다. 80세 사람에게 60세의 피에르는 젊지만, 30세의 사람에게 피에르는 젊지 않다. "내포의 명시(明示)가 불완전하여 지시물을 일의적(一義的)으로 결정할 수 없는 술어"를 유동적이라 한다.

의미 유동성의 원인을 마르텡은 다섯 가지로 잡고 있다.

첫째로 의미 유동성은 등급 술어(prédicat gradable)와 관계된다. "être jeune"에서 "être vieux"(늙었다)의 상황으로 들어가는 경계를 확정할 수 없다. 등급 술어는 형용사에 그치지 않는다. "montagne"(산)와 "colline"(둔덕), "arbre"(나무)와 "arbuste"(관목), "colloque"(토론회)와 "congrès"(대회)의 경계를 설정하기도 쉽지 않은 일이다. 일정한 합의 하에, 예를 들어 610미터 이하는 둔덕, 그 이상은 산이라 할 수 있으나, 이러한 규정은 일상의 언어 감각에 맞지 않는다.

둘째로 의미확장(expansion sémantique)에 기인한 유동성이다. 전환동사(verbe transformatif)는 사행이 한 상태에서 다른 상태로 전환됨을 표시한다. 이 동사는 다른 상태로 전환되었을 때 동작이 완결된다. 한 상태에서 다른 상태로 전환되는 경계를 넘기도 전에 의미확장에 의하여 진의 가치를 부여받을 수도 있다. "arriver"(도착하다)는 일정한 목표 지점에 다다랐을 때 사용되나,

기차가 아직 서울 근교를 달리고 있을 때에도 차장은 기차가 서울에 도착했다고 말한다.

셋째는 의미자질(trait sémantique)의 변별성과 관계된다. "émeute"(소요), "insurrection"(폭동), "soulèvement"(봉기)의 경우, "émeute"는 "soulèvement populaire, généralement spontané et non organisé"(비조직적이고 자생적인 민란), "insurrection"은 "qui vise à renverser le pouvoir établi"(정권을 전복시키기 위한 민란), "soulèvement"은 "mouvement massif de révolte contre un oppresseur"(압제자에 반대하는 집단 운동)이라는 의미 내용을 가지고 있으나, 의소의 차이가 거의 느껴지지 않기 때문에, 달리 말하여 변별성이 없기 때문에 이 세 어휘의 의미는 유동적이다.

넷째로 의미의 유동성은 부정확한 양화사에 기인한다. "Les Français vivent en République"(프랑스 사람들은 공화국에 산다)에서 "Les Français"는 모든 프랑스 사람에게 해당되지만, "En 1986, les Français ont voté à droite"(1986년에 프랑스 사람들은 우익에 표를 던졌다)에서 "les"라는 전체를 지시하는 양화사가 있으나 "les Français"는 프랑스 사람의 일부에 해당되고, "Les Américains ont marché sur la lune"(미국 사람들이 달 위에서 산보하였다)에서, 양화사 "les"에도 불구하고 이 문장의 "미국인"은 두 사람에 한정된다. "Les Américains vivent en royaume depuis deux siècles"(미국인은 2세기 전부터 왕국에 살고 있다)에서도 전칭 양화사 "les"가 부가되고 있으나 "les Américains"은 어느 누구에게도 해당되지 않는다.

다섯째로 의미의 유동성이 명시적으로 표시될 수 있다. 어느 언어에서나 화자가 자신이 문장을 조절하여 진 또는 위일 수도 있는 중간 가치를 명시적으로 표시할 수 있는 장치가 있다. 문장 부사 또는 언술 부사를 이용하는 방법이 바로 그것이다.

D'une certaine manière (어떤 면에서는) Au fond (사실은) Dans un sens (어떤 의미에서) A certain égard (여러 점에서)	Rousseau est le premier des romantiques. (루소는 최초의 낭만주의자 가운데 한 사람이다)

vrai(진정한) 또는 véritable(참된)과 같은 형용사를 이용할 수도 있다. "Pierre a la scarlatine. C'est un vrai Peau-Rouge"(피에르는 성홍열을 앓고 있다. 그는 진짜 홍인종의 모습을 가지고 있다)에서 피에르는 홍인종이 아니라, 얼굴이 너무 붉어서 어느 점에서는 홍인종에 비슷하다는 의미를 "vrai"가 맡고 있다.

의미의 유동에 여러 현상이 포함되나 여기서는 은유에 초점을 맞추어 다루겠다.

2. 은유(métaphore)

고대 희랍시대의 아리스토텔레스(Aristote), 퀸틸리엔(Quintilien)을 필두로 오늘날에는 블랙(Black)을 걸쳐서 리쾨르(Ricoeur)와 모리노(Molino)에 이르기까지 은유는 수많은 학자들의 관심사였다.

대체로 은유에 관한 정의는 퀸틸리엔의 "축약적 비유"(comparaison abrégée), 퐁타니에(Fontanier)의 "유사적 비유"(trope par ressemblance), 아리스토텔레스의 "유추적 비유"(trope par analogie)의 세 갈래로 나누어진다.

이외에도 은유 현상을 타미느(Tamine)처럼 통사론과 의미론의 관점에서 접근하려는 시도도 있다. 타미느의 통사론적인 접근 시도는 본 소고의 논의대상이 아니기에 줄이고, 마르텡의 의미론적인 시도, 특히 진, 위의 이가적 논리가 아닌 다가적 논리 방법을 이용하여 유동적 의미 현상의 하나인 은유에 관한 연구를 소개하겠다.

가. 은유와 직유(similitude)

어떤 사물을 설명함에 있어, 그와 비슷한 다른 성질을 가진 사물을 빌어 뜻을 명확히 하는 비유(comparaison, figure)와 원 뜻을 무시하고 두 요소 사이에 등치의 관계를 맺어주는 은유의 공통점은 그 바탕이 직유(similitude), 달리 말하여 유사성(analogie)에 있다.

"L'homme est comme un loup"(그 사람은 늑대와 같다)라는 사람을 늑대에 견주어 늑대와 동일시한 비유적 언술에서, 두 요소인 "사람"과 "늑대"는 "être féroce"(사납다)라는 공통의 함의(implication commune)를 가진다.

être loup(늑대라는 것) ⇒ être féroce(사납다)

그리고

être homme(사람이라는 것) ⇒ être féroce

"être féroce"라는 공동 함의가 성립되지 않는다면 "L'homme est comme un loup"는 위가 된다. 비유에 이가적 논리를 적용시킬 수 있는 이유는, 비유의 대상이 되는 두 요소의 의미가 변하지 않고 보존, 대립되어 공동 함의를 바탕으로 비교되기 때문이다.

그러나 "L'homme est le loup"(사람은 늑대이다)라는 은유적 언술에서, "몸빛이 누런 갈색이고, 성질이 사나와서 짐승을 잡아먹는 늑대"가 사람일 수 없기 때문에 본질적으로는 모순된 위의 언술이 되겠으나, 사람과 늑대를 동일화한 화자의 근거를 모르는 한, 이 언술의 진리치는 결정할 수 없다. 따라서 은유에는 이가적 논리 기준이 적용되지 않는다.

비유와 은유에서는 단언(posé)과 전제의 부대칭관계(dissymétrie, 不對稱關係)가 이용된다.48)

"L'homme est féroce comme le loup"(사람은 늑대처럼 사납다)에서 전제는 "Le loup est féroce"(늑대는 사납다), 단언은 "L'homme est féroce de la même manière ou au même degré"(사람도 마찬가지로 사납다)이다. 비대칭관계란 대칭관계의 결여를 뜻한다. 바꾸어 말하여 "L'homme est féroce comme le loup"의 관계는 성립되나, "Le loup est féroce comme l'homme"(늑대는 사람처럼 사납다)의 관계는 이루어지지 않음을 뜻한다.

은유의 경우에도 전제와 단언 사이에 전제적 비대칭 관계가 성립된다. 비교의 두 요소를 비교물(comparant)과 피비교물(comparé)- "L'homme est un loup"에서 비교물은 loup, 피비교물은 homme이다-이라 부른다면, 전제가 비유에서처럼 명시적이지 않고 비교물에 함축된다는 점이 차이이다. "L'homme est-il réellement un loup?"(사람이 정말 늑대와 같은 존재입니까?)에서 "être féroce"라는 전제는 "l'homme"에 함축되어 있다.

명시적이건 또는 잠재적이건 전제는 비교물에 관한 내용이다. 전제인 비교물에 관한 내용은 화자와 청자에게 공통된다. 비교물 "le loup"의 "être féroce"(사납다)라는 전제는 화자만 아니라 청자, 나아가서는 모든 사람에게 공통될 수 있기 때문에 분석적 명제이다.

비유와 은유의 비교물에서 파생되는 전제를 피비교물에 확대 적용시킬 때 은유가 생겨난다. 전제의 확대 적용은 오로지 화자만의 작업이기 때문에 화자의 세계에서는 진이나 청자의 세계에서는 진, 위를 부여할 수 없다.

또 하나의 부대칭관계는 비교물이나 피비교물의 지시 기능이다. 피비교물은 어느 경우에나 세계의 한 사물과 관계되나 비교물은 성질을 지시한다. "Sophie ressemble à la tour de Pise"(소피는 피사의 사탑을 닮았다)에서 "Sophie"는 한 개인, "la tour de Pise"는 사람의 모습을 나타낸다.

비유와 은유는 둘 다 유사성에 토대를 두고 전제적 비대칭성과 지시적 비대칭성이라는 공통분모를 가지고 있으나, 이가적 논리가 비유에는 적용가능하나, 은유에는 적용되지 않는다.

---

48) Martin, R., *Logique du sens*, p. 186.

나. 은유와 등치(équivalence)

은유는 속사(attribut)를 이끄는 "être"(...이다), "paraître"(...같이 보인다), "devenir"(...이 되다), "prendre pour"(...로 본다), "traiter de"(...로 취급한다)와 같은 속사 동사(verbes attributifs)를 이용하여 형성된 속사 구조를 통하여 두 사물의 동일화(identification)를 빚어낸다. 두 사물의 공통적 속성을 토대로 동일성을 추구하나, 그 동일성은 속사적 구조를 취하고 있음에도 불구하고 완전이 아닌 부분적 동일성이다.

부분의 이름으로 전체를 가르키거나, 전체의 이름으로 부분을 가르키는 표현방법을 제유법(synecdoque, 提喩法)이라 한다면, 제유법이란 종(espèce)과 유(genre), 유와 종의 관계이다. 은유는 이중적 제유법(double synecdoque)이다.[49] [Lx ⇒ Fx], [Hx ⇒ Fx]라는 형식은 Lx와 Hx가 "être féroce"라는 부류에 속함을 뜻한다.

그러나 제유와 은유는 근본적인 차이를 가진다. "voile"(돛)을 "bateau"(배)의 뜻으로 쓰는 개별적 제유(synecdoque particularisante), "mortel"(숙명적인 것)을 "homme"의 뜻으로 이용하는 일반적 제유(synecdoque généralisante)에서 "voile"과 "bateau", "mortel"과 "homme" 사이에는 많은 공통점이 있기 때문에, "voile"과 "mortel"을 가지고 "bateau"와 "homme"를 표현하는 방법은 은유적 표현에서 화자는 새로운 유(genre)를 창출한다. "Le loup est féroce"는 화자의 발견이 아닌 누구나 알고 있는 사회화된 지식이다. 이 지식을 늑대가 아닌 새로운 피비교물에 확대 적용시킬 때에 은유가 생긴다. "bouleau"(자작나무)와 "chêne"(참나무)가 "arbre"(나무)이기 때문에 "chêne"를 "bouleau", "bouleau"를 "chêne"라고 부를 수는 없다. 눈 앞에 있는 자작나무가 참나무처럼 커서 "Ce bouleau est un chêne"(이 자작나무는 참나무이다)라고 말할 때 은유가 생긴다. "은유는 근접유(genre prochain)가 아닌 새로운 유를 만들어낼 때 탄생한다."[50]

---

49) Dubois, J. et autres, *Rhétorique générale*, p. 106.
50) Martin, R., *Logique du sens*, p. 193.

다. 은유와 유동적 등치(équivalence floue)

"모순적 술어"(prédication contradictoire)[51], "비논리적 동일화" (identification illogique)[52], "거짓인 은유"(ce mensonge qu'est le métaphore)[53]로 불리우는 은유는 이가적 논리로 다룰 수 없다. 은유의 유동적 특징을 마르텡은 다음과 같이 규명한다.

① 선별적 용법(usage sélectif)

"L'homme est un loup"라는 언술에서 "loup"의 모든 속성 가운데 "homme"에 적합한 속성만 선택되고 나머지 속성은 배제된다. 그러나 선별성만으로는 은유의 충분조건이 되지 않는다. 은유는 같은 것 사이의 동일성이 아닌 다른 것 사이의 동일화를 이룩하는 작업[54]이기 때문에, 선별성 이외에 "cette femme est une licorne"(이 여자는 일각수이다)에서 보는 바와 같이 "모순적 갈등 의미"(sémantisme conflitionnel de la contradiction)가 필요하다. "x est une femme"(x는 여자이다)와 "x est une licorne"(x는 일각수이다)는 논리적으로 양립 불가능(incompatible)하나, 은유적 동일화가 이루어지기 위해서는 의미의 모순적 대립이 있어야 한다.

"동일화된 요소들, 더 정확히 말하여 이 요소들이 관계하는 경험장(champs d'expérience)의 간격이 크면 클수록 창출 과정은 쉬워진다."[55] "Sophie est un homme"(소피는 남자다)는 은유적 언술이 되지 않는다. 비록 homme/femme라는 반의적 대립이 이루어지나 "homme"와 "femme"가 가지고 있는 공통분모가 더 크기 때문이다. "C'est la goutte d'eau qui fait déborder le vase"(직역:한 방울의 물이 꽃병의 물을 넘치게 한다. / 의역:사소한 일로 큰 일이 터지고 말았다)에서 "goutte d'eau"는 구상명사에서 추상명사화되어 사용되었다. "goutte d'eau"(한 방울의 물)과 "goutte d'eau"(사소한 일) 사이에는

51) Weinrich, H., *Sprache in Texten*, p. 308.
52) Hallyn, F., *Formes métaphoriques*, p. 15.
53) Henry, *Métaphore et métonymie*, p. 65.
54) Martin, R., *Logique du sens*, p. 197.
55) Martin, R., *Logique du sens*, p. 197.

큰 간격이 벌어져 은유가 성립된다. “Sophie est une licorne”(소피는 일각수이다)에서 “licorne”의 내포적 속성 가운데 하나만이 선별되고 나머지는 소멸된다. 이 의소의 소멸(éclipse sémique) 때문에 양립불가능(incompatibilité)이 극복된다.

② 유동적 선별(sélectivité floue)

은유가 형성되기 위하여 한 어휘의 속성 가운데 일부만 선별되고 나머지는 배제된다라는 것은, 선별적 속성을 명시적으로 드러내 보인다는 뜻이 아니다. “L'homme est un lion”에서 사자의 어떤 속성이 선별되었는지 확실하지 않다. 분명한 것은 그 사람이 사자의 속성 가운데 일부를 가지고 있다는 사실이다. 은유에서 선별의 결과는 묵시적(implicite)이다. 파스칼의 “L'homme est un roseau le plus faible de la nature, mais c'est un roseau pensant”(사람은 자연의 가장 약한 갈대이다. 그러나 그는 생각하는 갈대이다)에서 갈대의 속성 가운데 “faible”(약한)라는 속성이 명시적으로 선별되고 있으나 예외적이다. “L'homme est un lion”에서, “사자”의 “관대함” 또는 “사나움” 가운데 어떤 속성이 선별되었는지 알 수가 없다. 따라서 은유의 해석은 개인에 따라 다르게 마련이다. 은유는 묵시적이기 때문에 의미의 유동성이 빚어진다.

묵시적 유동성(flou de l'implicite)을 바탕으로 연쇄적 비유(métaphore)가 생긴다. 그 사람이 용기를 가졌기 때문에 사자다라는 은유가 가능하나 반면에 사자는 사납기 때문에 그 사람은 사자다라는 또 하나의 은유가 만들어진다. 논리 형식으로 연쇄 은유는 다음과 같이 표시된다.

$Px \Rightarrow Fx$

$Qx \Rightarrow Fx$라면

$Qx \Rightarrow Px$

또한

$Px \Rightarrow F'x$[56)]

따라서

Qx ⇒ F'x라는 공식이 성립된다.

라. 선별장의 유동성(flou du champ de sélectivité)

은유 구성의 두 요소인 비교물(comparant)과 피비교물(comparé) 가운데, 비교물에서 추출되는 속성에는 대체로 어느 누구나 수긍을 한다. "L'homme est un lion"에서 비교물 "lion"의 "férocité"(사나움)라는 속성에 관하여는 공감대가 이루어진다. 그러나 이 속성을 비교물, 즉 사람에게 부여함으로써 은유는 생긴다.

추출된 비교물의 속성에 공감대가 이루어지나, 문제는 묵시적인 데 있다. 또한 비교물은 수많은 속성을 지닌다. 비록 선별된 속성에 공감대가 이루어지더라도 이 공감대는 모든 화자에게 진일 수 없다.

은유는 전제적 비대칭, 공동적 함의라는 공통 분모가 있으나, 은유적 함의(implication métaphorique)의 장은, 경계가 유동적인 무한의 장이다. 은유는 전제적 부대칭과 공동함의를 바탕으로, 이가적이 아닌 유동적 진리치의 논리를 가지고 두 술어의 등치관계를 나타낸다.

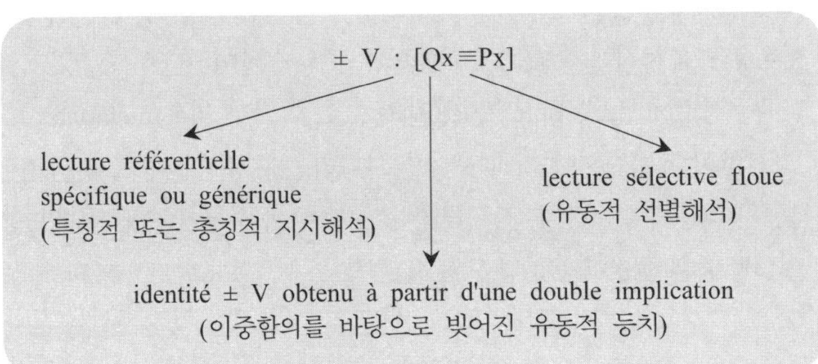

∀ U pp. (전제) : ∀x, Px ⇒ Fx

U Loc(화자) Posé(단언) : ∀x, Qx ⇒ Fx[57]

---

56) Martin, R., *Logique du sens*, p. 199.

57) Martin, R., *Logique du sens*, p. 203.

V. 가능 세계(monde possible)와 신계(信界, univers de croyance)

1. 신계의 정의와 가능세계와의 관계

어느 세계에서도 언제나 진이 되는 언술도 있고, 어느 세계에도 위가 되는 언술이 있으며, 세계가 달라짐에 따라서 위일 수도 있고 진일 수도 있는 언술이 있다.

"Les chimpanzés sont des singes"(침팬지는 원숭이이다) 또는 "Le triangle est une figure géométrique"(삼각형은 기하학 도형이다)라는 언술은 현실세계와의 대조 없이도 언술자체의 의미로 진이 된다. 언어외적 세계와 관계없이 언제나 진이 되는 언술을 부정하면 어느 세계에서나 위가 되는 언술이 얻어진다. 어느 세계에서나 언제나 진이거나 또는 위가 되는 언술을 분석적이라 한다.

"Il pleut aujourd'hui"(오늘 비가 온다)라는 언술은 실제로 비가 오고 있다면 진이 되고 그렇지 않다면 위가 된다. 이 문장은 언어외적 세계와의 대조로 진리치를 결정하는 종합적(synthétique) 언술이다.

"Il pleut aujourd'hui"는 오늘이라는 시점, 논리학의 용어를 빌린다면 오늘의 세계에 관하여 말하고 있다. 따라서 어제 또는 내일의 세계에서는 이 언술의 진리치는 오늘 세계의 것과는 다를 수 있다. "p"라고 말한다는 것은 "p"가 최소한 한 가능세계에서는 진이라고 말하는 것과 같다.

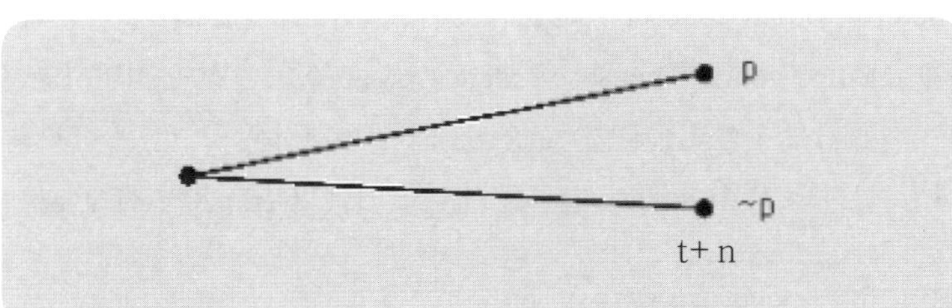

가능세계는 분기적 시간(分岐的時間, temps ramifié)과 관계된다. t시점에서 가능성은 두 갈래를 전제한다.

물론 t+n 시점에서 새로운 갈래가 생겨서 가능성은 무한히 다양하게 전개된다.[58)]

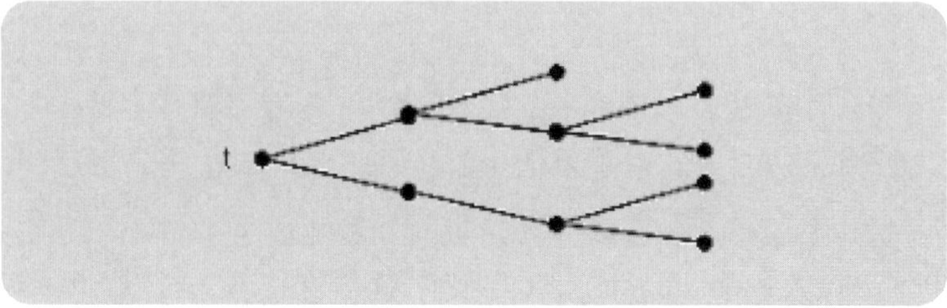

가능세계란 분기적 시간의 시점들이다. 따라서 ◇p란 분기적 시간의 최소한 한 시점에서 진이 됨을 뜻하고 □p란 분기적 시간의 모든 시점에서 진이 됨을 말한다.

한 언술의 진위는 언술에 관계되는 사람을 떠나서는 생각할 수 없다. 화자가 p라고 말할 때, 화자는 p가 진임을 동시에 주장한다. 그러나 화자에게 진인 p는 다른 사람에게 반드시 진이 된다는 보장이 없다. "Cette erreur n'en était pas une"(이 실수는 실수가 아니었다)에서 청자의 신계에서는 실수이나 화자의 신계에서는 실수가 아니다. "신계란 화자가 의사표시를 할 때 진으로 간주하거나 또는 진으로 믿게 하려는 명제의 총체이다."[59)]

투명(transparence)과 불투명(opacité)의 대립도 신계의 도입으로 설명된다.[60)] "Oedipe voulait épouser Jocaste"(외디프스는 조카스트와 결혼하기를 바랐다)와 "Oedipe voulait épouser sa mère"(외디프스는 자신의 어머니와 결혼하기를 바랐다)에서 "Jocaste"가 "Oedipe"의 어머니임을 알고 있는 화자의 신계에서 두 언술은 진이 되나, 이 사실을 모르고 있는 "Oedipe"의 신계에서는

58) Martin, R., *Logique du sens*, p. 30.
59) Martin, R., *Logique du sens*, p. 36.
60) 공지시적 표현으로 대치되었음에도 문맥의 진리치가 같이 않을 때 불투명 문맥이라 한다.

두 번째 언술은 위이다. “voulait”(원하다)라는 의지동사(verbe intentionnel)의 작용으로 Oedipe의 신계가 개입되기 때문에, 둘째 언술은 첫째 언술과 같은 뜻으로 사용될 수 없다.

전제도 신계 개념과 밀접하게 관계된다. 이미 언급한 바이지만, p명제의 진리치에 구애되지 않고 q명제가 진일 때, q는 p의 전제가 된다. 바꾸어 말하여 q는 어느 가능세계에서도 진이 된다. (가) Marie lui reproche de l'avoir réveillé (마리는 그 사람이 자기를 깨웠다고 질책한다)의 전제는 (나) Il a réveillé Marie(그 사람이 마리를 깨웠다)이나, (다) Marie lui reproche de l'avoir réveillé mais ce n'est pas du tout lui qui l'a réveillée(마리는 자신을 깨웠다고 그를 질책하지만 그러나 그녀를 깨운 것은 그 사람이 결코 아니다)도 성립된다. 모든 가능세계에서 진인 전제가 부정된 것이다. 전제 (나)는 마리의 신계에 속한다. 화자인 나의 입장에서 마리의 질책은 근거가 없기 때문에, (가)는 불합리하다고 생각하지 않을 수 없다. 화자인 나의 입장에서 (나)는 진이 되지 않으나, 마리가 실제로 자신을 깨웠다고 불평하고 있기 때문에, (나)는 위일 수도 없다. 따라서 화자인 나는 (가)의 진리치를 결정할 수 없으나, 마리의 신계가 아닌 나의 신계를 도입하여 (나)를 부정한다.

마르텡은 가능세계를 신계의 하위개념으로 설정한다.61) “Pierre n'est pas revenu”(피에르는 돌아오지 않았다)라는 언술은 피에르가 돌아올 수도 있다고 생각하기 때문에 이루어진다. ~p라는 주장은 ~p가 나의 신계에 속한다고 선언하는 것이지만, 동시에 p가 현실세계에서는 부정되고 있으나, 나의 신계의 어떤 가능세계에서는 진일 수도 있음을 암시한다. “Même Pierre est venu”(심지어 피에르도 왔다)에서 피에르가 왔음을 말하고, 나의 신계의 t0라는 가능세계에서 피에르는 오지 않을 수도 있음을 의미한다.

여러 개의 가능세계를 내포하는 신계는 화자의 신계(univers du locuteur), 타자의 신계(hétéro-univers), 반사실적 세계(anti-univers, 反事實的世界)로 넓게 분류된다.62) p 또는 ~p는 화자의 신계에서 진위의 가치를 갖는다.

61) Martin, R., *Logique du sens*, p. 53.
62) Martin, R., *Logique du sens*, p. 38.

"Sophie est malade"(소피는 병이 났다)는 현재 시점의 화자의 신계에서 진이 되는 언술이다. "Pierre dit que Sophie est malade"(소피는 병이 났다)는 현재 시점의 화자의 신계에서 진이 되는 언술이다. "Pierre dit que Sophie est malade"(소피가 병이 났다고 피에르는 말한다)에서 화자의 신계와 발화자(énonciateur) 피에르의 신계가 중첩된다. "발화자 피에르의 신계가 화자의 관찰을 통하여 여과된 언술이다."[63] 의견 또는 믿음을 나타내는 모든 동사는 일인칭 현재로 쓰여진 경우를 제외하고, 언술 안에서 타자의 신계를 형성한다. "Je croyais que Sophie est malade"(소피는 병 났다고 생각했다)에서, 비록 화자와 동일한 일인칭으로 쓰였으나 지금 이 시점의 내가 아닌 과거 시점의 나이기 때문에, 타자의 신계가 지금 시점의 화자의 신계와 중첩된다. "반사실적 신계란 t_0시점에서 위이지만, 진이 될 수 있거나 진이라고 상상하는 명제의 총체이다. 바꾸어 말하자면 위인 명제들은 반사실적 세계에서는 진일 수도 있다."[64] "Si Pierre avait réussi......"(피에르가 성공했다면…)은 피에르가 성공하지 못하였다는 것을 뜻하나, 또한 피에르는 그 어떤 반사실적 신계에서 성공할 수도 있었음을 암시한다. 화자의 신계에서 ~p가 진이나 반사실적 세계에서는 p가 진이 된다.

2. 신계와 연산자(opérateur) "savoir"(알다)

savoir que(…을 안다)와 savoir si(…인지 알다)에서, savoir는 명제가 주어의 신계와 관계된다는 것을 나타낸다. 그러나 savoir가 가지는 구조에 따라서 용인성(acceptabilité)의 문제가 제기된다. savoir와 que가 결합할 때 일인칭 단수 부정문, si와의 결합에서는 긍정문이 용인되지 않는다.

63) Martin, R., *Logique du sens*, p. 38.
64) Martin, R., *Logique du sens*, p. 38.

가. savoir que(…을 안다)의 속성

savoir que는 p의 진을 전제하기 때문에 사실적(factif)이다. 그러나 savoir si는 p의 진을 전제하지 않는다. 따라서 사실적일 수 없다. 또한 savoir que가 직설법 현재 일인칭 단수, 마르텡의 용어를 빌린다면[65], "Je ne sais pas que..." (나는 …을 모른다)와 같은 일인칭 단수, 직설법 현재인 직접용법(usage direct)의 구조로 쓰였는가 또는 "Il ne sait pas que..."(그는 …을 모른다) 또는 "Je ne savais pas que......"(나는 …을 몰랐다)와 같은 사격적 용법(usage oblique)으로 쓰였는가에 따라 차이점이 노정된다.

① 사실성(factivité)

"Pierre sait que p"(피에르는 p를 알고 있다)는 "화자인 나도 p를 알고 있다"를 함의하고 있으며 "Pierre ne sait pas que p"(피에르는 p를 모르고 있다)는 "나는 p를 알고 있다"를 함의한다.

il S p ⇒ je S p

il ~S p ⇒ je S p

이기 때문에 다음의 공식이 성립된다.

il S p → je S p

"je savais que p" 또는 "je ne savais pas que p"의 전제도 "je sais que p"이다.

이 공식은 신계의 위계성(hiérarchie)과 관계된다. 즉 타자의 신계(hétéro-univers)는 나의 신계에 종속된다. "Personne ne sait que p"(어느 누구도 p를 모른다.)에서 U_{il} a, U_{il} b, U_{il} n이라는 모든 신계는 나의 신계를 통하여 관찰 여과되어 어느 신계에서도 p가 알려져 있지 않으나 나의 신계에서는 p는 진이 됨을 뜻한다.

---

65) Martin, R., *Language et universe de croyance*, p. 44.

또 하나의 위 공식이 의미하는 바는 il S p는 je S p를 전제하기 때문에 이행적(transitif) 특징을 가진다는 점이다. p의 진이 위계적으로 상위의 신계에 전달된다. “Il croyait que je ne sais pas que p”(그는 내가 p를 모르고 있다고 생각했다)는 p가 il의 신계와 나의 신계에서 진임을 전제한다. “Paul s'imagine qu'elle sait que p”(폴은 그 여자가 p를 알고 있다고 상상한다)는 p가 Paul의 신계와 나의 신계에서 진임을 전제한다.

② 직접용법과 사격적 용법의 비대칭성(dissymétrie)

타자의 신계가 화자의 신계에 종속되어 또 하나의 결과가 빚어진다. 이미 언급한 바이지만, il S p의 전제는 je S p이다. 그러나 je S p의 전제는 il S p일 수는 없다. 화자가 p라고 말한다는 것은 거짓의 경우를 제외하고 화자가 p를 알고 있음을 상정하고 있다. 화자가 확신하지 못하거나 모르고 있는 것을 말할 때 “je crois que p”(p라고 나는 생각한다) 또는 “j'imagine que p”(p라고 나는 상상한다)라는 인지연산자(opératuer épistémique)가 개입하게 된다. “je sais que P”는 “j'imagine que p”와 대립된다. “je sais que p”는 대화자가 화자의 정신세계에서 p가 하나의 신조로 되어 있다고 생각하거나, 또는 p에 관한 화자의 앎이 다른 명제에 관한 화자의 모름과 대립되거나(je sais que p, mais j'ignore si q(나는 p라고 알고 있으나 q인지 아닌지는 모르고 있다)), 또는 화자의 앎이 다른 사람의 모름 또는 얼마 전의 화자의 모름과 대조될 때에 의미를 가진다. 어느 경우에나 “je sais que p”는 화자의 신계에서 p가 알려져 있음을 뜻한다.

“Je sais que p”는 p가 화자의 신계에서 진임을 뜻하나 직접용법에서만 가능하다. 화자의 단언으로 이루어진 p의 진은 피에르, 마리, 폴 등의 타자가 p를 알고 있음을 함의하지 않는다. “je sais que p”에서 “je sais que je sais que p”(p임을 내가 알고 있다는 것을 나는 알고 있다)라는 추론은 가능하나, “il sait que p”를 토대로 “il sait qu'il sait que p”(p임을 그가 알고 있다는 것을 그는 알고 있다)는 타당성이 없다. 타자의 p에 관한 지식이 무의식적인 것일 수도 있기 때문이다. 불어에서 직접보어와 간접보어가 문장에 동시에 나올 때, 직접보어와 간접보어가 둘 다 3인칭일 경우는 “il le lui donne”(그는 그것을 그에게 준다)

에서처럼 직접보어, 간접보어의 순으로 쓰이지만, 그 이외의 경우에는 "il me le donne"(그는 나에게 그것을 준다) 또는 "il te le donne"(그는 너에게 그것을 준다)에서처럼 간접 목적어, 직접 목적어의 순서로 쓰인다. 피에르는 물론 자신도 모르게 습득한 자연적 언어지식에 따라 "il me le donne", "il te le donne"라는 문장을 만들어 낸다. 이 규칙을 구사할 수 있다는 뜻에서 "il sait que p"라고 말할 수 있으나, 그것은 무의식적 구사력이지, 규칙을 알고 잇는 것이 아니기 때문에 "il sait qu'il sait que p"라고는 말할 수 없다. 그러나 이렇게 말하고 있는 나 화자는 내가 알고 있다는 것을 안다.

"je sais que p"는 p가 나의 신계에서 진임을 뜻한다. je S p ⇒ p이나 직접용법에서만 타당성을 지닌다.

③ "je ne sais pas que p"(나는 p임을 모르고 있다)의 특징과 "dire"(말하다) 동사의 역할

직접용법과 사격적 용법의 차이는 부정형에서 더욱 잘 나타난다. "il ne sait pas que p"와 "je sais que p"의 전제는 p이다. 그러나 직접용법의 "je ne sais pas que p"의 전제는 "je sais que p"가 되기 때문에 모순현상이 빚어진다. 이 모순을 극복하기 위하여 화자의 신계를 개입시켜 전제를 부인할 수 있다. "Elle dit qu'il a cessé de fumer, mais il n'a jamais fumé"(그가 담배를 끊었다고 그녀는 말하지만 그는 담배를 피운 적이 없다)에서와 같이 "Elle dit qu'il ne sait pas que Marie est arrivée, mais Marie n'est pas encore arrivée"(마리가 도착한 사실을 그가 모르고 있다라고 그녀는 말하고 있으나 마리는 아직 도착하지 않았다)라고 타자의 신계를 개입시켜 전제를 부인할 수 있다. 또는 dire 동사를 이용하여 나의 신계가 아닌 화자의 신계와 연관시켜 "il a dit que je ne sais pas que p"(내가 p임을 모른다고 그는 말했다)에서 처럼, "je ne sais pas que p"로 사용할 수 있다. 결론으로 "je ne sais pas que p"가 용인되려면 화자의 신계가 아닌 다른 신계의 개입이 있어야 한다.

나. savoir si(…지를 안다)의 속성

① savoir si의 전제

"je sais si p"(p인지를 나는 알고 있다)가 용인되려면 "dire"(말하다) 동사의 개입이 필요하다. "je sais si p"는 p임을 알고 있으나 "je ne le dirai pas"(나는 그것을 말하지 않겠다)를 함의한다. 그러나 "il ne sait pas si p"(p인지를 그는 알지 못한다)에서, 화자는 p임을 알고 있을 수도 있고 또는 모를 수도 있다. "Il ne sait pas si Londre est la capitale de l'Angleterre!"(그는 런던이 영국의 수도인지를 모르고 있구나!)는 화자가 p임을 알고 있지만 그것을 말하지 않는 경우이고 "Il ne sait pas si Marie part pour le Japon"(마리가 일본으로 떠나는지를 그는 모르고 있다)에서는 화자의 신계에서 p가 알려지지 않았거나, 또는 p의 진위에 대하여 화자가 언급을 거부하고 있음을 뜻한다.

② dire que(…을 말한다)와 dire si(…지를 말한다.)

dire 동사는 부정이 되었을 때 savoir와 관계를 가진다. "je ne dis pas que p"(p임을 나는 말하지 않는다)는 "je ne sais pas si p"(p인지를 나는 모른다)를, "je ne dis pas si p"(p인지를 나는 말하지 않는다)는 "je sais que p"를 함의한다고 생각하기 쉽다.

"je ne dis pas que p"는 "je ne sais pas que p"와는 달리 용인되는 언술이다. "je ne dis pas que p"에서 부정되는 것은 p가 아니다. 화자는 p라고 말하지만 p의 진에 대하여 화자는 거리를 둔다. "je ne dis pas si p"에서 화자는 p의 진리치를 명시할 수 없기 때문에, p의 진리치는 비명시적 상황에 놓인다. 이러한 상황 때문에 어떤 가능세계에서 p는 위일 수 있다. 바꾸어 말하여 진리치와 관계에서 que는 명시적이나 si는 비명시적이다.

"Je ne me souviens pas s'il a rapporté ce livre."
(나는 그가 그 책을 가져 왔는지 기억하지 못한다.)
"Je ne me souviens pas qu'il ait rapporté ce livre."
(나는 그가 그 책을 가져온 것을 기억하지 못한다.)

첫째 언술은 위일 수도 진일 수도 있는 신계와 관계되나, 둘째 언술은 이 책이 반환되었다고 주장하는 사람에 대한 대답이기 때문에, 나의 현재 신계가 아닌 다른 신계의 한 가능세계와 관계된다. que는 p에 일정한 가치를 부여하나, si는 진위의 선택이 아닌 진과 위 사이의 미결정적 상황이 빚어진다.

Il sait si p에서 p의 진리치는 명시되지 않는다. 화자인 나 자신도 p인지 ~p인지 모른다. 또한 p의 진리치를 알고 있다 하더라도, 화자인 나는 이를 명시하지 않는다.

3. 신계와 조건법

불어 시제는 크게 두 하위체계로 구성된다. 현재를 기점(repère)으로 선행하는 중복합과거(passé surcomposé), 복합과거(passé composé), 근접과거(passé récent), 후행하는 근접미래(futur proche), 전미래(futur antérieur), 미래(futur)로 구성되는 시제와, 반과거를 기점으로 선행하는 중복합대과거(plus-que-parfait surcomposé), 대과거(plus-que-parfait), 근접과거(passé récent), 후행하는 과거근접미래(futur proche), 과거전미래(futur antérieur du passé), 과거미래(futur du passé)로 구성되는 시제가 있다. 반과거는 기점의 역할을 하나 같은 어미로 이루어진 조건법 동사는 기점을 중심으로 후행적인 사건을 나타내는 데 쓰인다.

같은 어미로 이루어졌으나 반과거와 조건법의 의미는 다르다. "A huit heures il déjeunait"(여덟 시에 그는 점심을 먹고 있었다)는 점심을 먹는 동작은 여덟 시 이전에도, 이후에도 진행되고 있음을 말한다. 반과거 동사는 과거 일정한 시점에서 그 직전에 완료된 동작, 그 직후에 진행되는 동작을 나타내는 데 쓰인다. 바꾸어 말하여 반과거는 이미 완료된 부분 ω와 완료되지 않는 부분 α로 구성된다.

"Il m'a dit qu'il rentrerait le lendemain"(그는 다음 날에 돌아오겠다고 말했다)에서 조건법 "rentrer" 동사는 과거의 일정한 시점 이후에 일어나는 과거미래의 역할을 하고 있으나, 일정한 시점 이전에 완료된 동작이 아니라 그 이후에 일어날 동작만을 표시하기 때문에 반과거와는 달리 α만을 내용으로 가지고 있다.

조건법 동사가 시제의 한 형태인가 또는 서법적 형태인가라는 전통적 논쟁을 떠나, 마르텡은 신계와 가능세계의 토대 위에서 조건법을 신계적 조건법(conditionnel u)과 가능세계적 조건법(conditionnel m)으로 구분한다. 신계적 조건법은 사행(procès)을 화자의 신계 밖으로 위치시키고, 가능세계적 조건법이란 사행을 신계의 한 가능세계와 관련을 맺게 한다.[66]

가. 신계적 조건법(conditionnel u)

신계적 조건법에는 몇 개의 유형이 있으나, 공통점은 신계에 변화가 수반된다는 점이다. 전통적으로 시제적 조건법(conditionnel temps)이라 불리우는 이 신계적 조건법은 언술에 명시적으로 나타나 있건 아니건 간에, 의문사 que 또는 si와 연관되어 사용된다.

"Il m'a dit qu'il rentrerait à midi."
(정오에 돌아오겠다고 그는 나에게 말했다.)
"Il ne savait pas qu'il rentrerait à midi."
(정오에 돌아올지 그는 모르고 있었다.)
"Il rentrerait à midi."(se disait-il)
(정오에 돌아올지도 몰라, 그는 혼자서 생각했다.)

위 언술에서 "dire"(말하다) 동사의 존재로 화자의 신계가 개입되었으며, 신계적 조건법(conditionnel u)은 일정한 과거시점에서의 화자의 신계가 아닌, 달리 말하여 화자의 신계를 후행하는 새로운 신계를 함의한다.

조건법 동사의 내용이 앞으로 이루어질 α만으로 구성되어 있으나, 이 가능세계는 나의 신계와는 무관하다.

---

66) Martin, R., *Logique du sens*, p. 134.

또 하나의 조건법은 미확정적 정보의 조건법(conditionnel de l'information incertaine)이다.

"M.X passerait à Lyon avant de se rendre à......"
(X씨는 …에 가기 전에 리옹에 들릴 지도 모른다.)
"M.X serait passé à Lyon avant de se rendre à......"
(X씨는 …에 가기 전에 리옹에 들렀을 지도 모른다.)

이 조건법의 특징은 시제적 조건법이 가지는 과거미래적 특징, 즉 과거와 관계가 없다는 데 있다. 위의 예에서 화자는 X씨가 리옹에 갔다는 사실은 부인하지 않으나, 그렇다고 하더라도 화자의 신계를 벗어난 사실이기 때문에 진리치를 부여하지 않는다.

신계적 조건법의 마지막 유형은 수사적 의문형의 조건법(conditionnel de l'interrogative)이다. 신계적 조건법은 정식 의문형식(interrogation vraie)에서는 사용되지 않는다. 정식 의문형이란 청자의 답을 기대하는 질문이지만, 수사적 의문(interrogation rhétorique)이란 답이 이미 알려져 있거나 또한 답을 요구하지 않는 의문형이다.67)

조건법 동사를 사용한 비도치 의문문 "Et il serait à Paris?"(그가 파리에 있을 것인가?)의 답은 언제나 반대인 "Il n'y est pas"(그는 거기에 없다)이나, 도치형 의문문 "Serait-il à Paris?"(그가 파리에 있지 않을까?)의 답은 "Il y est"(그가 그곳에 있다)라는 긍정형식이 된다.

도치형 의문문을 수사적 의문문이라 할 수는 없으나, 이 의문문의 특징은 화자의 신계에서 p의 진리치에 의문을 표시하는 데 있다. 이 의문문에 조건법을 사용하면 p는 반사실세계(anti-univers)에 속하게 되고, 화자는 p가 반신계에 속함을 확인하려고 한다. 따라서 답은 p의 가능성이 있을 수 있다는 것이 된다.

"et"와 함께 사용된 비도치형 의문문 "Il est malade et il fait du ski?"(그는 병

67) Bechade, Hervé-D., *Syntaxe du français moderne et contemporain*, p. 229.

이 났는데 스키를 탄다고?)에서, 의문의 형식이기 때문에 p는 화자의 신계에서 의심의 대상이나, 반면에 도치형식이 아니기 때문에 의심의 정도는 가장 약하다. 의심의 정도가 약하다는 것은 p가 진일 가능성이 크다는 것을 의미한다. 따라서 et 다음에 동사는 현재형을 사용하였다. 이 경우의 의문은 의심의 정도가 최소이기 때문에, 의문이 아니라 p명제와 q명제의 모순성에 놀라움을 나타낸다.

"Il est malade et il ferait du ski!"(그가 병이 났는데 스키를 탈까요!)에서 p와 q명제는 모순되고 더구나 조건법 동사는 q명제가 반사실 세계에 속함을 나타내고 있기 때문에 q명제는 부정이 된다.

가. 가능세계적 조건법(conditionnel m)

가능세계적 조건법은 명시적 또는 비명시적이건 가정을 나타내는 si(…이라면)와의 관계에서 파생된다.

"Il est certain / c'est une certitude que Pierre reviendra."
(피에르가 틀림없이 돌아올 것이다.)
"Il est certain / c'est une certitude que Pierre reviendrait."
(피에르가 틀림없이 돌아올 지도 모르겠다)

위 두 예에서 첫째는 미래형, 둘째는 조건법형으로 동사를 사용하였고 "틀림없이"라는 요소는 공통된다. 미래시칭을 사용한 첫 예에서 "틀림없이"는 "피에르가 틀림없이 올 것이다"를 의미한다. 그러나 조건법을 사용한 둘째 예에서 문제가 생긴다. 미래시칭을 사용한 첫째 예에서와 마찬가지로 "피에르가 틀림없이 올 것이다"라는 뜻으로 사용된다면 조건법 사용의 타당성이 사라진다. 그렇다면 조건법은 비현실적 사건을 나타내는 데 쓰이기 때문에 둘째 예는 "피에르가 틀림없이 오지 않을 것이다"의 의미를 가지는가라는 문제가 제기된다. 이 의미로 사용되었다면 조건법 과거형의 "Il est certain que Pierre serait venu"(피에르가 틀림없이 왔는지도 몰라)에서 "serait venu"는 오지 않음을 의미하는가? 오지 않음이 분명하다면 차라리 "Il est certain que Pierre n'est pas venu"(피에르가 오지 않을 것이 틀림없다)라는 복합과거 시칭의 사용이 타당하지 않을가라는 의문이 생긴다.

이 경우의 조건법은 일정한 조건 아래서 피에르가 오지 않았을지도 모른다는 뜻이다. 바꾸어 말하여 si가 비명시적으로 함축되었다. 이 예에서 단언된 것은 조건법 동사가 포함되어 있는 q 또는 p명제가 아니라 si로서 연결된 p와 q의 관계 R이다. 조건법 동사와 si를 이용하여 Rpq라는 관계가 정립된다. Rpq라는 관계는 화자의 단언이 이루어진 현재의 세계(monde de ce qui est) m_0에서 성립되고, p와 q명제는 잠재성(potentiel) 또는 비현실적(irréel)을 내용으로 한다.

잠재성이란 t_0에서 화자가 명제 p를 가능하거나 또는 상상할 수 있는 것으로 판단할 때 성립된다. "Si tu voulais, nous irions nous promener"(당신이 원한다면 우리는 산책갈 수도 있습니다) t_0시점에서, 바꾸어 말하여 현재시점에서 상대방의 바람이 가능하다고 화자는 생각한다.

비현실성이란 화자가 p명제를 t_{0-k}에서는 가능하나 t_0에서는 ~p로 간주할 때 성립된다. "Si l'an dernier tu avais admis cette opinion"(작년에 당신이 이 의견을 받아들였더라면)에서 작년에 해당하는 t_0에서의 의견을 받아들여지지 않았기 때문에 ~p이나, t_0가 아닌 t_{0-k}에서 p는 가능할 수도 있다고 화자는 생각한다. 요약한다면 잠재성과 비현실성은 다음과 같이 표시된다.

potentiel(잠재성) : ⊣ Rpq, tel que($t_0 \Diamond p$)
irréel(비현실성) : ⊣ Rpq, tel que($t_0 \Diamond p \wedge t_0 \sim p$)[68]

t_{0-k}를 반사실적 신계로 보고, 명제p가 반사실적 신계의 한 가능세계에서 진이고, 나의 신계에서 ~p라면, 위 공식을 다음과 같이 성립시킬수도 있다.

potentiel(잠재성) : ⊣ Rpq, tel que $p \in m \in U$
irréel(비현실성) : ⊣ Rpq, tel que($p \in m\ \bar{U}$) $\wedge$ ($\sim p \in U$)[69]

---

68) Martin, R., *Logique du sens*, p. 140.

4. 신계와 감탄문

전통적 정의에 따른다면 감탄문은 "높은 정도"(haut degré), "최고의 단계"(degré extrême)를 나타낸다. 그러나 모든 감탄문이 등급(gradation)과 관계되지는 않는다. 피에르가 있으리라 예기치 못했던 화자가 "Mais il est là!"(그러나 그 사람이 거기 있다!) 또는 " Toi, ici!"(너 여기 있구나!)는 등급과 아무 관계가 없는 진술이다.

또한 강도의 감탄문(exclamation d'intensité)은 이에 상응하는 서술문(assertive)의 논증적 특징을 갖지 못한다. 다음 예에서 "que" 형식의 감탄문은 의문문의 대답이 될 수 없다.

"Pourquoi l'épouserait-il?"
(그가 그 여자와 결혼하려는 이유가 무엇입니까?)
"Elle est très belle."
(그 여자는 너무 아름답다)
"Qu'elle est belle!"
(그 여자는 얼마나 아름다운가?)

흔히 감탄문을 서술문의 일종으로 보고, 차이점을 정도의 차이(différence de degré)에 있다고 주장하는 정의도 타당성이 없다.[70] 마르텡은 감탄문을 신계와 가능세계와 관련지어 정의하고 분류한다.

가. 감탄문의 분류

감탄문은 진이라는 속성을 갖는다는 점에서 서술문과 공통되나, 반면에 여러 면에서 의문문과의 유사점을 갖는다. 수사적 의문문은 억양의 변화만으로 감탄문으로 쓰인다.

---

69) Martin, R., *Logique du sens*, p. 141.
70) Martin, R., *Langage et croyance*, p. 94.

"Ainsi, vous êtes le fils de monsieur le marquis?/!"
(그래서 당신이 후작님의 아들이란 말입니까? / 말이군요!)

또한 감탄문은 반대의 대답을 요구하는 도치형과 공통점을 지닌다.

"Mais enfin, n'est-il pas son mari?/!"
(그러나 결론적으로 그가 그녀의 남편이 아닙니까? / 아니라고요!)

감탄문과 의문문의 공통점 때문에 의문문을 바탕으로 감탄문을 분류할 수도 있다. 의문문 자체가 직접 또는 간접 의문문으로 구분되듯이 감탄문도 직접 또는 간접 감탄문으로 분류된다.

Est-il intelligent?(그가 머리가 좋습니까?)
Est-il intelligent! (그가 머리가 좋지요!)

Je vous demande s'il est intelligent.
(그가 머리가 좋은지 나는 묻고 있습니다.)
Je vous demande s'il est intelligent!
(그가 얼마나 머리가 좋은지 묻고 싶군요!)

의문문이 전체 또는 부분으로 나누어지듯 감탄문도 전체 또는 부분으로 분류된다.

Est-elle belle!(그 여자 아름답지!)
Combien de films ont été censurés!
(얼마나 많은 영화가 검열을 받았는지!)

직접, 간접, 전체, 부분 감탄문의 분류는 마르텡의 입장에서는 타당성이 없다. 예로서 간접의문문과 간접감탄문의 유사성을 논하나, 간접의문문은 명사구 전체를 문제시하는 "Qui a été désigné?"(누가 지명되었습니까?)와 한정사를 문제시하는 "Quel juge a été désigné?"(어떤 판사가 지명되었습니까?)에서처럼 두 유형으로 나누어지지만, 간접감탄문은 두 번째 간접의문과 유사성을 갖는다. 바꾸어 말하여 간접감탄문은 명사의 수 또는 강도에서의 질적인 차이만을 나타낸다. 또한 감탄문을 직접, 간접 감탄문으로 분류하지만 "Qu'elle est charmante!"(얼마나 그 여자는 매력적인가!)가 형용사만 문제시하고 있는 부분감탄문인지 명제 전체를 문제시하고 있는 감탄문인지 한계가 모호한 경우도 있다. 또한 정도의 차이를 나타내는 등급 감탄문이건 또는 비등급 감탄문이건 문장의 구조가 대체로는 서술문의 형태를 취하기 때문에 의문문을 바탕으로 감탄문의 분류를 할 수 없다.

마르텡은 감탄문을 비등급적 감탄문과 등급적 감탄문으로 분류한다.

비등급적 감탄문은 "Mais elle est là!"(그러나 그녀가 거기 있군요!)와 같은 서술문의 형식, 서술문의 변형이라고 할 수 있는 "Qui ne l'accepterait!"(그것을 수락하지 않을 사람이 있겠습니까!)와 같은 수사적 의문형식, 마지막으로 "Si elle est là!"(그녀가 거기 있다면!)와 같은 간접의문문의 형식으로 분류된다.

등급적 감탄문은 유사종속적 "Qu'elle est charmante!"(그 여자 얼마나 아름다운가!)와 같은 형식, "Est-elle charmante!"(그 여자 매혹적인가!)와 같은 의문문의 형식, "Comme elle est charmante!"(그 여자 얼마나 매혹적인가!)와 같은 비교문의 형식, 또는 "Tout le monde l'aime : il est si bon!"(모든 사람이 그를 사랑한다. 그는 너무도 좋다!)와 같은 원인을 표시하는 si가 첨가된 형식을 취한다.

나. 비등급적 감탄문과 등급적 감탄문의 의미

비등급적 감탄문은 명증성(évidence)에 바탕을 두고 있다. 명증성이란 현재의 세계(monde de ce qui est) m_0에서 "Il est là! Je le vois"(그 사람이 저기 있군요! 내 눈에는 보입니다)에서와 같이, p가 진임을 강조 확인하는 것이다. 그러나 "Il est là!"라는 p명제의 진리치는 화자인 나의 신계안에서의 일이다. 화자의 현재 신계를 떠나서 p는 위일 수도 있다. 감탄문은 p명제의 명증성을 강조 확인하지만, 또한 화자의 현재 신계가 아닌 다른 신계에서 p가 위가 될 수 있음을 함의하고 있다.

"Ainsi, vous êtes le fils de monsieur le marquis!"(그렇다면 당신은 후작님의 아들이군요!)에서 p는 화자의 현재 신계에서는 진이나, 현재가 아닌 과거 신계에서 p는 위일 수도 있음이 함의된다. 또한 감탄문 p는 "Pierre ne viendra pas"(피에르는 오지 않을 것입니다) "Mais il est là!"(그러나 그가 거기 있습니다!)에서 처럼 청자의 신계에서의 진리치와 대립되기 때문에 형성된다.

비등급적 감탄문과 마찬가지로 등급적 감탄문은 명증성과 관계된다. "Que Marie est belle!"(마리가 얼마나 예쁘냐!)은 실제로 p가 진이기 때문에 만들어진 문장이다. 말하는 순간 p가 너무도 명확하게 진이기 때문에, 화자는 p의 진리치에 책임을 진다. 명증성과 관계된다는 점에서 등급적 감탄문과 비등급적 감탄문의 차이는 없다.

등급적 감탄문은 가능세계와 관계된다. 화자는 모든 가능성을 검토(parcours de possible)하여, 극단의 경우에도 p가 검증되었다는 결론에 도달한다. "Qu'elle est belle!"(그 여자 얼마나 아름다운가!)에서 "아름답다"는 정도의 차이를 나타내는 등급형용사이나, "Qu'elle est belle!"은 가장 약할 정도의 아름다움은 물론 가장 높은 정도의 아름다움에 해당된다. p가 어떤 등급의 강도에서도 진이기 때문에 p의 명증성이 강조된다. 그러나 명증성의 강조는 화자의 현실계에서의 일이다. 비등급 감탄문에서와 마찬가지로 화자의 현실계가 아닌 다른 신계, 또는 화자가 아닌 다름 사람의 신계, 즉 타자의 신계, 반사실적 가능세계에서 p는 위일 수도 있다.

VI. 맺음말

마르텡의 의미론 체계의 커다란 특징은 중심층부와 경심층부의 설정에 있다. 중심층부란 의미논리 구조로서 양상, 개념소, 함수라는 하위체계로 이루어져 있고, 경심층부에는 어휘 문법구조가 자리를 차지한다. 또 하나 지적해야 할 사항은 예측이 불가능한 상황 의미를 의미론에서 배제시키고 있다는 데 있다. 화용론이 떨어져 나간 그의 의미론은 외연체계와 함축체계로 구성된다.

무엇을 말한다는 것은 무엇이 진이라고 말하는 것과 같다. 평서문은 화자가 진이라고 확신하는 것을 말하고 있고, 의문문은 화자의 현재 신계가 타자의 신계에서 진을 기대하는 것이고, 심지어 거짓말의 경우에도 화자는 거짓임을 알고는 있으나 진이라고 주장한다. 진, 위의 문제는 마르텡의 의미론에서 중요한 위치를 차지하고 있다.

의미론의 목표는 문장들을 연결시켜 주는 진리관계의 산출에 있다. 달리 말하여 통사적으로 올바르게 형성되고, 의미적으로 해석이 가능한 문장들 사이의 논리관계를 산정하는 데 있다.

그러나 자연언어에서의 진리치는 상대적이다. 화자와 청자의 진리치는 다를 수도 있고, 경우에 따라서는 화자의 진리치를 청자가 반전시킨다. 따라서 화자의 신계, 타자의 신계, 반사실계라는 마르텡의 구분이 제시된다. 가능세계란 신계의 하위범주가 된다. 자연언어의 진리치는 신계에 의존한다.

이 글의 목적은 마르텡의 대강을 보여 주는 데 있기 때문에 그의 의미론의 요체만을 다루었다. 따라서 양화사론, 시제론, 분석성, 지시적 시제와 비지시적 시제론, 고유명사 등에 관계되는 마르텡의 중요이론 소개가 빠져 있다. 또한 마르텡에게 지대한 영향을 준 1883년에서 1960년까지 생존한 기욤(G.Guillaume)의 "정신기제론"(psycho-mécanique)은 마르텡의 의미론 정립에 한 가닥을 이루고 있으나, 이 이론 자체의 소개에도 한 책자의 분량이 되기 때문에, 마르텡의 의미론 정립에서 기욤의 역할에 관한 문제는 유감이지만 다음 기회로 미루겠다.

참고문헌

Martin, R. "Quelques réflexions sur l'ambiguïté du passé composé et de la voix en français moderne", *Bulletin des jeunes romanistes*, 1963.

________, "Grammaire et lexique : leur concurrence dans l'expression en français moderne", *Bulletin des jeunes romanistes*, 1963.

________, "Temps et aspect en français moderne, quelques réflexions inspirées par la lecture du verbe et adverbe d'A. Klum", *Travaux de linguistique et de littérature*, 1965.

________, *Le mot rien et ses concurrents dans l'histoire du français*, Klincksieck, 1966.

________, "Analyse sémantique du mot peu", *Langue française*, N°4, 1969.

________, *Temps et aspect*, Klincksieck, 1971.

________, "Normes, jugements normatifs et test d'usage", *Études de linguistique appliquée*, N°6, 1972.

________, "Le mot puisque : la notion d'adverbe de phrase et de présupposition sémantique", *Studio Neophilogica*, XLC, 1973.

________, "La notion d'adverbe de phrase : essai d'interprétation en grammaire générative", *Actes de colloque franco-allemand*, 1974.

________, "Réflexions sur la structure logique du dictionnaire", *Actes du congrès des romanistes*, Naples, 1974.

________, "Notion de présupposition et d'organisation guillaumienne", *Grammaire générative et psycho-mécanique du langage*, Paris, 1975.

________, *Theories of language and methods in syntax*, Klincksieck, 1975.

________, *Inférence, antonymie et paraphrase*, Klincksieck, 1976.

________, "Essai d'une typologie des définitions verbales dans le dictionnaire de langue", *Travaux de linguistique et de littérature*, XV, 1977.

________, "Esquisse d'une analyse formelle de la polysémie", *Travaux de linguistique et de littérature*, XV, 1977.

________, "Déjà et encore : de la présuppostion à l'aspect", *Colloque sur la notion d'aspect*, Metz, 1978.

________, *La notion de relativité en linguistique*, Klincksieck, 1978.
________, "La tournure impersonnelle : essai d'une interprétation sémantico-logique", *Mél. K. Baldinger*, Tübingen, Niemeyer, 1979.
________, "La polysémie verbale. Esquisse d'une typologie formelle", *Travaux de linguistique et de littérature*, XVII, 1979.
________, "Quelques aspects du modalisateur", Hommage à la mémoire de G. Moignet, *Travaux de linguistique et de littérature*, t° 18, N°1, 1980.
________, "Temps linguistique et temps logique", *Langages*, 1981.
________, "Le futur linguistique : temps linéaire et temps ramifié?", *Langages*, 1981.
________, "Relation concessive et univers de croyance", *Modèles linguistiques*, N°2, 1982.
________, *Pour une logique de sens*, PUF, 1983.
________, "Argumentation et sémantique des mondes possibles", *Revue internationale de philosophie*, 1985.
________, "Langage et temps de dicto", *Langue française*, N° 67, 1985.
________, "Aspect de la phrase analytique", *Langages*, N° 79, 1985.
________, *Langage et croyance*, Pierre Mardaga, 1987.
________, "Univers de croyance, temps de dicto et temps de re", *Temps et aspects*, Peters/Selaf, 1988.
________, "Croire que, penser que", *Hommage à Bernard Pottier*, Klincksieck, 1988.
________, "Pour une approche véri-conditionnelle de l'adverbe bien", *Langue française*, N° 88, 1990.
________, "Typicité et sens des mots", *Sémantique et cognition*, CNRS, 1991.

11

빠리 외방 전도회의 「조선어문법」

빠리 외방 전도회의「조선어 문법」

1. 머리말

1863년 아우구스트 슐라이헤르(A. Schleicher)는 '다윈의 이론과 언어학' (Darwinische Theorie und Sprachwissenschaft)에서 "언어는 유기체와 마찬가지로 인간의 의지와 무관하게 태어나서 일정한 규칙에 따라 성장, 발전하고 노화하여 사라진다."[1] 라는 주장을 하고 있다. 언어가 유기체와 같다는 주장은, 식물학에서 식물을 관찰하듯, 언어학에서도 학문적인 엄밀성을 가지고 언어를 연구해야 하며, 또 한편으로, 언어는 자체의 역사를 가지고 있으나, 독자적인 역사가 아닌 공통조어(共通祖語)에서 비롯된 역사를 갖고 있다는 것이다. 슐라이헤르의 학문적 엄밀성과 언어의 역사에 대한 연구는 1970년 경부터 태동하게 된 '소장 문법 학자' (Junggrammatiker)의 실증적, 역사적 연구에 지대한 영향을 끼치게 된다. 이러한 지적인 맥락에서 1880 년에는 파울(Hermann Paul)의 '언어 역사의 원칙' (Prinzipien der Sprachgeschichte)이, 1881년에는 가브랜츠(Georg von der Gablentz)의 '중국어 문법' (Chinesische Grammatik)이 시행된다.

---

1) M. LEROY, *Les grands courants de la linguistique moderne* (1964), 23쪽.

소장 문법 학자들이 활약하던 1881년에는 '빠리 외방 전도회' (Société des Missions Etrangères de Paris)의 선교사들이 일본 요꼬하마(橫濱)에서 국내외를 막론한 최초의 204쪽으로 된 '조선어 문법' (Grammaire Coréenne)을 펴냈다. 물론, 1864년에 이미 춘향전을 초역한 레옹 드 로니(Léon de Rosny)가 아시아 학보(Journal Asiatique)에 '조선어 개관' (Aperçu de la langue coréenne)을 발표하였고, 1874년에는 달레 (Charles Dallet)의 '조선교회사' (Histoire de l'Eglise de la Corée)가 출간되었으나, 전자는 논문이고, 후자는 교회사 안에서 부분적으로, 산만하게 우리말을 언급하고 있을 뿐이다.

우리말 문법을 다룬 본격적인 단행본으로서는 이 책이 최초의 것이다. 언더우드(H. G. Underwood)의 '조선어 구어 시설' (Introduction to the Korean Spoken Language)이 8년 뒤인 1889년에, 서양 선교사들의 우리말 연구에 대한 한국인 최초의 문법서인 이 봉운의 국문정리(國文正理)는 16년 뒤인 1897년에 출판되었다. '조선어 문법'이 나오기 한 해 전인 1880년에 불란서인 선교사 리델(Ridel)이 한 지혁(韓知爀)의 도움으로 한불사전 (Dictionnaire Coréen-Francais)을 만들어 외방 전도회의 이름으로 요꼬하마에서 출판하였다. 이 책의 머리말에서도 밝히고 있는 바이지만, 사전만으로는 우리말을 구사할 수가 없기 때문에 우리말의 고유한 문법규칙의 규명이 필요하였고, 특히, 이책에서 우리말과 중국어와의 차이를 밝히려는 노력을 기울이고 있다.

'조선어 문법'은 '머리말', '서론', '문법론', '부록' 으로 구성되어 있다. 머리말에서는 책을 쓰게 된 동기, 서론에서는 한국 역사와 언어에 관한 일반적 고찰, 문법론에서는 품사론과 통사론을 다루고 있다. 부록에는 독해력을 배양하기 위한 한글로 쓰여진 쉬운 이야기가 실려있다. 본 논문의 순서는 이러한 '조선어 문법'의 순서에 준하겠다. 끝으로, 이 '조선어 문법'의 이론 구성 또는 예의 제시에서 부자연스러운 구석이 없지 않으나 있는 그대로 소개하도록 하겠다.

서론은 4장으로 구성된다. 첫째 장은 중국어와 우리말의 관계와 차이점, 둘째 장은 우리말이 어느 어족에 속하는가의 문제, 셋째 장은 한글의 발음과 철자법, 넷째 장은 우리말 단어의 특징을 다루고 있다. 본 논문에서는 한글의 발음과 단어의 특징을 다루고 있는 셋째, 넷째 장이 특기할 사항이 없기 때문에 중국어와의 관계와 어느 어족에 속하는가의 문제를 다룬 첫째와 둘째장에 중점을 두겠다.

조선인은 독자적인 언어를 갖고 있다. 그러나, 오랫동안 중국으로부터 문화적·정치적·경제적인 영향을 받았기 때문에, 거의 모든 조선인은 천자경(千字經)을 가지고 한자를 배운다. 중국인도 같은 책을 사용하여 자신의 문자를 배우는데, 다른 점은 조선의 천자경에는 각 문자에 한국식 발음과 이 문자의 의미를 나타내는 우리말 단어가 수반된다는 사실이다. '雲'의 경우에 '구름 운'이라 천자경에 표시되어 있다. '구름'은 이 문자의 의미에 해당하는 우리말 단어이고 '운'은 이 문자의 우리식 발음이다. 이 책의 저자는, 한국인들이 어릴 때부터 모국어를 무시하고 한자 학습을 해야하기 때문에, 한국인은 한자를 통하여 자신의 언어를 배우지 않을까라는 의문을 던진다.

조선과 중국의 관계는 유구하나, 한자의 도입시기를 결정하기는 용이하지 않다. 대체로 기원전 1122년 무렵에 평양에 도읍을 정한 기자(箕子)시대에 한자의 도입이 이루어졌다고 '조선어 문법'의 저자는 주장한다. 한자의 도입과 함께 중국 문물에 대한 숭앙심이 생기고, 나아가서는 자기비하의 현상도 빚어진다. '조선어 문법'에서는 조선조 말기 지식계의 풍토를 다음과 같이 묘사하고 있다.

> 조선인이 읽는 책은 중국의 것이다. 조선인이 연구하는 언어는 조선어가 아니라 중국어이다. 조선인이 공부하는 역사는 조선 역사가 제외된 중국역사이다. 조선인이 심취하고 있는 철학 체계는 중국체계이다.[2]

---

2) 외방 전도회 편, *Grammaire Coréenne*(1881), 1쪽.
이후 '조선어 문법'에서 인용한 자료는 그 쪽수만 밝힘으로써 출처 표시를 대신하도록 하겠다.

중국 문물에 대한 숭앙심 때문에 많은 중국 어휘가 우리말 속에 도입되었고, 따라서, 조선인의 언어생활은 이중적이 되었다. 말하기 위해서는 우리말을 알아야 하고, 읽고 쓰기 위해서는 중국어가 필요하다. 말하기 위하여 우리말이 필요하다고 하지만, 일상 회화에서 순수한, 중국 단어가 섞이지 않은 우리말을 사용하는 사람은 거의 없다.

중국 자체 내에서도 지역에 따라 한자의 발음이 다르듯이, 한국인도 독자적인 한자발음 체계를 갖고 있다. 불충분하긴 하지만, 이 책에서는 표준 한자 발음과 우리식 발음 체계 사이에 다음의 다섯 가지 규칙을 설정하고 있다.(V쪽)

1. 중모음 'ao', 'eou', 'ieou'는 한국식 발음 체계에서 'o' 'ou', 'iou'가 된다.

	중국어	우리말
道	tao	to
酒	tsieou	tjiou
柳	lieou	riou

2. 5성에 속하는 종성 'e'는 'ăik', 'hiop', 'iok', 'iol'로 바뀐다.

	중국어	우리말
冊	c'e(5)	tchăik
脇	hie(5)	hiop
烈	lie(5)	riol

3. 종성 'i'는 변하지 않거나 또는, 'io'로 바뀐다. 5성에 속할 때에는 'k', 'p', 'r', 'l'을 취한다.

	중국어	우리말
欧	ni(3)	i
里	li(3)	ri
意	y(4)	eui
驛	y(5)	iok
力	ly(5)	riok

習	si(5)	seup
瑟	si(5)	seul

4. 5성에 속하는 'ou'는 'ok'로 변한다.
5성이 아닌 경우에는 'ou' 또는 'o'로 발음한다.

	중국어	우리말
木		
哭	mou(5)	mok
路	kou(5)	kok
口	lou(4)	no
	keou(3)	kou

5. 초성 'l'은 발음하지 않거나 또는, 'l', 'r'. 'n'으로 발음한다.

	중국어	우리말
良	leang(2)	iang
里	li(3)	li
來	lai(2)	răi

우리말에는 중국어 계통의 많은 차용어가 있으나, 중국어족에 속하지는 않는다. 어족을 결정하는데 있어서 단어의 유사성은 부차적인 중요성을 갖는다. 일차적 중요성을 갖는 요소는 문법적 구조의 유사성이다. 우리말은 스키타이, 다른 표현으로는 타타르(Tartare)어족에 속한다. 스키타이와 타타르 고지 아시아(Haute Asie)는 같은 민족임을 표시하는, 달리 말하여, 스키타이는 옛 명칭이고, 타타르는 오늘날의 명칭이라고 '조선어 문법'에서는 주장하고 있다. 또한, 이 책에서는 타타르 어족과 인구어(Langues Indo-Européennes)의 차이를 다음과 같이 열거한다.
(X－XI쪽)

－인구어족은 구상 명사이든 추상 명사이든 성(genre)이 있으나, 타타르 어족의 모든 명사는 성이 없다.
－인구어족은 굴절어(Langues flexionnelles)의 특징을, 타타르 어족은 교착어(Langues agglutinantes)의 특징을 갖는다.
인구어의 형용사는 명사의 성, 수, 격에 일치하나, 타타르 어족의 형용사는 변하지 않는다.

-인구어는 세 인칭을 표시하는 대명사가 있으나, 타타르 어족에서는 3인칭을 표시하는 대명사가 없고 지시대명사로 대치된다.

-인구어는 관계대명사를 갖고 있으나, 타타르 어족에는 이러한 대명사가 없고 동사에서 파생된 관계분사(participes relatifs)가 역할을 한다.

-인구어는 동사 또는 명사에 전치사를 결합시키나, 타타르 어족은 후치사(postpositions)를 이용한다.

-인구어는 수동태를 표시하는 장치가 별도로 존재하나, 타타르 어족에는 수동태가 없을 경우도 있다.

-인구어에서는 지배하는 단어가 지배받는 단어에 선행하나, 타타르 어족의 어순은 그 반대이다.

'조선어 문법'에서는 위에 열거한 타타르 어족의 특징이 우리말에서도 발견되기 때문에 우리말이 타타르 어족에 속한다고 주장한다. 그러나 우리말이 타타르 어족의 어느 부류의 언어와 직접 관련이 있는지는 앞으로의 연구과제이다. 인도 남부의 드라비다 언어(langues dravidiennes)의 문법과 우리말 문법의 유사성으로 비추어 볼 때, 두 언어 사이에 직접 관계가 성립될 가능성이 있지 않을까라는 조심스러운 부언을 하고 있다.

Ⅱ. 품사론

'조선어 문법'에서는 우리말의 품사를 10가지로 설정하고 있다. 1) 관사, 2) 명사, 3) 형용사, 4) 대명사, 5) 동사, 6) 분사, 7) 부사, 8) 전치사, 9) 접속사, 10) 감탄사의 10품사가 설정되어 있으나, 그 설정의 근거는 제시되어 있지 않다. '조선어 문법'이 쓰여진 시기가 19세기 말임을 감안한다면, 당시에 통용되던 전통 문법서의 품사론을 바탕으로 조선어의 품사 분류를 하지 않았을까라는 생각이 든다.

본 논문에서는 10품사를 전부 고찰하지 않고, 명사, 형용사,

동사, 분사, 부사, 접속사의 순으로 중요한 사항만을 중점적으로 소개하겠다.

Ⅱ-Ⅰ. 명 사

'명사'에서 다루고 있는 문제는 1) 어미변화, 2) 격(cas) 3) 문법성의 표시, 4) 동명사(substantifs verbaux), 5) 고유명사이다. 여기서는 이 가운데서 격이론을 중점적으로 소개하겠다.

우리말에는 1) 주격(nominatif), 2) 조격(instrumental), 3) 소유격(génitif), 4) 여격(datif), 5) 대격(accusatif), 6) 호격(vocatif), 7) 처소격(locatif), 8) 탈격(ablatif), 9) 대조격(oppositif)이라는 아홉 개의 격이 있다. (2-3쪽)

주격은 동사로 표시된 행위의 주체가 되는 개인 또는 사물을 가리키는 격으로 그 대표적인 어미는 '이' 또는 '가'이다. 조격은 수단, 재료, 장소를 나타내며 '으로' 또는 '로'라는 어미로, 소유격은 소유관계를 표시하며 '의'라는 어미로, 여격은 소속관계를 나타내며 어미는 '게'로, 대격은 직접목적어를 나타내며 '를' 또는 '을'로, 처소격은 장소를 나타내며 '에'로, 탈격은 단절을 나타내며 '에셔'로, 대조격은 '…에 관하여' (quant à)라는 의미를 가지며 '는'으로, 호격은 사람을 부를 때 사용하며, '여'로 표시된다. 여기서는 대표적인 어미만을 예로 들었다.

몇 가지 덧붙일 사항은, 처소격이 '장소를 표시한다'라고 했을 때의 장소는 최종 목적지에 도달하기 전의 중간장소, 즉, '…을 통하여 가다'라는 뜻이다. '조선어 문법'에서 지적하고 있는 또 하나의 사항은 라틴어와 달리 우리말에서는 여격을 무생물과 결합시키지 않는다는 점이다. 따라서 '돌에 말ᄒᆞ다'가 라틴어에서는 가능하나, 우리말에서는 용납되지 않는다. 또한, 탈격어미 '에셔'는 '집에셔 오다'라는 예에서 보는 바와 같이 단절을 나타내나, '집에서 무엇ᄒᆞᄂᆞ냐'에서처럼 동일한 어미로 '일정한 장소에서 이루어진 행동'을 나타내기도 하기 때문에 '제2의 처소격' (second locatif)이라 불린다.

CAS (격)	SINGULIER (단수)	PLURIEL (복수)
RADICAL (어조)		들 teul
NOMINATIF (조격)	ㅣ, 이, 가, 시, ᄭᅴ셔, 히, i, i, ka, si, kkeui-sye, hi, } *Le, la, quidam.*	들이 teul-i
INSTRUMENTAL (조격)	으로, 로, 노, 게로, ᄉᆞ로, ᄒᆞ로, eu-ro, ro, no, kei-ro, sǎ-ro, heu-ro, } *par, avec, quò, quà*	들노 teul-no
GENITIF (소유격)	의, ᄉᆡ, ᄒᆡ, eui, sǎi, heui, } *De, du, de, la*	들의 teul-eui
DATIF (여격)	의게, 게, ᄭᅦ, ᄭᅴ, ᄉᆡ게, ᄒᆡ게, eui-kei, kei, kkei, kkeui, sǎi-kei, heui-kei, } *A, au, à la*	들의게 teul-eui-kei
ACCŪSATIF (대격)	을, ᄅᆞᆯ, ᄉᆞᆯ, ᄒᆞᆯ, eul, răl, săl, heul, } *Le, la*	들을 teul-eul
VOCATIF (호격)	아, 야, 여, 하, i, ya, ye, ha, } *O*	들아 teul-a
LOCATIF (처소격)	에, ᄉᆡ, 헤, ei, săi, hei } *En, sur, in, ubi*	들에 teul-ei
ABLATIF *ou* SECOND LOCATIF (탈격)	에셔, 게로셔, ᄉᆡ셔, 헤셔, ei-sye, kei-ro-sye, săi-sye, hei-sye, } *De* *ex, ab, undè*	들에셔 teul-ei-sye
OPPOSITIF (대조격)	은, ᄂᆞᆫ, ᄉᆞᆫ, ᄒᆞᆫ, eun, năn, săn, heun, } *Quant à*	들은 teul-eun

(3쪽)

위의 표에서 보는 바와 같이 '조선어 문법'에서는 우리말의격을 아홉 가지로 설정하였으나, 명사의 어근에 따라 서로 다른 격조사가 따르기 때문에, 예를 들어서, 주격의 경우에 명사 어근의 종성에 따라 '이', '가', '시', '히'로 조사가 변하기 때문에, 명사 어근의 종성에 따른 다섯 개의 어미 변화를 설정하고 있다.

주격조사 '이'(I)를 사용하나 어근이 'ㄱ'(K), 'ㅁ'(M), 'ㄴ'(N), 'ㅇ'(NG), 'ㅂ'(P) 으로 끝나는 명사와 'ㅅ'(T) 으로 끝나는 몇몇 명사는 제 1 어미 변화에 속한다.

MODELE DE LA 1re DECLINAISON

RADICAL	사ᄅᆞᆷ	sa-răm	*homme*
NOMINATIF	사ᄅᆞᆷ이	sa-răm-i	*l'homme*
INSTRUMENTAL	사ᄅᆞᆷ으로	sa-răm-eu-ro	*avec* / *par* / *au moyen de* } *l'homme*
GENITIF	사ᄅᆞᆷ의	sa-răm-eui	*de l'homme*
DATIF	사ᄅᆞᆷ의게	sa-răm-eui-kei	*à l'homme*
ACCUSATIF	사ᄅᆞᆷ을	sa-răm-eul	*l'homme*
VOCATIF	사ᄅᆞᆷ아	sa-răm-a	*ô homme!*
LOCATIF	사ᄅᆞᆷ에	sa-răm-ei	*en* / *dans* / *sur* } *l'homme*
ABLATIF	사ᄅᆞᆷ에셔	sa-răm-ei-sye	*de l'homme*
OPPOSITIF	사ᄅᆞᆷ은	sa-răm-eun	*quant à l'homme*

Ainsi se déclinent tous les mots terminés au radical par les consonnes ㄱ(K), ㅁ(M), ㄴ (N), ㅇ(NG), ㅂ(P), et quelques-uns terminés en ㅅ(T), quand leur nominatif est en 이(I), tels que:

손가락	이	son-ka-rak	i	*Doigt*
음식	이	eum-sik	i	*Nourriture*
밤	이	pam	i	*Nuit*
몸	이	mom	i	*Corps*
션인	이	syen-in	i	*Homme de bien*
손	이	son	i	*Main*
강	이	kang	i	*Fleuve*
방	이	pang	i	*Chambre*

무릅	이	mou-reup	i	***Genou***
밥	이	pap	i	***Riz cuit***
벗	이	pet	i	***Ami***
뜻	이	tteut	i	***Pensée, sens, sentiment***
박	이	pak	i	***Calebasse***
ᄌ식이	이	tjă-sik	i	***Enfant, fils***
집	이	tjip	i	***Maison***
법	이	pep	i	***Loi, règle***

주격조사는 '이' (I)를 사용하나, 'ㄹ' (L)이 종성의 어근을 갖고 있는 명사는 제 2 어미 변화에 속하고, 다음과 같이 격에 따라 조사가 바뀐다.

MODELE DE LA 2me DECLINAISON

RADICAL	발	pal	*pied*
NOMINATIF	발이	pal-i	*le pied*
INSTRUMENTAL	발노	pal-no	*avec le pied*
GENITIF	발의	pal-eui	*du pied*
DATIF	발의게	pal-eui-kei	*au pied*
ACCUSATIF	발을	pal-eul	*le pied*
VOCATIF	발아	pal-a	*ô pied!*
LOCATIF	발에	pal-ei	*au, sur, dans le pied*
ABLATIF	발에셔	pal-ei-sye	*du pied*
OPPOSITIF	발은	pal-eun	*quant au pied*

Ainsi se déclinent tous les mots terminés par la consonne ㄹ (L) qui ont leur nominatif en 이 (I) Le pluriel des noms suit les règles de cette déclinaison. Exemples:

알	이	al	i	*Oeuf*
활	이	hoal	i	*Arc*
굴	이	koul	i	*Huître*
꿀	이	kkoul	i	*Miel*

몰	이	măl	i	*Cheval*
말	이	mal	i	*Parole*
날	이	nal	i	*Jour*
널	이	nel	i	*Planche*
아돌	이	a-tăl	i	*Fils*
팔	이	hpal	i	*Bras*
산골	이	san-kol	i	*Vallon, valée*
털	이	htel	i	*Cheveu, poil*
들	이	teul	i	Forme plurielle
불	이	poul	i	*Feu*
풀	이	hpoul	i	*Herbe*

N. B. — Voir (pages XIII-IXV) les observations sur la prononciation des lettres ㄹ (R) et ㄴ (N).

ㄹ entre deux voyelles se prononce R; et ㄴ, devant ou après ㄹ, se prononce L. D'où il suit qu'il faut lire pari au lieu de pal-i, pallo au lieu de pal-no, pareui au lieu de qal-eui, etc.

주격조사로서 시(si), 또는 치(tchi)를 사용하고 'ㅅ'(T)로 끝난 명사나 'ㅂ'(P)으로 끝난 몇몇 명사는 제3어미 변화에 속한다.

MODELE DE LA 3me DECLINAISON

RADICAL	갓	kat	*chapeau*
NOMINATIF	갓시	kat-si	*le chapeau*
INSTRUMENTAL	갓ᄉᆞ로	kat-să-ro	*avec le chapeau*
GENITIF	갓ᄉᆡ	kat-săi	*du chapeau*
DATIF	갓ᄉᆡ게	kat-săi-koi	*au chapeau*
ACCUSATIF	갓ᄉᆞᆯ	kat-săl	*le chapeau*
VOCATIF	갓아	kat-a	*ô chapeau!*
LOCATIF	갓ᄉᆡ	kat-săi	*au, sur, dans le chapeau*
ABLATIF	갓ᄉᆡ셔	kat-săi-syo	*du chapeau*
OPPOSITIF	갓ᄉᆞᆫ	kat-săn	*quant au chapeau*

Les mots terminés en ㅅ (T), et quelques-uns en ㅂ(P), dont le nominatif est en 시(si), 지(tji) ou 치(tchi), se déclinent ordinairement sur le modèle de 갓 (kat *chapeau*) Ainsi se déclinent:

맛 시	mat si	*Goût*
낫 시	nat si	*Faucille*
ᄒᆞᆺ 시	htăt si	*Faute délit*
갑 시	kap si	*Prix, valeur*
빗 시	pit si	*Peigne, lumière*
옷 시	ot si	*Habit*
것 기 시	ket ko-si	*Chose*
밧 시 *ou* 지	pat si *ou* tji	*Champ*
깃 시	kit si	*Plume* (d'oiseau)
ᄭᅮᆺ 시 *ou* 치	kkout si *ou* tchi	*Pointe*
낫 시 *ou* 치	nat si *ou* tchi	*Face, figure*
ᄭᅩᆺ 시 *ou* 지	kkot si *ou* tji	*Fleur*

주격조사를 '이'로 쓰고 모음으로 끝난 명사는 제4어미 변화에 속한다. 어근이 'ㅣ'(i)로 끝났을 때에는 주격에서 '이'가 아닌 '가'를 사용한다.

MODELE DE LA 4me DECLINAISON

RADICAL	쇼	syo	*boeuf*
NOMINATIF	쇼이, 쇼	syo-i, soi, syo-ka.	*le boeuf*
INSTRUMENTAL	쇼로	syo-ro	*avec, par le boeuf*
GENITIF	쇼의	syo-eui	*du boeuf*
DATIF	쇼의게	syo-eui-kei	*au boeuf*
ACCUSATIF	쇼ᄅᆞᆯ	syo-răl	*le boeuf*
VOCATIF	쇼야	syo-ya	*ô boeuf!*
LOCATIF	쇼에	syo-ei	*sur, dans le boeuf*
ABLATIF	쇼에셔	syo-ei-sye	*du boeuf*
OPPOSITIF	쇼ᄂᆞᆫ	syo-năn	*quant au boeuf*

Ainsi se déclinent tous les mots terminés par une voyelle, quand la désinence de leur nominatif n'est pas 히(hi), mais simplement 이(i) ou 가 (ka). Si la dernière voyelle du radical était un ㅣ(i), on n'ajouterait pas un autre 이 (i), mais simplement la syllabe 가(ka), au nominatif. Exemples:

호랑이		가	ho-rang-i		ka	*Tigre*
공소	이	가	kong-so	i	ka	*Salle d'assemblée*
교우	이	가	kyo-ou	i	ka	*Catholique*
며ᄂᆞ리		가	mye-nă-ri		ka	*Bru*
ᄉᆞᄌᆞ	이	가	să-tjă	i	ka	*Lion*
손녀	이	가	son-nye	i	ka	*Petite-fille*
됴회		가	tyo-heui		ka	*Papier*
쥐		가	tjoui		ka	*Souris, rat*
ᄇᆡ		가	păi		ka	*Barque, bateau*
노ᄅᆡ		가	no-răi		ka	*Chant*
노로	이	가	no-ro	i	ka	*Chevreuil*
변리		가	pyen-ri		ka	*Intérêt de l'argent*

주격에서 '히'를 취하는 명사는 제5변화에 속한다.

MODELE DE LA 5me DECLINAISON

RADICAL	나라	na-ra	*royaume*
NOMINATIF	나라히 *ou* 가	na-ra-hi *ou* ka	*le royaume*
INSTRUMENTAL	나라로 *ou* 흐로	na-ra-ro *ou* heu-ro	*par le royaume*
GENITIF	나라희	na-ra-heui	*du royaume*
DATIF	나라희게	na-ra-heui-kei	*au royaume*
ACCUSATIF	나라흘	na-ra-heul	*le royaume*
VOCATIF	나라야	na-ra-ya	*ô royaume!*
LOCATIF	나라헤	na-ra-hei	*dans le royaume*
ABLATIF	나라헤셔	na-ra-hei-sye	*du royaume*
OPPOSITIF	나라흔 *ou* 는	na-ra-heun *ou* nan	*quant au royaume*

Ainsi se déclinent les mots qui, pour former leur nominatif, ajoutent 히 (hi) au radical, tels que:

ᄒᆞ나	히	hă-na	hi	*Un, une*
하ᄂᆞᆯ	히	ha-năl	hi	*Ciel, firmament*
압	히	ap	hi	*Devant*
녑	히	nyep	hi	*Côté*
뒤	히	toui	hi	*Derrière*
니마	히	ni-ma	hi	*Front*
나	히	na	hi	*Age*
병	히	pyeng	hi	*Maladie*
ᄯᅡ	히	tta	hi	*Sol, terre*
바다	히	pa-ta	hi	*Mer*
무릅	히	mou-reup	hi	*Genou*
둘	히	toul	hi	*Deux*
셋	히	seit	hi	*Trois*

N. B. —Il est à remarquer que, parmi ces derniers exemples, les mots terminés par une consonne ont deux déclinaisons, l'une régulière, et celle-ci, qu'ils prennent quelquefois et que l'on pourrait appeler irrégulière.

Ⅱ - 2. 형용사

형용사에서 다루고 있는 문제는 품질형용사, 수량형용사, 지시형용사, 수사, 비교급이다.

품질형용사에는 '빅', '대', '쇼'와 같이 중국어에서 유래한 것과 중국어에서 유래하였으나 토착화된 것을 구분한다. 토착화되지 않은, 중국어에 연원을 둔 형용사는 '황토', '빅동으로 ᄆᆞᆫᄃᆞ른그릇'에서 보는 바와 같이 오로지 중국에서의 파생된 명사와 결합하여 사용되고, 토착화된 형용사는 '샹사ᄅᆞᆷ', '양인', '왜놈'에서처럼 순수한 우리말 명사 또는 중국어에서 파생된 명사와 결합이 가능하다. 'ᄉᆞ랑스러온', '훌만ᄒᆞ다', 'ᄒᆞ 얌죽히다'

의 …'스럽다', '…만히다', '…ᄆᆞᆨ히다'를 동사에서 파생된 형용사로 보고, 동형용사(adjectifs verbaux)라는 하위 범주를 품질형용사 안에 설정하였다.

수량형용사에는 '여러', '만히', '온', '마다', '다들', '모도', '각'의 사용법을 다루고 있으며, 지시형용사에는 '뎌', '이', '그', '고', '요'의 용법을 다루고 있다.

형용사론에서 특기할 사항은 비교급이다. '이나무가뎌나무보다크다.', '이거시뎌것보덤젹다.'의 예에서처럼, '보다', '보덤' 또는 '낫다', '만ᄒᆞ다', '만못ᄒᆞ다'를 이용하여 우등 또는 열등 비교를 할 수 있다. 최상급에는 절대 최상급(superlatif absolu)과 상대 최상급(superlatif relatif)이 있다. 절대 최상급은 'ᄆᆡ우', 'ᄀᆞ장', '금즉히', '지극히', '온젼이', 'ᄀᆞ득히', '쟝히'를 형용사 앞에 위치시켜 표현하고, 상대 최상급은 '…즁에'를 이용한다. 비교급 문제에서 '조선어 문법'의 저자는 몽고어, 일본어, 만주어도 같은 방식으로 비교급을 구성한다고 주장한다. (38쪽)

Ⅱ-3. 동 사

동사와 결합하는 어미의 의미내용에 따라 '조선어 문법'에서는 동사를 아홉 가지로 구분한다. (60쪽) '히라'는 명령동사(verbe impérant), 'ᄒᆞ고시부다'는 의지동사(verbe volitif) 'ᄒᆞ려 ᄒᆞ다'는 의향동사(verbe intentionnel), '훌듯ᄒᆞ다'는 의혹동사(verbe dubitatif), '훌듯시부다'는 개연동사 (verbe probable), '훈다ᄒᆞ다'는 보고동사(verbe relatant), '훌터일다'는 필요동사(verbe nécessitant), 'ᄒᆞᄂᆞᆫ톄ᄒᆞ다'는 모방동사(verbe simulant), 'ᄒᆞ닛가'는 원인동사(verbe motivant)로 구분된다.

태(voix)의 설정을 '조선어 문법'에서는 능동(actif), 중성(neutre), 수동(passif)의 세 가지로 하고 있다. 'ᄒᆞ다', '당ᄒᆞ다', '자다'의 예에서처럼, 주어가 행하거나 또는 받아들이는 행위를 표현하는 동사를 능동태라 정의하고 있다. 중성동사(verbe neutre)는 '아름답다'에서처럼 성질 또는 존재 양식을 나타내기 때문에 품질동사(verbe qualificatif)라고도 한다. 우리말에서는 수동태를 사용하는 일이 드물다. '젹시다'를 '젹시히다'로 수동화하여 사용할 수도 있으나, '젹시히다' 보다는 '젓다'라는 중성동사를 이용하여 같은 의미를 표현하는 경우가 더 빈번하다. (60쪽) 그러나, '조선어 문법'의 태에 관한 설명은 태 자체를 정의하고 있지 않기 때문에 자의적인 감을 준다.

서법(mode)의 분류에서도 기준은 제시하고 있지 않으나, 우리말에는 '직설법'(indicatif), '명령법'(impératif), '부정법(infinitif), '분사법'(participe)의 네 유형이 있다고 주장한다. (62쪽)

우리말의 모든 동사는 어근, 시제표지, 종지어미로 구성된다. 어근은 동사로 표현된 행위 또는 상태를 나타내며, 시제표지는 이러한 행위 또는 상태가 현재, 과거, 미래 가운데 어디에 해당하는 가를 표시한다. 종지어미는 주시제(temps principaux)와 부차적 시제(temps secondaires)의 차이를 나타낸다.

시제표지의 역할은 동사에서 유래한 분사(participes verbaux)가 하고 있다. '조선어 문법'에서는 동사에서 유래된 분사를 동분사(participe verbal)와 관계분사(participe relatif)로 나누고 있다. (62쪽) '분노ᄅᆞᆯ압복ᄒᆞ여말을춤앗다'에서 '압복ᄒᆞ여'는 동분사, 'ᄉᆞ욕을압복ᄒᆞᄂᆞᆫ사ᄅᆞᆷ이공을세우겟다'에서 'ᄒᆞᄂᆞᆫ'은 불어의 관계대명사를 대신하는 분사에 해당한다고 보고 관계분사(participe relatif)라 구분하고 있다.

동분사는 미래 동분사(participe verbal futur)와 과거 동분사(participe verbal passé)로 나누어진다. 'ᄒᆞ다'와 같이 '다' 종지어미를 가진 동사는 '다'를 '게'로, '노타'에서처럼 '타' 종지어미일 경우에는 '타'를 '케'로 바꾸어 미래 동분사를 형성한다. 어간이 모음으로 끝난 동사는 그 모음에 'ㄹ'을 첨가하여 미래 동분사를 형성한다. 예를 들어, '문ᄃᆞ다'는 'ㄹ'이 첨가되어 '문ᄃᆞᆯ게'라는 미래 동분사가 형성된다.

과거 동분사는 어간에 모음'ㅏ' 또는 'ㅓ'를 첨가함으로써 형성한다. '타' 종지 어미의 동사에서 이 '타'는 '하' 또는 '허'로 변한다. '다' 종지어미의 경우에는 어간에 모음 'ㅏ' 또는 'ㅓ'를 결합시키거나, 음편상의 문자를 첨가하여 형성한다. 그리하여 '노타'는 '노하', '너타'는 '너허'로, 'ᄒᆞ다'는 'ᄒᆞ여', '신다' 는 '신어'로 변하여 과거 동분사가 된다.

현재 동분사(participe verbal du présent)는 우리말에 존재하지 않는다. 동사 어간으로 표현되는 행위는 미래적인 것도 또한 과거적인 것도 아니며, 바로 그렇기 때문에 현재를 대신한다. 현재를 반드시 표현하고자 할 때에는 'ㄴ' 또는 '는'을 이용한다. '싹다'는 '싹는', 'ᄒᆞ다'는 'ᄒᆞᆫ'이 되어 현재를 나타낸다.

'조선어 문법'에서 지적하고 있는 또 하나의 사항은 시제와 종지어미의 관계이다. '다'로 대표되는 종지어미의 시제는 주시제(temps principaux), '더니' 어미로 된 시제는 부시제(temps secondaires)로 구분되는데, 주시제에는 현재(présent), 과거(parfait), 미래(futur), 과거미래(futur passé)가, 부시제에는 반과거(imparfait), 대과거(plus-que-parfait), 조건법(conditionnel), 조건법과거(conditionnel passé)가 속한다.

INFINITIF

ᄒᆞ다 HĂ-TA, *faire.*

잇다 IT-TA, *être.*

PARTICIPE VERBAL PASSE

ᄒᆞ여 HĂ-YE, *ayant fait.*

잇셔 IT-SYE, *ayant été.*

PARTICIPE VERBAL FUTUR

ᄒᆞ게 HA-KEI, *devant faire.*

잇게 IT-KEI, *devant être.*

PRESENT

ᄒᆞᆫ다 HĂN-TA, *je fais, tu fais, etc.*

잇다 IT-TA, *je suis, tu es, etc.*

IMPARFAIT

ᄒᆞ더니 HĂ-TE-NI, *je faisais, tu…, il…*

잇더니 IT-IE-NI, *j'étais, tu…, il…*

PARFAIT

ᄒᆞ엿다 HĂ-YET-TA, *je fis, tu…, il…*

잇셧다 IT-SYET-TA, *je fus, tu…, il…*

PLUS-QUE-PARFAIT

ᄒᆞ엿더니 HĂ-YET-TE-NI, *j'avais fait, tu*…

잇셧더니 IT-SYET-TE-NI, *j'avais été, tu*…

FUTUR

ᄒᆞ겟다 HĂ-KEIT-TA, *je ferai, tu*…, *il*…

잇겟다 IT-KEIT-TA, *je serai, tu*…, *il*…

CONDITIONNEL

ᄒᆞ겟더니 HĂ-KEIT-TE-NI, *je ferais*…

잇겟더니 IT-KEIT-TE-NI, *je serais*…

FUTUR PASSE

ᄒᆞ엿겟다 HĂ-YET-KEIT-TA, *j'aurai fait* …

잇셧겟다 IT-SYET-KEIT-TA, *j'aurai été*…

CONDITIONNEL PASSE

ᄒᆞ엿겟더니 HĂ-YET-KEIT-TE-NI, *j'aurais fait*…

잇셧겟더니 IT-SYET-KEIT-TE-NI, *j'aurais été*…

(64쪽)

현재 관계분사(paticipe relatif présent)는 'ᄒᆞ다', 'ᄒᆞᄂᆞᆫ'에서와 같이 '다'로 끝나는 동사들에 있어서는 어간에 'ᄂᆞᆫ'을 첨가하여 형성한다. 그리고 '울다'에서처럼 어간이 'ㄹ'로 끝났을 때에는 'ㄹ'을 생략하고 'ᄂᆞᆫ'을 첨가하여 (우ᄂᆞᆫ) 현재 관계분사를 형성한다. 과거 관계분사(paticipe relatif passé)는 'ᄒᆞ다', 'ᄒᆞᆫ'에서처럼 어간에 'ㄴ'을 붙여서 만든다. 미래 관계분사(paticipe relatif futur)는 과거 관계분사의 'ㄴ'을 'ㄹ'로 변화시켜, 즉, 'ᄒᆞᆫ'의 'ㄴ'을 'ㄹ'로 바꾸어 형성한다. '최보ᄂᆞᆫ사룸이', '우리ᄒᆞ던일이', 'ᄒᆞᆯ것'의 예에서처럼 이 분사는 불어의 관계 대명사의 기능을 갖고 있기 때문에 '조선어 문법'에서는 동분사와는 달리 관계분사라는 범주를 설정하고 있다. 참고로 'ᄒᆞ다'의 각 시칭에 따르는 변화를 '조선어 문법'에서는 다음과 같이 제시하고 있다.

EXEMPLES DE CONJUGAISON DES VERBES

(Voix affirmative ou forme simple - Suite)

INDICATIF PRESENT		
ᄒᆞᆫ다	HĂN-TA	*je fais, tu···, etc.*
PARFAIT		
ᄒᆞ엿다	HĂ-YET-TA	*j'ai fait.*
FUTUR		
히겟다	HA-KEIT-TA	*je ferai.*
CONDITIONNEL PRESENT		
ᄒᆞ겟더니	HĂ-KEIT-TE-NI	*je ferais.*
IMPERATIF (singulier)		
ᄒᆞ여라	HĂ-YE-RA	*fais, faites.*
PARTICIPE PRESENT RELATIF		
ᄒᆞᄂᆞᆫ	HĂ-NAN	*faisant, qui est fait.*
PARTICIPE FUTUR RELATIF		
ᄒᆞᆯ	HĂL	*devant faire, qui sera fait*
IMPARFAIT		
ᄒᆞ더니	HĂ-TE-NI	*je faisais, tu···*
PLUS-OUE-PARFAIT		
ᄒᆞ엿더니	HĂ-YET-TE-NI	*j'avais fait.*
FUTUR PASSE		
ᄒᆞ엿겟다	HĂ-YET-KEIT- TA	*j'aurai fait.*
CONDITIONNEL PASSE		
ᄒᆞ엿겟더니	HĂ-YET-KEIT-TE-NI	*j'aurais fait.*
IMPERATIF (pluriel)		
ᄒᆞ자	HĂ-TJA	*faisons.*
PARTICIPE PASSE RELATIF		
ᄒᆞᆫ	HĂN	*fait, qui a fait.*
SUBSTANTIF VERBAL (au nominatif)		
ᄒᆞᆷ이	HĂM-I	*faire, le faire, action*

'조선어 문법'의 동사론에서는 존대법에 관하여 상당한 면을 할애하고 있다. 존대법은 대화 상대자가 누구인가, 화재의 대상이 누구인가라는 두 가지 기준에 따라 구분이 된다.

대화자가 누구인가에 따라서 세 가지 존대법이 성립된다. 첫째는 웟사람이 아랫사람에게, 둘째는 아랫사람이 웟사람에게, 셋째는 같은 위치의 사람끼리 대화하는 것에 따라서 세 부류의 존대법을 설정하고 있다.

화제의 대상이 누구인가에 따라 세 부류의 존대법을 설정하고 있다. 웟사람이 아랫사람에 관하여, 아랫사람이 웟사람에게 같은 신분의 사람에 관하여, 같은 신분의 두 사람이 웟사람에 관하여 애기할 때에 존대법이 달라진다. '조선어 문법'에서는 이와 같이 크게 세 가지로 구분하고 있다.

INDICATIF PRESENT

INTERROGATIONS D'UN SUPERIEUR		REPONSES DE L'INFERIEUR				
ᄒᆞᄂᆞ냐, ᄒᆞ노냐 HA-NA-NYA-NYO, NI	*fais-tu? fait-il?*	ᄒᆞ지오 HA-TH-O	홉지오 HAP-TH-O	ᄒᆞ옵내다 HA-OP-NAI-TA	ᄒᆞᄂᆞ이다 HA-NA-I-TA	*je fais, il fait.*
En parlant d'une personne supérieure aux deux interlocuteurs.						
ᄒᆞ시ᄂᆞ냐 HA-SI-NA-NYA	*fait-il?*	ᄒᆞ시지오 HA-SI-TH-O	ᄒᆞ시옵지요 HA-SI-OP-TH-O.	ᄒᆞ십내다 HA-SIP-NAI-TA	ᄒᆞ시ᄂᆞ이다 HA-SI-NA-I-TA	*il fait.*

IMPARFAIT

INTERROGATIONS D'UN SUPERIEUR		REPONSES DE L'INFERIEUR			
ᄒᆞ더냐 HA-TE-NYA	*faisais-tu? faisait-il?*	ᄒᆞᆸ데다 HAP-TEI-TA	ᄒᆞᆸ더이다 HAP-TE-I-TA	ᄒᆞ더이다 HA-TE-I-TA	*je faisais, il faisait.*
En parlant d'une personne supérieure aux deux interlocuteurs.					
ᄒᆞ시더냐 HA-SI-TE-NYA	*faisait-il?*	ᄒᆞ십데다 HA-SIP-TEI-TA	ᄒᆞ시옵더이다 HA-SI-OP-TE-I-TA	ᄒᆞ시더이다 HA-SI-TE-I-TA	*il faisait.*

PARFAIT

INTERROG. D'UN SUPERIEUR	REPONSES DE L'INFERIEUR			
ᄒᆞ엿ᄂᆞ냐 HA-YET-NA-NYA	ᄒᆞ엿지오 HA-YET-TH-O	ᄒᆞ엿ᄉᆞᆸ지오 HA-YET-SAP-TH-O.	ᄒᆞ엿ᄉᆞᆸ네다 HA-YET-SAP-NAI-TA	ᄒᆞ엿ᄂᆞ이다 HA-YET-NA-I-TA
En parlant d'une personne supérieure aux deux interlocuteurs				
ᄒᆞ셧ᄂᆞ냐 HA-SYET-NA-NYA	ᄒᆞ셧지오 HA-SYET-TJI-O	ᄒᆞ셧ᄉᆞᆸ지오 HA-SYET-SAP-TJI-O	ᄒᆞ셧ᄉᆞᆸ내다 HA-SYET-SAP-NAI-TA	ᄒᆞ셧ᄂᆞ이다 HA-SYET-SAP-NAI-TA

FUTUR

INTERR. D'UN SUPERIEUR	REPONSES DE L'INFERIEUR			
ᄒᆞ겟ᄂᆞ냐 HA-KEIT-NA-NYA	ᄒᆞ겟지오 HA-KEIT-TJI-O	ᄒᆞ겟ᄉᆞᆸ지오 HA-KEIT-SAP-TJI-O	ᄒᆞ겟ᄉᆞᆸ내다 HA-KEIT-SAP-NAI-TA	ᄒᆞ겟ᄂᆞ이다 HA-KEIT-NA-I-TA
En parlant d'une personne supérieure aux deux interlocuteurs ou à l'un des deux interlocuteurs.				
ᄒᆞ시겟ᄂᆞ냐 HA-SI-KEIT-NA-NYA	ᄒᆞ시겟내다 HA-SI-KEIT-NAI-TA	ᄒᆞ시겟ᄉᆞᆸ내다 HA-SI-KEIT-SAP-NAI-TA.	ᄒᆞ시겟ᄉᆞᆸᄂᆞ이다 HA-SI-KEIT-SAP-NA-I-TA	ᄒᆞ시겟ᄂᆞ이다 HA-SI-KEIT-NA-I-TA

INDICATIF PRESENT

INTERROGATIONS D'UN INFERIEUR				REPONSE DU SUPERIEUR
ᄒᆞᆸ시오 HAP-SI-O	ᄒᆞᆸᄂᆞᆫ잇가 HAP-NAN-IT-KA	ᄒᆞᄂᆞᆫ잇가 HA-NAN-IT-KA	ᄒᆞ옵ᄂᆞᆫ잇가 HA-OP-NAN-IT-KA	오냐 O-NYA-, ᄒᆞᆫ다 HAN-TA
En parlant d'une personne supérieure aux deux interlocuteurs ou à l'un des deux.				
ᄒᆞ시오 HA-SI-O	ᄒᆞ십ᄂᆞᆫ잇가 HA-SIP-SAN-IT-KA	ᄒᆞ시ᄂᆞᆫ잇가 HA-SI-NAN-IT-KA	ᄒᆞ시옵ᄂᆞᆫ잇가 HA-SI-OP-NAN-IT-KA	ᄒᆞ신다 HA-SIN-TA

IMPARFAIT

INTERROGATIONS D'UN INFERIEUR				REPONSES DU SUPERIEUR
ᄒᆞᆸ던잇가 HAP-TEN-IT-KA	ᄒᆞ옵던잇가 HA-OP-TEN-IT-KA	ᄒᆞ던잇가 HA-TEN-IT-KA		ᄒᆞ더니 HA- TE-NI
En parlant d'une personne supérieure aux deux interlocuteurs ou à l'un des deux.				
ᄒᆞ십던잇가 HA-SI-TEN-IT-KA	ᄒᆞ시옵던잇가 HA-SI-OP-TEN-IT-KA	ᄒᆞ시던잇가 HA-SI-TEN-IT-KA		ᄒᆞ시더니 HA-SI-TE-NI

PARFAIT

INTERROGATIONS DE L'INFERIEUR				REPONSES DU SUPERIEUR
ᄒᆞ엿지오 HA-YET-TJI-O	ᄒᆞ엿ᄉᆞᆸ지오 HA-YET-SAP-TJI-O	ᄒᆞ엿ᄉᆞᆸᄂᆞᆫ잇가 HA-YET-SAP-NAN-IT-KA	ᄒᆞ엿ᄂᆞᆫ잇가 HA-YET-NAN-IT-KA	ᄒᆞ엿다 HA-YET-TA
En parlant d'une personne supérieure aux deux interlocuteurs ou à l'un des deux.				
ᄒᆞ셧지오 HA-SYET-TJI-TJI-O	ᄒᆞ셧ᄉᆞᆸ지오 HA-SYET-SAP-TJI-O	ᄒᆞ셧ᄉᆞᆸᄂᆞᆫ잇가 HA-SYET-SAP-NAN- IT-KA	ᄒᆞ셧ᄂᆞᆫ잇가 HA-SYET-NAN-IT-KA	ᄒᆞ셧다 HA-SYET-TA

FUTUR

INTERROGATIONS DE L'INFERIEUR				REPONSES DU SUPERIEUR
ᄒᆞ겟지오 HA-KEIT-TJI-O	ᄒᆞ겟ᄉᆞᆸ지오 HA-KEIT-SAP-TJI-O	ᄒᆞ겟ᄉᆞᆸᄂᆞᆫ잇가 HA-KEIT-NAN-IT-KA	ᄒᆞ겟ᄂᆞᆫ잇가 HA-KEIT-NAN-IT-KA	ᄒᆞ겟다 HA-KEIT-TA
En parlant d'une personne supérieure aux deux interlocuteurs ou à l'un des deux.				
ᄒᆞ시겟지오 HA-SI-KEIT-TJI-O	ᄒᆞ시겟ᄉᆞᆸ지오 HA-SI-KEIT-SAP-TJI-O	ᄒᆞ시겟ᄉᆞᆸᄂᆞᆫ잇가 HA-SI-KEIT-SAP-NAN-IT-KA	ᄒᆞ시겟ᄂᆞᆫ잇가 HA-SI-KEIT-NAN-IT-KA	ᄒᆞ시겟다 HA-SI-KEIT-TA

INDICATIF PRESENT

EGAUX			EGAUX SE RESPECTANT	EGAUX SE RESPECTANT BEAUCOUP	
Interrog. et réponses	Interrogations	Réponses	Interrog. et réponses	Interrogations	Réponses
ᄒᆞ지 HA-TJI	ᄒᆞ나 HA-NA	ᄒᆞ네 HA-NEI	ᄒᆞ오 HA-O	ᄒᆞ시오 HA-SI-O	ᄒᆞ지오 HA-TJI-O
En parlant d'une personne supérieure.					
ᄒᆞ시지 HA-SI-TJI	ᄒᆞ시나 HA-SI-NA	ᄒᆞ시네 HA-SI-NEI	ᄒᆞ시오 HA-SI-O		ᄒᆞ시지오 HA-SI-TJI-O

PARFAIT

EGAUX			EGAUX SE RESPECTANT	EGAUX SE RESPECTANT BEAUCOUP	
Interrog. et réponses	Interrogations	Réponses	Interrog. et réponses	Interrogations	Réponses
ᄒᆞ엿지 HA-YET-TJI	ᄒᆞ엿나 HA-YET-NA	ᄒᆞ엿네 HA-YET-NEI	ᄒᆞ엿소 HA-YET-SYO	ᄒᆞ엿소 HA-YET-SYO	ᄒᆞ엿지오 HA-YET-TJI-O
En parlant d'une personne supérieure.					
ᄒᆞ셧지 HA-SYET-NA	ᄒᆞ셧나 HA-SYET-NA	ᄒᆞ셧네 HA-SYET-NEI	ᄒᆞ셧소 HA-SYET-SYO	ᄒᆞ셧소 HA-SYET-SYO	ᄒᆞ셧지오 HA-SYET-TJI-O

FUTUR

EGAUX			EGAUX SE RESPECTANT	EGAUX SE RESPECTANT BEAUCOUP	
Interrog. et réponses	Interrogations	Réponses	Interrog. et réponses	Interrogations	Réponses
ᄒᆞ겟지 HA-KEIT-TJI	ᄒᆞ겟나 HA-KEIT-NA	ᄒᆞ겟네 HA-KEIT-NEI	ᄒᆞ겟소 HA-KEIT-SYO	ᄒᆞ겟소 HA-KEIT-SYO	ᄒᆞ겟지오 HA-KEIT-TJI-O
En parlant d'une personne supérieure.					
ᄒᆞ시겟지 HA-SI-KEIT-TJI	ᄒᆞ시겟나 HA-SI-KEIT-NEI	ᄒᆞ시겟네 HA-SI-KEIT-NEI	ᄒᆞ시겟소 HA-SI-KEIT-SYO	ᄒᆞ시겟소 HA-SI-KEIT-SYO	ᄒᆞ시겟지오 HA-SI-KEIT-TJI-O

Ⅱ－4. 부사, 전치사, 접속사

'조선어 문법'에서는 부사, 전치사, 접속사의 문제를 각기 다른 항목에서 다루고 있으나, 전치사, 접속사의 경우는 특별히 별개의 항목으로 다룰 만한 가치가 크지 않으므로, 부사의 항목에서 언급하기로 한다.

'조선어 문법'에서 부사는 1) 한정 부사(adverbe modificatif), 2) 긍정과 부정의 부사(adverbe d'affirmation ou de négation), 3) 시간 부사(adverbe de temps), 4) 장소 부사(adverbe de lieu)의 넷으로 분류된다.(135쪽)

한정 부사는 동사에서 파생된 것과 그렇지 않은 두 부류로 구분되지만, 어느 경우이든 한정 부사는 양태 부사(adverbe de manière)와 수량 부사(adverbe de quantité)로 나누어진다.

동사에서 파생된 부사는 '게', '케' 또는 '이', '히'의 형태로 되어 있다. '게' 또는 '케' 형태의 부사는 능동적 의미를 지니며, '됴케쑴이다', '다르게ᄒᆞ다'의 예에서처럼, 동사와 목적어의 관계에서 작용을 하고, '이' 또는 '히'로 된 부사는 '언잔이넉이다', '평안이자다'에서처럼 주어와 동사와의 관계에서 작용한다.

긍정과 부정의 부사로는 '아니', '업다', '예', '잇다', '오냐'의 예를 열거하고 있다. '조선어 문법'의 설명에서 특기할 사항은 '아니'와 '못'의 차이점에 관한 것이다. '아니'는 부정이 개인의 의지에 좌우될 때에, '못'은 정신적 또는 물리적 불가능성을 나타낼 때 쓰인다고 하였으나, 실제의 예는 제시하고 있지 않다.(139쪽)

시간 부사와 장소 부사는 불어의 시간 부사와 장소 부사에 대응하는 우리말 표현을 나열만 하였기에 언급을 생략하고, 예로 든 부사들의 일부만 제시한다.(139－141쪽)

시간 부사(adverbe de temps)

아까
언제
각금

금일

마춤네

장소 부사(adverbe de lieu)

가온딕

거긔로

안에

어딕에

다음에

'조선어 문법'에서 전치사와 접속사의 문제는 우리말의 전치사 또는 접속사를 체계적으로 정리하였다라기보다는 불어의 전치사 또는 접속사를 우리말로 어떻게 옮기는가 하는 번역 문제에 치중하고 있다. 따라서, 문법 이론적인 관점에서는 특기할 만한 사항이 눈에 띄지 않는다. 본 논문에서는 전치사와 접속사로 분류된 낱말의 목록만을 제시한다. '조선어 문법'에서의 또 하나의 지적 사항은 불어에서 전치사에 해당하는 우리말 낱말을 후치사(postposition)라고 부르는 것이 타당하다고 보는 것이다.

밋헤 MIT-HEI, 밋힉 MIT-HĂI, *sous, au bas de, de,*
밋 MIT, *le bas.*

우헤 OU-HEI, *sur, au-dessus de,* de, 웃 OUT, *le dessus, supérieur.*

뒤헤 TOUI-HEI, *derrière, après,* de, 뒤 TOUI, *le derrière, la partie postérieure.*

압헤 AP-HEI, *devant, en présence de, en face de, de*

압 AP, *devant, la partie antérieure.*

녑헤 NYEP-HEI, *à côté de,* de

녑 NYEP, *côté.*

아릭에 A-RĂI-EI, *au bas de,* de

아래 A-RAI, *la partie inférieure, le bas.*

안헤 AN-HEI, *dans, dedans,* (in, intrà).

안테 AN-HTEI, à(*à* qui), *de* .

압헤 AP-HEI, *devant, en avant de.*

아릭에 A-RAI-EI, *sous, au bas de, au-dessous de.*

에 EI, cas locatif signifiant : ***dans, etc.***

예셔 EI-SYE, cas ablatif, ***de,*** (è, ex).

업시 EP-SI, ***sans,*** (sinè).

의 EUI, cas génitif, ***de, du, de la.***

의게 EUI-KEI, cas datif signifiant : 《â le》, ***à la, au,*** etc.

으로 EU-RO, instrumental, ***par, au moyen de,*** etc.

외에 OI-EI, ***hors de, en dehors de, en outre de.***

인ᄒᆞ야 IN-HĂ-YA, ***par, à cause de, par le moyen de,*** (per).

외ᄒᆞ야 OUI-HA-YA, ***pour, en considération de,*** (propter, pro).

우헤 OU-HEI, ***sur, au-dessus de, au haut de.***

ᄒᆞ고 HĂ-KO, ***avec,*** (cum).

ᄒᆞᆫ가지로 HĂN-KA-TJI-RO, ***avec,*** (cum, ***v. g.*** mecum, tecum).

후에 HOU-EI, ***après, depuis.***

가온ᄃᆡ KA-ON-TĂI, ***au milieu de.***

가ᄃᆞᆰ으로 KA-TĂLK-EU-RO, ***à cause de.***

갓가이 KAT-KA-I, ***auprès de,*** (propè).

ᄭᅡ지 KKA-TJI, ***jusque, jusqu'à,*** (usque, usquè ad).

건너 KEN-NE, ***au delà, par delà,*** (trans, tra…)

기리 KI-RI ou 길이 KIL-I, ***entre, parmi,*** (***v. g.*** entre nous, 우리길이 OU-RI KIL-I).

아오로 A-O-RO, ***et, de plus, en outre.***

아모리 A-MO-RI, ***bien que, quelque…que.***

아모됴록 A-MO-TYO-ROK, ***quoi qu'il en soit.***

엇지 ET-TJI, 엇지ᄒᆞ야 ET-TJI-HĂ-YA, ***comment,*** (quomodò).

은 EUN, ***mais, quant à,*** (autem, verò).

이에 I-EI, ***et,*** (atque).

이어니 I-E-NI, ***soit que.***

임의 IM-EUI, ***puisque.***

이나 I-NA, ***ou, ou bien.***

이러므로 I-RE-MEU-RO, ***donc, c'est pourquoi.***

와 OA, *et*, (quei du latin).

웨 OU-EI, *pourquoi?* (cur ? quarè ?)

ᄒᆞ여곰 HĂ-YE-KOM, *afin que*.

ᄒᆞ여도 HĂ-YE-TO, ᄒᆞ나 HĂ-NA, *quoiqu'il fasse*.

ᄒᆡ고 HĂ-KO, *et, comme*.

ᄒᆞ물며 HĂ-MEUL-MYE, *à plus forte raison*, (à fortiori).

ᄒᆞᆫ다마ᄂᆞᆫ HĂN-TA-MA-NĂN, *je…, tu…, il fait, pourtant…, cependant, … mais…*

ᄒᆞᆫ들 HĂN-TEUL., *quand même il ferait, bien qu'il fasse*.

ᄒᆞ티 HĂ-TĂI, ᄒᆞ되 HĂ-TOI, *quand même il ferait, bien qu'il fasse*.

혹 HOK, 혹시 HOK-SI, *ou, ou bien, si* dubitatif, *si par hasard*.

ᄀᆞᆺ치 KĂT-TCM, *comme, pareillement*.

그연고로 KEU-YEN-KO-RO, *donc, c'est pourquoi*, (igitur, itaque).

그가ᄃᆞᆰ으로 KEU-KĂ-TĂLK-EU-RO, *donc, c'est pourquoi*.

그랴도 KEU-RYA-TO, *cependant, néanmoins, quoiqu'il en soit*.

그러나 KEU-RE-NA, *cependant, néanmoins, quoiqu'il en soit*.

그런고로 KEU-REN-KO-RO, *donc, c'est pourquoi*.

과 KOA, *et*, (que du latin).

마ᄂᆞᆫ MA-NĂN, *mais, pourtant*.

만일 MAN-IL, *si* conditionnel.

만에 MAN-EI, *dans, durant, au bout de*.

말ᄆᆡ암아 MAL-MĂI-AM-A, *de, par*.

멀니 MEL-NI, *loin de*, (longè).

밋헤 MIT-HEL, *sous, au-dessous de*, (infrà, sub).

넉넉이 NEK-NEK-I, *assez de, assez pour*.

넘어 NEM-E, *au delà de, par delà*(une montagne), (ultrà).

녑헤 NYEP-HEI, *à côté*, (juxtà).

니ᄅᆞ러 NI-RĂ-RE, *jusque, jusqu'à*, (usquè ad).

밧긔 PAT-KEUI, *hors de, hormis, en outre de,* (præter).

브터 PEU-HTE, *depuis, à partir de,* (â, ex, ab).

보다 PO-TA, *en comparaison de,* (præ).

써 SSE, *par, avec* (*v·g·* un couteau).

속에 SOK-EI, *dans, à l'intérieur de.*

ᄯᆡ문에 TTĂI-MOUN-EI, *à cause de, par le motif.*

ᄃᆡ로 TĂI-RO, *suivant, selon,* (sccundûm).

ᄃᆡ신으로 TĂI-SIN-EU-RO, *pour, à la place de.*

ᄃᆡ젼에 TĂI-TJYEN-EI, *en présence de, devant,* (antè, corâm).

ᄃᆞ려 TĂ-RYE, *à* (v. g. parler à quelqu'un)

더러 TE-RE, *à* (v. g. parler à quelqu'un).

동안에 TONG-AN-EI, *durant, pendant,* (intrâ, per).

도록 TO-ROK, *jusqu'à* (avec un verbe).

뒤혜 TOUI-HEI, *après,* (post).

젼에 TJYEN-EI, *avant,* (antè).

조차 TJO-TGHA, *de,* (è, ex, *v. g.* è cœlo).

족히 TJYOK-HI, *assez de, assez pour.*

즁에 TJYOUNG-EI, *entre, parmi,* (inter).

밋 MIT, *et,* (atque).

나 NA, (Voir I-NA plus haut).

ᄂᆞᆫ NĂN, *mais, quant à,* (autèm). (V. EUN et SĂN).

비록 PI-ROK, *quoique,* (quamvis).

보다 PO-TA,

보덤 PO-TEM, (præ), *que* (qui suit la comparaison).

부터 POU-HTE,

부텀 POU-HTEM, *depuis, depuis que*

ᄉᆞᆫ SĂN, *mais, quant à,* (autêm).

써 SSE, *afin que.*

더고나 TE-KO-NA, (â fortiori), *à plus forte raison.*

더브러 TE-PEU-RE, *et, aussi, ainsi que.*

도 TO, *encore, aussi.*

또 TTO, *et, de plus, en outre.*

도아니 TO-A-NI, *ni, non plus.*

또훈 TTO-HĂN, *et encore, et de plus.*

Ⅲ. 통사론

'조선어 문법'의 통사론에서 제시하고 있는 우리말의 통사적 특징은 "지배하는 낱말은 예외 없이 지배당하는 말 뒤에 위치한다"는 것이다. (161쪽) 이 원칙에 따라 다음의 결과가 빚어진다.

- 격을 나타내는 전치사는 명사를 지배하기 때문에 명사 뒤에 위치하여 후치사가 된다.
- 소유격의 명사는 그것을 지배하는 명사 앞에 위치한다.
- 형용사나 관계 분사는 명사 앞에 위치한다.
- 부사 또한 동사 앞에 위치하고 동사에 지배되는 명사도 같은 현상을 보인다.

우리말 문장의 일반적인 순서는 1) 주어, 2) 간접 목적어, 3) 직접목적어, 4) 동사로 이루어진다. 이 네 기능을 갖는 낱말의 수식어는 언제나 이 낱말 앞에 위치한다.

'조선어 문법'에서는 위의 원칙에 기초하여 명사, 형용사, 대명사, 동사의 문제를 다루고 있다. 본 논문에서는 특기할 사항이 나와 있지 않은 형용사는 제외하고, 위의 순서대로 그 내용을 간략하게 소개하겠다.

Ⅲ-Ⅰ. 명사

명사에서 중점적으로 다루고 있는 문제는 격의 사용법이다. 이미 아홉개의 격을 표시하기 위하여 어떠한 어미를 사용하는 가의 문제는 언급되었으므로 중복되지 않는 범위에서 '조선어 문법'에 제시된 내용을 소개하겠다.

주어 기능을 표시하는 '이'는 '되다' 동사와 결합하여 '박셔방소경이되엿다'에서 보는 바와 같이 직접 목적어의 기능을 나타낸다. (164쪽)

조격은 이미 언급한 바와 같이, 수단이나 방법을 주로 나타내나, '조선어 문법'에서는 '목표 지점', '통과 장소'도 조격으로 다룬다. '대패로밀다', '독약으로죽이다', '열심으로일ᄒᆞ다'에서 '로'는 수단과 방법을 나타내나, '어디로가시오', '집으로도라간다'에서는 '목표 지점'을 표시하는 기능을 가졌기 때문에 수단, 방법과는 이질적인 '목표지점', '통과 장소'를 조격에 속하게 만든 것이 아닐까라는 인상을 준다. 조격 문제에 관해, '조선어 문법'에서는, 몇몇 조선어 동사는 '죽이기로결안ᄒᆞ다', '도리로ᄌᆞ식을교훈ᄒᆞ다'에서처럼 반드시 조격을 취한다고 지적되어 있으나, '결안ᄒᆞ다', '교훈ᄒᆞ다'의 두 동사만을 예로 들고 있다. (165쪽)

간접 목적어의 기능을 갖고 있는 여격 문제에서는 대격을 취하는 'saluer', 'prier' 동사와 여격을 취하는 우리말 동사의 차이가 지적되어 있다. '아모의게절ᄒᆞ다', '마리아여네게하례ᄒᆞᄂᆞ이다'에서 보는 바와는 달리, 이에 대응하는 불어의 동사 'saluer', 'prier'는 대격을 취한다.

동사의 직접 목적어의 기능을 갖는 대격 문제에서 불어의 중성 동사 'aller', 'venir', 'vivre', 'dormir', 'rêver'에 해당하는 우리말 동사는 대격을 취한다고 '조선어 문법'에서는 지적하고 있다. '먼길을가다', '천리롤왓다', '세번을본집문을…'은 그 좋은 예이다.

장소를 표시하는 처소격은 때로는 장소뿐만 아니라 시간을 표시하는 데에도 사용된다. '죽을ᄯᅢ에', '밥먹을ᄯᅢ에', '미년에'에서는 시간을 나타낸다.

Ⅲ－2. 대명사

'조선어 문법'에는 '인칭대명사', '소유대명사', '관계대명사'라는 세 종류의 대명사가 설정되어 있다. 인칭대명사는 격에 따라서 변화한다. '내극히궁핍ᄒᆞ니', '나롤찻ᄂᆞ냐', '내게닐너라'의 예에서처럼 동사의 주어, 직접목적어, 간접목적어가 될 때 대명사는 조사를 달리 한다. 소유대명사 문제에서는 특별히 지적할 사항은 없으나, 예로든 '만일내죄로이러ᄒᆞ옵거든', '나의ᄌᆞ물이' '우리ᄂᆡᄌᆞ'의 '내', '나의', '우리'는 소유대명사가 아니라 소유형용사로 분류함이 타당하다.

관계대명사는 이미 언급한 바이지만, 관계분사가 그 역할을 담당하고 있다. 그런데 관계분사는 현재, 과거, 미래를 나타낼 수 있기에 관계대명사 또한 '현재 관계대명사', '과거 관계대명사', '미래 관계대명사'로 구분하고 있다. '조선어 문법'의 관계대명사 문제에서 지적되어야 할 사실은 '것', '바', '이'를 관계대명사로 간주하고 있다는 점이다. 이 세 형태소는 형용사 또는 관계분사 다음에 위치하여 '것'은 추상적인 사실, '바'는 사람 또는 사물, '이'는 사람을 나타낸다.(172쪽) '사는거시', '쥬의내신바이오', '산이와죽은이롤싱각ᄒᆞ다'가 그 예가 된다.

Ⅲ-3. 동 사

'조선어 문법'의 통사론에서 동사론은, 어형론의 동사변화와는 달리 짧게 다루어지고 있다. 주어, 직접목적어, 간접목적어와의 관계에서 동사가 다루어진다.

우리말 동사는 인칭변화를 하지 않는다. 문장이 긍정문이건, 부정문이건, 또는 의문문이건 주어는 항상 문장의 처음에 위치하고 동사는 문장의 끝에 온다. 그 예로는 '그사롬이집을짓는다', '아희가나무ᄒᆞᆫ짐지고집으로간다.'와 같은 문장을 제시하고 있다.

동사의 직접목적어에는 대격어미를 첨가한다. 여러 동사가 하나의 목적어를 가지고 있을 때에는, 'ᄒᆞᆫ가마귀나병을도적질ᄒᆞ야물고먹으려고'의 예에서처럼 불어와는 달리 목적어를 반복하거나 또는 대명사화하지 않는다.

간접목적어는, '니웃사롬의게말ᄒᆞ다', '나무에달아미다', '산으로', 'ᄌᆞ식을부모에셔쌔앗다'의 예에서처럼, 여격, 처소격, 조격 또는 탈격으로 나타낸다.

Ⅳ. 맺음말

'조선어 문법'은 정확히 백년 전에 쓰여진 책이다. 비록 목적은 우리말을 배우려는 사람을 위한 문법 교재의 작성에 있으나, 형태론과 통사론이 중심이 된 '조선어 문법'은 당시의 언어학계의 지식, 방법, 취향을 반영하고 있다. 이 책이 최초의 우리말 문법서인 만큼, H.G.Underwood의 'An Introduction to the Korean Spoken Language', J. S. Gale의 'Korean Grammatical Forms', W. G. Aston의 'A Comparative Study of the Japanese and Korean Language', 나아가서는 훨씬 후기에 나온 이 봉운의 국문정리(1897), 지 석영의 신정국문(新訂國文, 1905), 최 광옥(崔光玉)의 대한문전(大韓文典, 1909)에 영향을 주었으리라 생각된다. '조선어 문법'이 후에 나온 문법서에 어떤 영향을 주었는가는 또 하나의 연구과제이다.

'조선어 문법'이 제기하는 또 하나의 문제는 우리말 기원의 문제이다. 우리말의 기원을 스키타이, 타타르, 특히 드라비디언 언어와 연관짓고 있으나, 현대 언어 분류학적인 관점에서 드라비디언계에는 타물(Tamoul), 카나라(Kanara), 텔루구(Telegu)의 인도 남부에서 사용되는 세 언어가 속하고 있을 뿐이다. 따라서 이 세 언어중, 어느 언어와 우리말이 직접 관계를 맺고 있느냐 하는 문제가 제기된다. 또한 흔히 우리말이 알타이어족에 속한다 말해지고 있는데, 알타이어족과 드라비디언 어족 사이의 연관은 어떠한 것인지 앞으로 규명되어야 할 문제이다. 나아가서 우리말이 드라비디언 어족에 속한다면, 인도의 세일론(Ceylon)에서 이 반도에 이르기까지의 간격에 관하여 지리적, 역사적 해명이 수반되어야 한다.

'조선어 문법'에서 주장의 바탕이 되는 언어, 역사적 지식을 좀 더 세밀하게 제시해 주었으면 하는 아쉬움이 남는다. 형태론과 통사론에서는 불어와 라틴어의 문법체계를 모방하였고, 예문 선정의 부정확함도 때로 발견되지만, 최초의 문법서로서 가치가 충분히 있다고 생각된다.